ALFRED R. STIELAU-PALLAS

DIE MACHT DER DANKBARKEIT

Die Macht der Dankbarkeit

„Ja, aber…"

Alfred R. Stielau-Pallas

Dieses Buch wurde nach den derzeitig neuesten Erkenntnissen umweltfreundlich produziert.

1. Auflage Sept. 1998
2. Auflage Nov. 1998
3. Auflage Juni 1999
4. Auflage April 2002
5. Auflage Febr. 2004

Umschlaggestaltung/Grafik: Alexander Pallas
Druck: Ebner & Spiegel, Ulm
Lektorat: Gisela Pallas und Reinhold Lewe

www.DieMachtDerDankbarkeit.de
www.DMDD.de

PALLAS-SEMINARE, Ulrike & Stefan Stadler GmbH
D-97204 Höchberg
Th.-Heuss-Str. 52
Tel.: 0931-407-805, Fax: -806
www.Pallas-Seminare.de
Email: Stefan.Stadler@Pallas-Seminare.de

ISBN 3-936521-11-5

Wichtig!

Bevor Sie beginnen, dieses Buch zu lesen!

Nachdem es nicht nur immer mehr Menschen gibt, die bereit sind, in ihrem Leben Selbstverantwortung zu übernehmen, sondern auch immer mehr Menschen, die - aus welchen Gründen auch immer - anderen die Schuld für ihre Unzufriedenheit geben wollen, weise ich Sie vor dem Lesen dieses Buches darauf hin, daß ich keinerlei Verantwortung dafür übernehme, wie Ihr Leben verläuft. Ich habe dieses Buch in bester Absicht geschrieben, Ihnen den Schlüssel für ein erfülltes Leben aufzuzeigen. Es liegt aber völlig an Ihnen selbst, mit welcher Einstellung und Aufmerksamkeit Sie dieses Buch lesen werden. Natürlich kann es vorkommen, daß jemand, der besonders in der Kindheit vernachlässigt oder gar mißhandelt wurde, es nicht einfach hat, einige Kapitel anzunehmen. Dieses Buch kann und soll keine Therapie ersetzen. Ich empfehle Ihnen, aus dem Buch nur das für Sie als richtig und/oder wichtig anzunehmen, was Sie für sich als richtig und/oder wichtig annehmen können und/oder wollen.

Und nun wünsche ich Ihnen nicht nur viel Freude beim Lesen, sondern auch viele tiefe Erkenntnisse, damit Sie Ihr Leben Schritt für Schritt mehr auf die Sonnenseite stellen können.

Vorwort

Als ich 1977 mein erstes Buch „Die ZEHN GEBOTE für Ihren Erfolg“ schrieb, es hieß im Arbeitstitel übrigens „Die ZEHN GEBOTE im Klartext des 20. Jahrhunderts“, war ich mir darüber im klaren, daß es seiner Zeit voraus sein würde. Und somit schreiben mir die Leser bis zum heutigen Tag, daß es nach wie vor hochaktuell ist.

Dieses, mein 8. Buch, wird nicht nur 20 Jahre, sondern es wird uns immer voraus sein; denn es geht nicht um das Wissen, sondern um das Umsetzen.

Unser Planet bietet uns alles, was wir brauchen, um ein traumhaft schönes Leben führen zu können. Es geht darum, daß wir an erster Stelle die Entscheidung zu treffen haben, was wir davon annehmen wollen.

Erst an zweiter Stelle geht es um den Preis. Und dieser Preis braucht nicht in Geld bezahlt zu werden, sondern in Form von Dankbarkeit.

Angenommen Sie bekommen Besuch und geben sich größte Mühe, alles schön herzurichten und etwas besonders Gutes zu kochen. Und angenommen, Ihr Besuch würde an allem nur etwas auszusetzen finden - würden Sie ihn hinauswerfen oder zumindest am liebsten hinauswerfen wollen?

Wir haben einen wunderschönen Planeten zur Verfügung gestellt bekommen und finden ebenfalls jeden Tag etwas daran auszusetzen.

Können wir nicht froh sein, daß wir noch nicht hinausgeworfen wurden?

Meine Erfahrung mit der Dankbarkeit

Ulrich Semle

Ende der 80er Jahre - im Alter von 25 Jahren - entschloß ich mich, meine Karriere als selbständiger Finanzkaufmann mit einem Jahres-Einkommen von über 250.000 Mark aufzugeben und als PALLAS-Seminarleiter ausbilden zu lassen. Ich begann von vorn. Natürlich wollte ich von Alfred R. Stielau-Pallas wissen, wie ich schnellstmöglich wieder dasselbe Einkommen erreichen und Seminarleiter werden kann.

Ich sollte jedoch bald erfahren, daß er mir keine Ratschläge erteilte, sondern mich dazu brachte, in mich selbst hineinzuhören. Zu dieser Zeit dachte ich, daß stundenlanges Meditieren Voraussetzung sei, um in meiner Persönlichkeits-Entwicklung weiterzukommen, bekam aber von Alfred Stielau-Pallas zu meiner völligen Überraschung gesagt, daß ein einziger Satz ausreichen würde, um zu meiner Selbstverwirklichung zu finden: „Ich bin in liebevoller, demütiger Dankbarkeit!"

Es sollte noch viele Jahre dauern, bis ich diesen Satz in der vollen Tiefe begreifen durfte, um an mir und vielen Teilnehmern zu erfahren, daß Dankbarkeit der Schlüssel für alles ist.

Ich durfte erfahren, daß ich vor allen Dingen dankbar für meine Vergangenheit - ich möchte fast sagen - zu sein habe! Früher konnte ich nie verstehen, warum ich (scheinbar) zu kurz gekommen war. In meiner Kindheit wurde ich von Pflegeeltern zu Pflegeeltern abgeschoben und erlebte später, daß meine Stiefmutter mich am Heiligen Abend mit dem Hund rausschickte, während meine Stiefgeschwister heimlich ihre großen Geschenke bekamen und ich anschließend mit Kleinigkeiten abgespeist wurde.

Zuerst dachte ich, daß Alfred Stielau-Pallas zuviel von mir verlangte, als er mich fragte, was sich für mich im Laufe der Jahre für Vorteile daraus entwickelt haben. Es ist schier unglaublich, daß ich selbst heute noch hin und wieder weitere Vorteile entdecke und diesem einen unscheinbaren Satz noch weitere Bedeutung hinzufügen kann.

Mir ist heute vor allen Dingen klar, daß ich für mein Leben alles bekam, was für mein Leben richtig und wichtig war. Mir ist klar, daß mein Leben Sinn und Gehalt bekam, als ich damit begann, meinen eigenen Stil zu entwickeln, zu mir und meiner Persönlichkeit zu stehen und zu begreifen, daß ich **ich** bin! Ich brauche mich nicht mit anderen zu vergleichen, brauche keinen um Rat zu fragen und bin froh, daß ich als PALLAS-Seminarleiter lernen und leben durfte, nur auf meine innnere Stimme zu hören.

Heute erkenne ich immer deutlicher, daß genauso, wie allein Licht einen Schatten aufhellen und/oder verschwinden lassen kann, auch nur Dankbarkeit notwendig ist, um alle destruktiven Gedanken augenblicklich zu vertreiben. Wo Dankbarkeit ist, kann kein Haß sein, kein „Sich zu kurz gckommen“ fühlen, keine Undankbarkeit - einfach nichts. Dankbarkeit ist die Vollendung des konstruktiven Denkens. Diese einfache Antwort wird jeder Leser in diesem Buch finden. Ich bin sehr dankbar, daß

Alfred Stielau-Pallas nicht aufgegeben hat, bis er seine Erkenntnisse seit Beginn der 70er Jahre nun in dieser einfachen Form für jeden leicht nachvollziehbar niederschreiben konnte.

Es ist für mich ein tägliches Wunder, wieviele Gründe ich habe, dankbar zu sein. Aus diesem Grund bin ich stets neu motiviert, diese wunderbare einfache Thematik möglichst vielen Menschen nahezubringen.

Ich bin sicher, daß Sie dies spätestens in dem Augenblick nachempfinden können werden, in dem Sie auch für sich „DIE MACHT DER DANKBARKEIT“ entdeckt haben.

Meine Erfahrung mit der Dankbarkeit

Stefan Stadler

Ich hatte in den 80er Jahren viele Bücher über Erfolg gelesen und kann ohne zu übertreiben sagen, daß das, was in über 15 oder 20 Bücher verteilt und versteckt zu lesen war, in einem einzigen Buch klar, deutlich und praxisnah rüberkam. Dieses Buch „Ab heute erfolgreich“, war für mich der Start in eine neue Zukunft. Als ich dann den Mann persönlich kennenlernte, der dieses Buch geschrieben hatte, spürte ich sofort, daß er ein wirkliches Original ist - unnachahmlich. Genauso wie im Buch, war er auch im Vortrag - seine Fähigkeit, komplizierte Zusammenhänge einfach auszudrücken und auf den Punkt zu bringen, faszinierte mich.

Was mich tief innerlich berührte, war seine einfache, natürliche Einzigartigkeit - keine Spur davon, irgendeinen künstlichen Eindruck hinterlassen zu wollen. Dieses Erlebnis ließ mich nicht mehr los. Ich überlegte, wie der Planet wohl aussehen würde, wenn es mehr Menschen gelingen würde, einfach sie selbst zu sein - keine Show, kein Nachahmen, keine Jagd nach Anerkennung und Bestätigung, sondern nur sein eigenes Original sein!

Mir wurde klar, daß es nur so ein sinn- und gehaltvolles Lebensgefühl geben kann. Darum beschloß ich, an der Aufgabe teilhaben zu wollen, dies anderen Menschen zu vermitteln. Mich überkam bei dieser Erkenntnis ein tiefes Gefühl der Dankbarkeit. Es schien, als wenn sich all‘ meine Sorgen, Probleme und Befürchtungen ins Nichts auflösen würden. Übrig blieb eine absolute Gewißheit, daß es nur noch bergauf gehen kann. Und je dankbarer ich wurde, umso mehr trat in mein Leben ein, wofür ich dankbar sein konnte.

Dankbarkeit schien wie ein Magnet zu wirken und das systematisch zu vervielfältigen, für was ich dankbar war.

Genauso, wie mir in den 80er Jahren klar war, daß das Buch „Ab heute erfolgreich“ damals seiner Zeit weit voraus war, so bin ich heute davon überzeugt, daß das Buch „DIE MACHT DER DANKBARKEIT“ seiner Zeit wieder um ein Jahrzehnt voraus ist. Für viele Menschen wird es stets zu weit voraus sein.

Lesen Sie nicht die Worte in diesem Buch, vor allen Dingen dann nicht, wenn Sie sich vielleicht Rechtsanwalt, Steuerberater, Journalist oder einen anderen „wortgetreuen“ Beruf ausgesucht haben. Lesen Sie es nicht mit Ihrem Verstand, sondern mit Ihrem Herzen. Ihr Verstand will Ihnen ständig einreden, daß es so nicht sein kann, während Ihr Herz Ihnen das Gefühl geben will, daß es wirklich so einfach ist. Hören Sie also etwas tiefer in sich hinein, bleiben Sie nicht an der Oberfläche Ihrer Intellektualität, sondern tauchen Sie ein in Ihre Gefühle, auch dann, wenn es sich für Sie zuerst unsicher anfühlt, Ihre Welt von gedruckten Worten zu verlassen.

Wenn Sie zu den wenigen Menschen gehören dürfen, die dieses Buch heute schon in die Hand bekommen, und Sie die Dankbarkeit, die Sie durchströmen wird, demütig in sich zulassen, wird sich in Ihrem Leben in kürzester Zeit genau das einstellen, was Sie für sich als sinn- und gehaltvoll empfinden.

Ich wünsche Ihnen, daß Sie schon bald den Wunsch in sich verspüren, dieses Buch aus tiefer Dankbarkeit heraus weiterempfehlen zu wollen.

Dieses Buch widme ich meinem Sternchen.

Sie zeigt mir seit Mitte der 70er Jahre jeden Tag neu auf, wie dankbar sie für ihr Leben und das ist, was das Leben ihr bietet.

Wenn ich in Arbeit oder in Gedanken über neue Projekte versunken bin, zeigt sie mir den Blick in unseren Garten, aufs Meer oder auf die vorbeiziehenden Wolken.

Ich bin dankbar mit einer Frau verheiratet sein zu dürfen, die für das am dankbarsten ist, was jedem Menschen täglich kostenlos zur Verfügung steht - ein Blick in die Natur!

An einem feuchtkalten Winterabend im Juni 1997 wurde ich von meinem Freund Steve zu einem Ärzte-Treffen in der „Medical-School“ in Auckland, Neuseeland, eingeladen - das Thema „Mind-Body-Medicine“.

Dr. Steve Saylor hat, seitdem ich ihn kenne, eine Praxis und war stets mehr oder weniger überzeugt, daß ich mich mit „unwissenschaftlichen“ Dingen beschäftige und somit nicht ernst genommen werden konnte. Irgendwann gab ich ihm ein Buch von Dr. Deepak Chopra zu lesen, und das schien seine feste Meinung aufzuweichen.

Von den 600 eingeladenen Ärzten erschienen ca. 60. Ich war von Steve irgendwie eingeschmuggelt worden, und er versicherte mir, daß das in Ordnung sei. Ich hatte ihm vorher gesagt, daß ich nur mitkommen würde, wenn er mich nicht als Dr. Pallas vorstellen würde, und ich hatte sein Versprechen dafür. Hier in Neuseeland wird sowieso jeder mit Vornamen angesprochen, und so fiel ich als Nicht-Mediziner nicht auf.

Der Vortragende hatte eine Patientin dabei, die er und die Zuhörer interviewen konnten. Sie hatte das Vertrauen und die Hoffnung in die normalen Schulmediziner aufgegeben und woanders Antwort gesucht.

Was ich an diesem Abend schnell herausfand, war, daß diese Ärzte weder Zeit noch viele andere Voraussetzungen hatten, ihre Patienten als Menschen zu sehen. Die „unglaublichen“ Erkenntnisse dieses Abends waren, daß man seinen Patienten einmal fragen sollte, wie er über sich selbst und seine Situation denkt und was er meint, welchen Beitrag er selbst leisten könnte, um wieder gesund zu werden.

Steve wandte sich leise zu mir und sagte: „Wenn es doch bloß etwas gäbe, was ganz einfach anzuwenden ist, nicht viel kostet und jedem helfen könnte.“

„Das würde kein Mensch nutzen“ , war meine schnelle Antwort, worauf Steve mich vorwurfsvoll fragend ansah.

„Warum nicht?“

„Weil viele Menschen nicht gesund sein wollen, weil viele Menschen keine Lösung zu ihren Problemen haben wollen, weil es sonst nichts mehr zu jammern gäbe. Und wir alle brauchen unsere tägliche Portion von Frust, sonst sind wir nicht zufrieden!“

„Wie kannst Du nur so ketzerisch sein?“ warf Steve mir vor.

„Ab und zu spiele ich Lotto und mache mir den Spaß, andere Spieler zu fragen, was sie wohl mit drei Millionen anfangen würden. Die häufigste Antwort, die ich bekomme, ist: ‚Ich würde sowieso gleich alles wieder ausgeben, ich weiß gar nicht, ob ich so viel Geld haben will, fünf Richtige würden mir schon genügen.‘“

„Das ist was anderes.“

„Steve, glaub mir, ich habe die Lösung schon seit Ende der 70er Jahre in der Tasche, und keiner will sie haben. Weil auch niemand dran glauben kann, daß es so einfach ist. Nach wie vor müssen wir teure Seminare durchführen, unsere Teilnehmer über 8 Monate betreuen, nur um zu erreichen, daß sie an das Einfache glauben können. Das, was Deine Kollegen heute abend hier zaghaft erkennen, habe ich gemeinsam mit anderen bereits Anfang der 70er Jahre in Deutschland versucht zu promoten, und es scheint, daß es noch ein weiteres Jahrzehnt dauern wird, um es durchzusetzen. Und denk daran, daß Penicillin nicht von einem Arzt erfunden wurde. Es war ein Außenseiter, der von den altehrwürdigen Doktoren in seiner Zeit verlacht wurde."

„Du willst mir sagen, daß Du eine Lösung für **alle** Probleme hast?"

„Ich habe eine Macht, eine Kraft, eine unglaubliche Energiequelle gefunden, die zur Lösung aller Probleme die Grundlage bildet."

„Und keiner will sie - richtig?"

„Genau!"

„Aaalfreeed!"

Ich schaute ihn ernst und möglichst ausdruckslos an, um meine Sicherheit, die ich innerlich spürte, auch entsprechend auszustrahlen.

„Und was soll das sein?" wollte Steve wissen.

„Ich will dir das am besten in einer kleinen Geschichte erzählen. Warte, bis wir hier wieder raus sind."

Wir gingen nach einer kurzen Schlußdiskussion, in der die 60 Ärzte herausfanden, daß sie alle schon einmal am Ende ihres Lateins gewesen waren und sich in Zukunft mehr mit dieser Thematik beschäftigen wollten. Aber, es würde ein sehr langer Weg sein, vor allen Dingen diejenigen zu überzeugen, die heute abend nicht anwesend waren.

„Also", begann ich, „ein etwa 12jähriger Junge beschäftigte sich mit der Frage, was wohl die wichtigste Wahrheit im Leben sei. Er hörte von einem weisen Mann, von dem man sagte, daß er alle Weisheiten des Lebens kennen würde. Eines Tages begab sich der Junge auf den Weg, um diesen zu fragen.

Der Weise war beeindruckt, daß ein so junger Mensch bereits daran interessiert war, und beantwortete ihm seine Frage mit einem Satz. Der Junge (es war vielleicht auch ein Mädchen, das geht aus der Überlieferung nicht so klar hervor) war hellauf begeistert! Er hüpfte und eilte nach Hause, um allen von seiner frisch gewonnenen Weisheit zu erzählen. Aber niemand schien Interesse daran zu haben, sogar seine Brüder lachten ihn aus: ‚*Na und?!*‘

In keinem, den er traf, löste die Antwort auch nur annähernd die Begeisterung aus, die der Satz in ihm ausgelöst hatte. So fing er nach ein paar Monaten an, zu zweifeln, ob ihm der Weise auch die volle Wahrheit gesagt hatte. Seine Zweifel wurden größer und größer, und er beschloß etwa zwei Jahre später, einen anderen Weisen zu fragen, der aus einem fernen Land kam und gerade durch seine Gegend zog. Als er ihn fragte, bemerkte dieser, daß der Junge nicht nur unschuldige Neugier, sondern auch Zweifel in seinen Augen hatte, und antwortete ihm: ‚*Hast Du schon einmal einen anderen gefragt?*‘

Der Junge antwortete wahrheitsgemäß mit ‚*Ja*‘, und so sprach der Weise weiter: ‚*Ich will dir deine Frage schon beantworten, aber erst, wenn du mit mir bis zu deinem 18. Geburtstag durch die Lande ziehst und dich um mein Gepäck und meinen Esel kümmerst.*‘

Der Junge war erstaunt und erbat sich Bedenkzeit. Er ging nach Hause und sprach mit keinem darüber, aber jedem fiel auf, daß er ein Problem hatte. Als sein Vater ihn ansprach, legte der Junge seinen Konflikt dar. *‚Einerseits kann ich mit dem Zweifel nicht länger leben, aber andererseits hatte ich mir mein Leben anders vorgestellt, als mich ausgerechnet um einen Esel und Gepäck zu kümmern.‘*

Und so antwortete ihm sein Vater: *‚Auch wenn ich dich gern länger zu Hause hätte, so kann ich dich doch gut verstehen, denn du bist der Jüngste, und den Hof wird dein ältester Bruder erben, so, wie es Brauch ist. Das einzige, was ich dir raten kann, ist: Tu das, was du selbst für richtig hältst.‘*

Der Junge wunderte sich über die Antwort sehr und sah diese als Bestätigung dafür, daß es wohl sehr wichtig für ihn sei, mit dem Weisen zu sprechen. Also entschloß er sich, dem Weisen zu dienen und mit ihm zu ziehen.

Die Jahre vergingen, bis der Junge zu einem Mann wurde und sich nun sehnlichst auf seinen 18. Geburtstag freute.

Der Weise war schon vor dem jungen Mann wach, bevor überhaupt die Sonne aufgegangen war. Als der junge Mann erwachte, war der Weise bereit, ihm die Frage nun endlich zu beantworten. Aber der junge Mann war völlig überrascht und enttäuscht und sagte: *‚Aber das ist ja genau das, was mir der andere Weise schon vor vielen Jahren gesagt hatte!‘*

‚Ich weiß, aber hoffentlich tust Du es jetzt auch,‘ antwortete der Weise.“

„Und was hat er ihm gesagt?“ wollte Steve wissen.

„Ich habe zwar keinen Esel, aber bist du bereit, mir meine Koffer zu tragen, wenn ich mit 150 kg einchecke, und dich um mein Haus zu kümmern, wenn ich für ein paar Monate nicht da bin?“

„Aaalfreeed!“

Steve wollte nicht länger auf die Antwort warten.

„... ganz einfach anzuwenden, nicht viel kosten und jedem helfen, das war es doch oder?“

„Genau!“

„Dankbarkeit.“

„Was?“

„Dankbarkeit!“

„Aber, ...“

„Aber was?“ wollte ich wissen.

„Das kann doch nicht alles sein, oder?“

„Hast du mich nach einer einfachen Lösung gefragt oder nicht?“

„Schon, aber das kann doch nicht alles sein?“

„Ich hab‘ dir doch gleich gesagt, daß es mir keiner glaubt und daß ich Seminare durchführen muß, die acht Monate dauern, nur um den Teilnehmern glaubhaft zu machen, daß das des Rätsels Lösung ist!“

„Ich brauche nur dankbar zu sein, und das ist alles?“

„Wetten, daß du es nicht einmal für eine Minute schaffst?“

„Soll ich etwa dafür dankbar sein, daß sich meine Frau von mir scheiden lassen will, oder dafür, daß ich fast eine halbe Million Schulden habe, oder dafür, daß meine Kinder mir Vorwürfe machen, daß ich zu wenig Zeit für sie habe oder oder oder?“

„Du schaffst es also nicht einmal für 10 Sekunden. Hattest du mich nach einer einfachen oder nach einer leichten Lösung gefragt?“

„Mmmh.“

„Also, es ist ja nicht so, daß unsere Teilnehmer zu wenig Intelligenz besitzen und deshalb acht 8 Monate brauchen, sondern, genauso wie du, es nicht glauben können. Und um dies zu ändern, reichen keine drei Tage, sondern dafür sind einige Monate notwendig.

Ich mache dir einen Vorschlag. Du kannst mir zwölf ‚Ja-Komma-aber-Fragen‘ stellen.“

„Ich kann Dir was für Fragen stellen?“ unterbrach mich Steve.

„Ja-Komma-aber-Fragen.“

„Mmmh.“

„Ich schreibe dir täglich einen Brief - fünf Tage die Woche, und nach zwölf Wochen solltest du keine Fragen mehr haben.“

„Keine ‚Ja-Komma-aber-Fragen‘ mehr - richtig?“

„Genau! Also, wenn ich deine erste ‚ja, aber ...-Frage‘ richtig verstanden habe, dann bist du mit deinem derzeitigen Leben nicht gerade vollauf zufrieden, richtig?“

„Richtig!“

„Morgen bekommst du den ersten Brief von mir - komm gut nach Hause und grüß‘ Sandy von mir, wenn du sie siehst, von mir will sie sich ja nicht scheiden lassen. Also, mach‘s gut, Steve! Ach, und noch eines, ich habe keine Lust, daß ich die ganze Arbeit habe, und du brauchst nur zu lesen. Jeden Samstag möchte ich einen ausführlichen Brief von dir haben, - per Fax oder e-mail ist mir egal - in dem du mir schreibst, was du wie verstanden hast. Und für Sonntag möchte ich, daß du dir ein paar Übungen einfallen läßt, damit du das auch verinnerlichen kannst; denn nach zwölf Wochen ist für mich die Sache abgeschlossen. Also, bis dann!“

1. Woche, Montag

Angenommen, Du hättest heute die Möglichkeit, mit irgend einem anderen Menschen auf dieser Welt zu tauschen. Mit wem würdest Du tauschen wollen?

Mit irgend einem Menschen in Bangladesch?

Mit irgend einem Menschen in China, in Indien, in Afrika, mit irgend einem?

Oder wie sieht es mit einem Superstar aus - mit wem?

Oder wie sieht es mit einem reichen Menschen aus - mit wem?

Ich meine komplett tauschen, und das hieße: Du hättest seine Gedanken, seine Gefühle, seine Ängste, seine Sorgen und natürlich seine Vergangenheit mit allen Erinnerungen, die darin stecken. Würdest Du wirklich gern mit einem tauschen wollen?

Ich meine nicht, so gut aussehen wie James Bond, so reich sein wie Bill Gates und so mit sich selbst in Harmonie sein wie Buddha, sondern komplett tauschen mit einem einzigen Menschen.

Möchtest Du Deine Schulden loswerden und komplett mit Bill Gates tauschen? Oder möchtest Du Dir sicher sein, daß Dir Deine Frau nicht davonlaufen kann und deshalb mit jemandem tauschen, der einer Religion angehört, wo die Frauen nach wie vor keine Rechte haben und nie auf die Idee kommen würden, ihre Männer zu verlassen?

Möchtest Du also mit irgend einem Menschen auf diesem Planeten tauschen?

Sei ganz ehrlich zu Dir selbst. Denk Dich in die Situation hinein, und dann triff eine Entscheidung!

Sag nicht einfach schnell: „ja“; denn es ist wichtig, daß Du es Dir erst ganz genau überlegst. Ich möchte, daß Du Dir alle Vor- und Nachteile klarmachst.

Ich habe Seminarteilnehmer gehabt, die einfach jeder mochte. Sie waren immer gut drauf, immer freundlich, höflich und lächelnd. Jeder hat sie deshalb beneidet.

Wenn sie jedoch ihre Geschichte erzählten, kamen oft herzzerreißende Erlebnisse zutage. Einige wurden als Kinder herumgeschubst und wünschten sich nur eines: sie wollten um jeden Preis, daß man sie mag. Doch sie wußten auf der anderen Seite, daß der Preis, den sie dafür zahlten, sehr hoch war.

Andere wurden mißhandelt und hatten eingeprägt bekommen, es immer anderen recht machen zu müssen und sich selbst ganz hinten anzustellen.

Einige hatten es zu großem finanziellen Erfolg gebracht und es damit bezahlt, daß es außer Geschäft nichts für sie gab. Jede Unterhaltung ging nur darum, was sie erreicht hatten und was sie noch erreichen wollten.

Ich habe bisher noch keinen Menschen kennengelernt, der wirklich vom Schicksal vorgezogen wurde. Alle haben für das, was sie erhalten oder erreicht haben, auch ihren Preis bezahlt.

Auf den ersten Blick sieht es oft so aus, als wären einige bevorzugt worden, aber sobald man ihre ganze Geschichte hört, erkennt man, daß jeder sein Päckchen zu tragen hatte.

Du hast mir ja selbst gesagt, daß es in Eurer Ehe schon seit einigen Jahren nicht mehr gut ausssah, und der Schein trügte. Selbst wir waren völlig überrascht, als Du uns davon erzähltest, daß Ihr Euch trennen wollt.

Willst Du wirklich tauschen?

Mit wem?

Unterhalte Dich mit diesem Mann für einige Stunden, und laß Dir erzählen, was er erlebte, was seine Sorgen, Ängste und Befürchtungen sind.

Ich habe mich in den 70er Jahren einmal mit einem Teilnehmer unterhalten, der schon zu dieser Zeit über 100.000 Mark pro Monat verdiente. Er erzählte mir, daß er Angst habe, daß es mit ihm wieder bergab gehen könnte. Er arbeitete rund um die Uhr, nur, um sich nicht von der Konkurrenz einholen zu lassen. Er wollte jedes Geschäft mitnehmen, gönnte keinem etwas und stand dauernd unter Druck.

Ich sage nicht, daß es sich nicht lohnt, Erfolg zu haben. Ich frage nur, willst Du mit irgend einem anderen Menschen tauschen?

Ich möchte nun, daß Du Dir absolut klarmachst, daß Du Dich entschlossen hast, mit keinem anderen tauschen zu wollen.

Ich möchte, daß Du immer dann, wenn in Dir wieder ein „Ja, aber ..." in bezug darauf auftaucht, daß Du meinst, Du wärest zu kurz gekommen, Dir selbst sagst:

„Mein liebes ‚Ja, aber ...', mach dir bitte klar, daß es keinen Menschen gibt, der wirklich besser dran ist als ich. Du bist nur deshalb der Meinung, daß dies so sein

könnte, weil du die anderen Menschen nicht wirklich kennst. Du weißt nicht, wie es in ihnen aussieht. Du weißt nicht, welche Kindheit sie hatten. Du weißt nicht, welche Ängste, Sorgen und inneren Zwänge sie bedrücken. Du hast nicht die geringste Ahnung, wie ihr Leben wirklich aussieht. Deshalb kannst du nur aufgrund einer sehr oberflächlichen äußeren Betrachtung der Meinung sein, daß es anderen besser geht als mir.

Mach dir bitte klar, daß es anderen Menschen nur **anders** *ergangen ist als mir - nicht besser. Und wenn es ihnen heute besser geht als mir, dann haben sie etwas dafür getan, was ich noch nicht getan habe. Mein erster Schritt zu meinem wünschenswerteren Leben ist der, mir klarzumachen, daß ich nicht schlechter abgeschnitten habe als andere, und mein Leben so anzunehmen, wie es war. Und alle kommenden Schritte werden darin bestehen, das Beste für mich daraus zu machen.“*

Das soll sich nicht wie ein Kompromiß anhören (aus der verfahrenen Situation das Beste zu machen), sondern soll ein Beginn sein, mein Leben von Grund auf, Schritt für Schritt so aufzubauen, daß ich mit allem zurechtkommen werde, was kommt, und darüber hinaus einen Lebens-Stil erreiche, der genau zu mir paßt und mir das Gefühl der Erfüllung geben wird.

Und nun sei ganz ehrlich, und hör tief in Dich hinein - kannst Du nicht nur zufrieden, sondern aus ganzem Herzen dankbar dafür sein, daß Du der bist, der Du heute bist?

*Ich bin dankbar,
daß ich der bin, der ich bin,
und möchte mit
keinem anderen Menschen
auf diesem Planeten tauschen!*

1. Woche, Dienstag

Wir stellen unseren Teilnehmern im Seminar folgende Frage:

Angenommen, ich habe ein Rätsel oder eine Aufgabe für Sie. Möchten Sie die Auflösung entweder gleich mitgeteilt bekommen, oder möchten Sie es komplett selbst herausfinden, oder möchten Sie die Möglichkeit haben, eine Teillösung zu erhalten, wenn Sie absolut nicht mehr weiterkommen?

Zu was würdest Du Dich entscheiden?

Die Lösung gleich zu bekommen, wäre den meisten unserer Teilnehmer zu langweilig. Die Lösung völlig allein finden zu müssen und keine Hoffnung auf Hilfe zu haben, wäre genauso vielen zu risikoreich. Deshalb entscheiden sich fast alle dafür, die Lösung selbst finden zu wollen, mit der Möglichkeit, nachfragen zu können, wenn sie das Gefühl haben, in einer Sackgasse zu stekken.

Zu was würdest Du Dich entscheiden?

Denk Dich bitte hinein, bevor Du weiterliest, und triff eine klare Entscheidung.

Nur etwa 2 bis 3 % aller Teilnehmer entscheiden sich dafür, die Lösung gleich mitzubekommen. Interessanterweise sind dies meistens Teilnehmer gewesen, die es zu finanziellem Wohlstand gebracht haben.

Sie sagen sich: „Warum kompliziert, wenn es auch einfach geht!“ Sie nutzen das Potential anderer (ich sage nicht ausnutzen). Man hat das Gefühl, gern etwas für sie tun zu wollen. Sie scheuen sich nicht, einen anderen um einen Gefallen zu bitten oder etwas anzunehmen. Sie stellen Fragen und profitieren von den Erfahrungen anderer. Mit anderen Worten, sie sagen sich: „Warum soll ich alle Erfahrungen selbst machen, wenn andere die Erfahrungen schon vor mir gemacht haben?“

Sie bereiten sich stets gut vor und verlassen sich dann darauf, daß es weitergeht, und haben die Einstellung: „Das geht schon irgendwie, schließlich bin ich bisher mit allem fertig geworden.“

Ich habe keinen aus diesem Kreis angetroffen, der großen Ehrgeiz entwickelt. Aber fast alle waren mit jemandem verheiratet, der die aktivere Rolle übernahm, die notwendig ist, um etwas auf die Beine zu stellen.

Wenn Du Dich zu dieser Lösung entschlossen haben solltest, dann brauchst Du den Rest dieser ersten Woche nicht weiterzulesen; denn dann hast Du keine „Ja, aber-Frage“ mehr in Zusammenhang damit, ob andere Menschen eventuell besser abgeschnitten haben könnten. Du bist Dir klar darüber, daß Du mit keinem anderen Menschen tauschen möchtest.

Noch weniger Teilnehmer entschlossen sich für die „hoffnungslose“ Möglichkeit. Sie wollten es unter allen

Umständen selbst herausfinden. Für sie gab es nur Sieg oder Niederlage, und sie würden selbst die Niederlage als Sieg betrachten; denn ihr Sieg ist der, daß sie keinen anderen brauchen und gebraucht haben.

„Ich kann das allein!“ oder „Ich schaffe das auch ohne Euch!“ ist ihre Einstellung. Sie wollen absolut nichts annehmen, keinen Rat, keine Hilfe, sie wollen sich nur selbst beweisen, daß sie es können.

Sie sind in der Kindheit irgendwann auf Protest gegangen. Mit anderen Worten, sie haben nicht die Zuneigung bekommen, die sie sich wünschten, und dann die Entscheidung getroffen: „Jetzt brauche ich Euch auch nicht mehr, ich werde es Euch zeigen!“

Die meisten aus dieser Gruppe wollen auch mit keinem tauschen, weil sie erstens nicht so sein wollen wie die anderen, und zweitens wollen sie nicht tauschen, weil dies eine Hilfe wäre. Und genau diese Hilfe wollen sie ja nicht haben - zumindest wollen sie es nicht zugeben. Allerdings kommen die meisten von ihnen im Leben an einen Punkt, an dem sie vom Kampf die Nase voll haben und bereit wären, Hilfe anzunehmen, auch wenn sie dies nicht nach außen durchblicken lassen wollen.

Solltest Du zu dieser Gruppe gehören, dann willst Du sowieso nicht tauschen und wenn Du tauschen möchtest, dann gehörst Du nicht mehr zu dieser Gruppe.

Bleiben also die anderen rund 95 %, die sich wahrscheinlich - wie Du auch - für die Möglichkeit entscheiden, es erst einmal allein zu versuchen (weil es sonst zu langweilig wäre) und dann aber jederzeit die Möglichkeit haben wollen, auf eine Hilfe zurückzukommen, wenn es nicht mehr weiterzugehen scheint. Was ist also aus Deiner „Ja, aber-Frage“ geworden?

Du hast Dich doch selbst für die Situation entschieden, in der Du selbst gerade steckst - oder?

Du hast Dich (vielleicht bevor Du in dieses Leben eingetreten bist) für ein Leben entschieden, das bitte nicht zu langweilig sein soll, das einige Aufgaben und Rätsel beinhalten soll und in dem Du für Dich herausfinden willst, wo Deine Grenzen sind und wie Du Deine Grenzen weiter ausdehnen kannst.

Herzlich willkommen auf dem Planeten Erde!

Herzlich willkommen in einem Leben voller Fragen, Rätsel und Aufgaben und -

herzlich willkommen in einem wunderbaren geheimnisvollen Universum, das bereit ist, Dir zu helfen, wenn Du nicht mehr weiter weißt!

Ich möchte, daß Du nun ganz ehrlich mit Dir selbst bist. Hör einmal tief und ehrlich in Dich hinein, und dann sag Deinem „Ja, aber ...“:

„Liebes ‚Ja, aber, ...‘, es scheint so zu sein, daß sich jeder Mensch sein Leben irgendwann, irgendwo und irgendwie selbst ausgesucht hat. Bei mir scheint es so zu sein, daß ich im großen und ganzen auch zu den Menschen gehöre, die sich entschlossen haben, die Geheimnisse des Lebens selbst herauszufinden. Es könnte sogar so sein, daß ich irgendwann, irgendwo und irgendwie einmal im Paradies gewesen bin und daß es mir dort auf die Dauer zu langweilig wurde. Und es könnte sein, daß ich mich damals selbst entschlossen habe, mir auf diesem Planeten einen menschlichen Körper zu nehmen, um

zumindest für ein paar Jahre ein bißchen Abwechselung zu haben. Vielleicht war es auch ein bißchen anders, aber das ist nicht so wichtig.

Auf jeden Fall bin ich jetzt hier und habe zwei Möglichkeiten. Die eine ist die, daß ich mich hinsetze, weine und verzweifle, und die andere ist die, daß ich ab und zu tief in mich hineinhöre, ob ich eine Antwort darauf bekomme, wie ich mein Leben wesentlich gehaltvoller und lebenswerter gestalten kann.

Ich entschließe mich für die zweite Möglichkeit und brauche nun deine Hilfe. Anstatt in dieser Beziehung ein ‚Ja, aber ...' zu sein, möchte ich, daß du ein ‚Ich freue mich darüber, daß ich auch diese Situation lösen und hinzugelernt haben werde' wirst. Ich erwarte dies nicht über Nacht, aber mit klar erkennbaren Fortschritten und bin jetzt dankbar für deine Zusammenarbeit!"

Und nun sei ganz ehrlich, und höre tief in Dich hinein - kannst Du nicht nur zufrieden, sondern aus ganzem Herzen dankbar dafür sein, daß Du der bist, der Du heute bist?

Ich bin dankbar,
daß ich mich gerade in einem
interessanten Lebensabschnitt befinde,
der mir die Möglichkeit
gibt hinzuzulernen,
damit ich mein Leben
immer wünschenswerter gestalten kann.

1. Woche, Mittwoch

Ich höre Dein nächstes „Ja, aber ...“ schon.

„Aber was ist mit all‘ den Leuten, die nicht gesund sind, die arm sind und die alle möglichen und unmöglichen Probleme haben“ - stimmt‘s?

Ich habe jetzt zwei Möglichkeiten.

Die erste ist die, daß ich Dir eine esoterische Abhandlung über Karma und Reinkarnation schreibe, um Dir damit eine Erklärung zu geben, warum das so ist oder zumindest so sein könnte.

Die zweite besteht darin, einfach einmal zu akzeptieren, daß ich diese Briefe an und für Dich schreibe und Du für die kommenden zwölf Wochen einmal nicht über die Probleme anderer denkst, sondern Dich ganz und gar auf Dich konzentrierst, um zu lernen, wie Du Dir selbst helfen kannst.

Was Du nach diesen zwölf Wochen tust, ist dann wieder eine andere Sache. Ich bin sicher, daß Du genau die Bücher, Seminare oder was auch immer finden wirst, um eine Antwort dafür zu finden, wenn Dich das wirklich nach wie vor brennend interessieren sollte (was ich voll und ganz nachvollziehen kann).

Ich möchte also, daß Du nicht länger vor Dir wegläufst, sondern daß Du Dir endlich einmal die Zeit nimmst (Du hast genauso wie jeder andere auf diesem Planeten vierundzwanzig Stunden Zeit pro Tag) und vor allen Dingen den Mut aufbringst, etwas tiefer in Dich hineinzuhören, anstatt Dich immer wieder damit abzulenken, wie es anderen gehen könnte.

Ich möchte also, daß Du Deinem *„Ja, aber ..."* sagst:

„Liebes ‚Ja, aber ...' genauso, wie ich nicht mit einem anderen tauschen möchte, weil ich dessen ganze Geschichte nicht kenne und nicht weiß, was wirklich in ihm vor sich geht, genauso kann ich nicht beurteilen, was in den Menschen vorgeht, die ich bedauere und mit denen ich auf keinen Fall tauschen will. Bitte laß mich für die kommenden zwölf Wochen damit zufrieden, was mit anderen Menschen ist und ob die zu kurz gekommen sein könnten. Vor zwei Tagen warst du noch der Meinung, daß du zu kurz gekommen bist, und jetzt willst du meine Aufmerksamkeit darauf lenken, daß andere zu kurz gekommen sein könnten.

Ich möchte, daß du für die kommenden zwölf Wochen einfach einmal davon ausgehst, daß keiner zu kurz gekommen ist und daß jeder seine ganz eigene Lebensgeschichte hat, die für ihn eine Bedeutung hat. Selbst Menschen im Konzentrationslager haben berichtet, daß es für sie einen Sinn gab. Ich möchte, daß du begreifst, daß es hier und heute und für die kommenden drei Monate um mich geht und daß ich für mein Leben etwas Konstruktives tun möchte, und du kannst mir dabei helfen."

Und nun sei ganz ehrlich und höre tief in Dich hinein - kannst Du nicht nur zufrieden, sondern aus ganzem Herzen dankbar dafür sein, daß Du der bist, der Du heute bist?

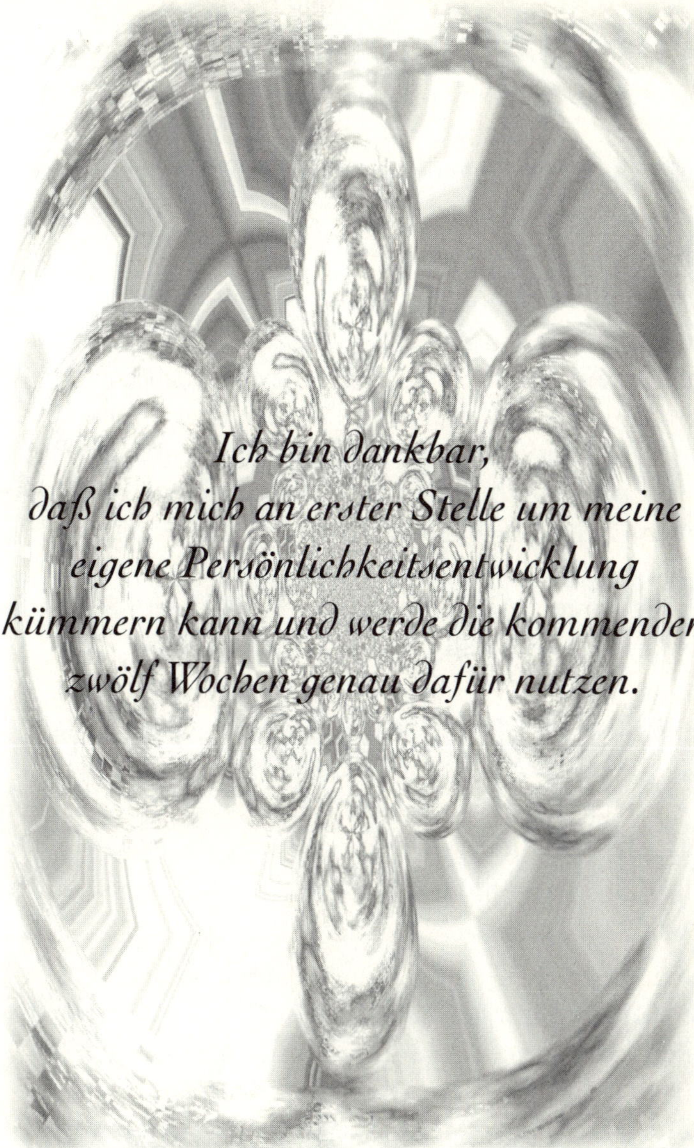

*Ich bin dankbar,
daß ich mich an erster Stelle um meine
eigene Persönlichkeitsentwicklung
kümmern kann und werde die kommenden
zwölf Wochen genau dafür nutzen.*

1. Woche, Donnerstag

Du hast mir erzählt, daß Du von Deiner Mutter nicht die Liebe bekommen hast, die Du Dir ersehntest, und daß Dich Deine Mutter nie in den Arm genommen hat. Du hast bei Deinen Freunden gesehen, daß dies dort ganz anders war. Ich weiß, daß Du Deiner Mutter bis heute noch nicht verziehen hast und ihr immer noch heimliche Vorwürfe machst.

Du hast mit Sandra selbst 2 Kinder. Ihr seid beide Ärzte, habt Eure Praxis und seid fünf Tage die Woche rundum beschäftigt. Am Wochenende fahrt Ihr zwar in Euer Wochenendhaus, aber die Vorbereitungen dafür, ein- und auspacken und wieder ein- und auspacken zum Abreisen, lassen Euch nicht allzuviel Zeit. Und dann bekommt Ihr meist auch noch Besuch und verbringt Zeit mit Freunden. Meinst Du nicht, daß Eure Kinder auch zu der Meinung kommen können, daß sie zu kurz kommen?

Und wenn Du ehrlich bist, ist auch Sandra nicht der mütterliche Typ, den Du Dir eigentlich gewünscht hättest. Sie tut zwar alles für Eure Kinder, und ich bewundere sie auch für ihre unglaubliche Energie, aber für Kinder sieht die Welt immer ganz anders aus.

Aus Eurer Sicht tut Ihr alles für die Kinder, aber wie sehen Beverly und Jeremy das?

Könnte es nicht sein, daß Eure Kinder absolut kein Verständnis dafür haben, daß Ihr Euch mehr oder weniger aufarbeitet, nur um Euren Lebensstil zu finanzieren? Könnte es sein, daß Eure Kinder gern auf das Boot und vieles andere verzichten würden, wenn Ihr nur etwas mehr Zeit für sie hättet?

Ihr wollt Euren Kindern all‘ die Dinge bieten, die Ihr nicht gehabt habt und wollt Euren Kindern all‘ das geben, was es zu Eurer Zeit nicht gab, aber ist es das, was Eure Kinder wirklich wollen?

Ich will Dir kein schlechtes Gewissen machen, Du wirst sehen, ich will genau das Gegenteil; denn ich weiß, daß Ihr beide nur das getan habt, von dem Ihr überzeugt wart, was für Eure Kinder das Beste ist. An erster Stelle sollen es Eure Kinder einmal besser haben als Ihr.

Und das heißt wiederum an erster Stelle, daß sie sich mehr leisten können sollen, als Ihr Euch leisten konntet. Sie sollen eine sogenannte noch bessere Ausbildung bekommen als Ihr und sollen ihr Geld leichter verdienen können als ihr. Und dafür ist Geld erforderlich - für das Internat, für die Zeit an der Uni, für ein Auto und was weiß ich noch alles. Aber Eure Kinder müssen dafür auf genau dasselbe verzichten, auf was Du verzichten mußtest - auf Zeit, Verständnis, auf Zuneigung, also aus der Sicht der Kinder auf Liebe.

Natürlich bringst Du Deine Kinder ins Bett, nimmst sie in den Arm, gibst Ihnen einen Gute-Nacht-Kuß und siehst auch, daß Sandra sie abends an sich drückt. Doch Beverly hat dennoch das Gefühl, daß sie zu kurz kommt.

Kinder nehmen nicht die Absicht der Eltern wahr, sondern nur das, was sie ihnen vorleben. Und sie lesen nicht die Gedanken und Gefühle der Eltern, sondern sehen es aus ihrer Sicht. Und aus der Sicht der meisten Kinder sieht es so aus, daß sie nie genug Liebe, Zeit und Zuneigung haben können.

Und jetzt schau Dir einmal Deine Mutter an. Sie wollte ebenfalls Dein Bestes. Auch sie wollte, daß es Dir einmal besser gehen sollte. Auch sie wollte Dir eine bessere Ausbildung zukommen lassen. Du hast mir erzählt, daß Deine Großmutter all‘ ihre Träume von einem besseren Leben begraben mußte, weil sie aufgrund des Krieges nicht einmal ihre Schule beenden konnte und schon bald verheiratet war. Du hast mir erzählt, daß Deine Mutter ihrer Mutter nie verziehen hat, daß sie schon mit 21 das zweite Mal Mutter wurde und deshalb nie Zeit hatte.

Ich hoffe, Dir wird klar, daß Deine Mutter es nicht nur nicht besser wußte, sondern es nie besser vorgelebt bekam. Und das ist der springende Punkt. Es geht nicht nur um das Besser-Wissen, sondern um das Vorgelebt-Bekommen.

Kinder tun nicht das, was man ihnen sagt, sondern was sie vorgelebt bekommen. Kinder tun nicht an erster Stelle das, was sie verstandesmäßig für richtig halten, sondern was das Gefühl ihnen diktiert. Und wie sieht es bei uns Erwachsenen aus? Tun wir nicht auch oft genau das Gegenteil von dem, was wir eigentlich tun möchten? Nehmen wir uns nicht oft vor, daß wir dies oder jenes endlich abstellen wollen und tun es doch wieder und wieder?

Könnte es nicht sein, daß Deine Mutter mit sich selbst unzufrieden war und merkte, sich nicht so verhalten zu können, wie sie es eigentlich von sich selbst erhofft und erwartet hatte?

Könnte es nicht sein, daß sie selbst innerlich unglücklich war, dies aber nie zeigen wollte? Könnte es nicht sein, daß sie wirklich ihr Bestes gab und oft „mit ihrem Latein am Ende“ war?

Ich möchte, daß Du Deinem *„Ja, aber ...“* sagst:

„Mein liebes ‚Ja, aber ...‘, ich weiß, daß du meinst, alles wäre ganz anders gekommen, und alles wäre viel besser gewesen, wenn meine Mutter mich liebevoller behandelt hätte. Mach dir bitte klar, daß es viele Kinder gibt, die überhaupt keine Mutter haben, die bei einer Stiefmutter oder gar im Waisenhaus oder bei Pflegeeltern aufwachsen. Und viele dieser Kinder sind dankbar, daß es überhaupt einen Menschen gibt, der sich um sie kümmert und dafür sorgt, daß sie zumindest etwas zu essen haben-auch das ist für Millionen von Kindern keine Selbstverständlichkeit!

Mach dir bitte klar, daß deine Mutter nur das für dich wollte, was sie selbst für das Beste hielt. Und mach’ dir bitte klar, daß ihr eigenes Leben nicht leicht war. Dein Vater war ein Mann mit Prinzipien und somit eingefahren in seinen Gleisen. Mit anderen Worten, deine Mutter hatte es nicht leicht, mit ihm klarzukommen, genauso wie dein Vater es nicht leicht hatte, deine Mutter zu verstehen und zu wissen, wie er es ihr recht machen sollte.

Stell’ dir bitte deine Mutter nun einmal im Alter von etwa sieben Jahren vor -

sieh sie in ihren Kleidern von damals -

in ihrer Umgebung -

mit ihren Eltern -

als kleines Mädchen, das sich danach sehnt, eine Mutter ganz für sich zu haben.

Aber aus seiner Sicht muß es die Liebe der Mutter mit seinen Geschwistern teilen.

Sieh dieses kleine Mädchen nun heranwachsen. Es geht zur Schule, und wenn es nach Hause kommt, muß es bei der Hausarbeit helfen.

Sieh dieses kleine Mädchen weiterhin heranwachsen. Es will nun auch das Leben genießen und herausfinden, wie das Leben funktioniert. Es vergeht nur noch wenig Zeit, bis es selbst verheiratet ist und das erste Kind bekommt. Dann wirst du geboren und kurz danach auch noch Deine andere Schwester.

Deine Mutter liebt dich, wie jede Mutter ihr Kind liebt, und Du bist ihr das Liebste auf der Welt. Aber natürlich sind ihr deine beiden Schwestern auch das Liebste auf der Welt. Eine Mutter braucht ihre Liebe nicht unter den Kindern aufzuteilen, sie liebt jedes Kind gleich viel. Sie muß ihre Zeit aufteilen und wird sich naturgemäß mehr dem Kind widmen, das mehr Zeit in Anspruch nimmt, und wird sich mehr über das Kind freuen, das ihr die wenigste Arbeit macht. Aber all' dies hat nichts mit mehr oder weniger Liebe zu tun.

Mach' dir klar, daß diese deine Mutter einmal genauso ein kleines Kind war wie du und daß sie noch weniger als du wußtest, wie das Leben funktioniert.

Sieh deine Mutter nun, wie sie dich als Kind auf dem Arm hält und dir folgendes sagt: „Könnte ich doch alles richtig machen und dir alles geben, was du dir wünschst. Und könnte ich dir doch nur zeigen, wie sehr ich dich liebe. Ich drücke dich nun ganz fest an mich und sage dir aus einem Herzen voller Liebe - ich liebe dich!“

Du hast jetzt die Möglichkeit, die Augen zu schließen und dies ganz tief in Deinem Herzen anzunehmen; denn Du kannst mir glauben, daß das die Gedanken und Gefühle waren, die Deine Mutter ganz tief in ihrem Herzen hatte.

Und wenn Du Dir dies richtig vorstellst und Dir ein paar Augenblicke Zeit läßt, wird ein wunderbares Gefühl der Dankbarkeit in Dir aufkommen, für alles, was Deine Mutter für Dich getan hat. Denk daran, daß sie es war, die Dich neun Monate in sich aufwachsen ließ und Dir Dein Leben schenkte. Du sollst dafür kein schlechtes Gewissen haben; denn Du warst nicht an Deiner Zeugung beteiligt, aber Du hast allen Grund, dankbar dafür zu sein.

Und nun sei ganz ehrlich, höre tief in Dich hinein - kannst Du nicht nur zufrieden, sondern aus ganzem Herzen dankbar dafür sein, daß Du der bist, der Du heute bist?

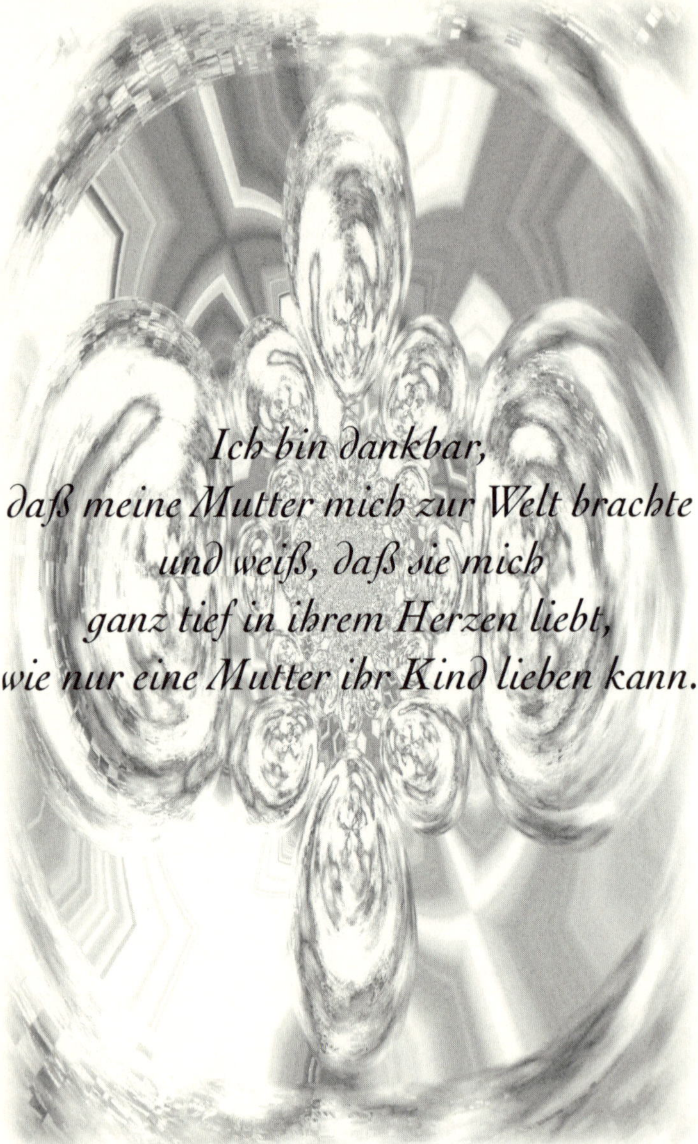

Ich bin dankbar,
daß meine Mutter mich zur Welt brachte
und weiß, daß sie mich
ganz tief in ihrem Herzen liebt,
wie nur eine Mutter ihr Kind lieben kann.

1. Woche, Freitag

Ich weiß, daß Dir Dein Vater nie gesagt hat, daß er stolz auf Dich ist. Es wird Dir auch wenig helfen, wenn ich Dir sage, daß es den meisten anderen Kindern ebenso erging; denn Du wirst Deine Aufmerksamkeit in der Kindheit genau auf die Kinder gelenkt haben, die einen Vater hatten, der es ihnen sagte.

Väter sind seltsam. Sie sind bereits in dem Augenblick, in dem ihr Kind geboren wird, stolz darauf - egal, ob Sohn oder Tochter. Selbst sogenannte uneheliche Väter, die sich sogar noch um die Zahlung drücken, sind stolz darauf, Vater geworden zu sein.

Es scheint so zu sein, daß die Natur es den Vätern mit auf den Weg gegeben hat, daß sie in dem Augenblick, in dem sie erfahren, daß sie Vater geworden sind, ein Gefühl des Stolzes erleben, und den Müttern, daß sie in dem Augenblick, in dem sie ihr Baby das erste Mal im Arm halten, tiefe Liebe empfinden.

Es scheint aber auch so zu sein, daß die Natur uns Eltern nicht automatisch die Fähigkeit mit auf den Weg gegeben hat, dies unseren Kindern auch zu sagen. Der Mensch ist das letzte Glied in der Entwicklungsgeschichte der Erde und hat erst sehr spät sprechen gelernt. Das Universum soll 16.000.000.000 Jahre alt sein, und der Mensch hat erst in den letzten Jahren damit begonnen, zu lernen offen über seine Gefühle zu sprechen - die meisten können es heute noch nicht!

Genauso ging es Deinem Vater. Seit Hunderttausenden von Jahren ist es dem Mann eingeprägt, hart zu sein und zu kämpfen. Erst seit wenigen Jahren ist dies anders. Die

Zeit der Kriege, des Kampfes, des Jagens ist vorbei, und die Zeit der Persönlichkeitsentwicklung hat erst in den 70er Jahren begonnen.

Und wenn Du ehrlich zu Dir selbst bist, dann gelingt es Dir auch nicht immer, Deinen Kindern das zu sagen, was Du Ihnen sagen möchtest - oder?

Warum willst Du also Deinem Vater vorwerfen, daß es ihm nicht gelang, wenn Du selbst noch Schwierigkeiten damit hast?

Wir sind alle zu kurz gekommen, aber in Wirklichkeit verhält es sich damit ganz anders.

Du hast Dich in dieser Woche entschlossen, Dich so anzunehmen, wie Du bist. Du hast Dich in dieser Woche entschlossen, daß Du mit keinem anderen tauschen möchtest.

Mach Dir bitte jetzt einmal klar, daß der Grund, warum Du mit keinem anderen tauschen willst, der ist, daß Du Dich im wahrsten Sinne des Wortes in Deiner eigenen Haut wohlfühlst.

Und mach Dir bitte einmal klar, daß der Grund, warum Du der geworden bist, der Du heute bist, der ist, daß sich Deine Mutter genau so verhalten hat, wie sie sich verhalten hat. Und daß es ebenso notwendig war, daß sich Dein Vater so verhielt, wie er sich verhielt, damit Du der werden konntest, der Du heute bist.

Und genauso ist es mit Deinen Geschwistern und allen Menschen, die in Deiner Kindheit eine gewisse Rolle gespielt haben. Alles hatte den Grund, daß Du der werden konntest, der Du heute bist. Und wie Du siehst, hatte es einen guten Grund.

Einer meiner Seminar-Teilnehmer verlor seinen Bruder durch einen Unfall und machte sich selbst Vorwürfe, daß er ihn nicht retten konnte. Er legte sich selbst sehr viel Schuld auf. Gleichzeitig damit entwickelte er aber auch sehr viel Verantwortungsgefühl - sogar zuviel. Er fühlte sich für alles mögliche verantwortlich. Sobald er aber im Gespräch den Zusammenhang erkannte, konnte er diesen ungeheuren Druck ablegen und viel klarer erkennen, was wirklich in seinem Verantwortungsbereich lag und was nicht.

Wenn wir alle eine Mutter gehabt hätten, die uns ihre Liebe uneingeschränkt vermittelt hätte, und einen Vater, der uns seinen Stolz gezeigt hätte, dann wären wir wahrscheinlich alle sehr ähnlich geworden. Es würde keine herausragenden Persönlichkeiten geben und auch keine Menschen, die uns bei ganz bestimmten Aufgaben und Gebieten helfen könnten. Jeder hat für seine Talente und Fähigkeiten auf irgendeine besondere Art und Weise „bezahlt“. Jeder hat für seine herausragenden Fähigkeiten irgendetwas auf sich genommen - ob freiwillig oder nicht, ist eine andere Sache.

Mach Dir also klar, daß alles, so wie es war, einen guten Grund hatte, den Grund, Dich zu der Persönlichkeit zu formen, die Du heute bist.

Sag Deinem „Ja, aber ...“ also:

„Mein liebes ‚Ja, aber ...‘, du hast mir bisher nur die Situationen ins Gedächtnis gebracht, in denen ich als Kind den Eindruck hatte, daß mein Vater nicht stolz auf mich ist - ja, sogar die Situationen, in denen ich erwartet hatte, daß er mich lobt, und in denen sogar das Gegenteil

der Fall war. Aber ich weiß, daß es auch Situationen gab, in denen er seinen Stolz ausdrückte. Du hast mir diese Situationen bisher vorenthalten, und ich bitte dich darum, mir diese nun auch immer öfter vor Augen zu führen.

Mach dir bitte klar, daß auch mein Vater einst ein kleiner Junge war. Sieh dir an, wie er ausgesehen hat, als er zur Schule kam, schau dir seine Umgebung an, seine Eltern, seine Kleidung und seine Umstände und die Zeit, in der er aufwuchs. Mach dir klar, wie schnell seine Jugend verging und wie er darüber dachte, wie er sein Leben am besten verbringen kann. Mach dir klar, daß er seine Zweifel und Sorgen hatte und daß er Vater wurde, ohne zu wissen, wie das Leben wirklich gut funktionieren kann.

Stell dir nun vor, wie dein Vater dich als Kind in den Arm nimmt und dir sagt: ‚Ich vertraue darauf, daß du etwas aus deinem Leben machst. Es gehört dazu, daß dir nicht alles gelingt, und auch, daß dir nicht alles gleich gelingt. Auch ich war nicht perfekt und wußte erst viel später, wie ich es hätte besser machen können. Ich vertraue darauf, daß du dein Leben meistern wirst - geh‘ deinen Weg. Ich bin stolz auf dich!‘“

Und nun sei ganz ehrlich, und höre tief in Dich hinein - kannst Du nicht nur zufrieden, sondern aus ganzem Herzen dankbar dafür sein, daß Du der bist, der Du heute bist?

Ich bin dankbar,
daß mein Vater mich gezeugt hat und
weiß, daß er ganz tief in seinem Herzen
stolz auf mich ist, wie nur ein Vater stolz
auf sein Kind sein kann.

Lieber Alfred,

wenn ich Dich richtig verstanden habe, dann geht es Dir an erster Stelle darum, daß ich aufhören soll, meiner Vergangenheit die Schuld zu geben, was immer dann der Fall ist, wenn es mir nicht so gut geht.

Ich habe in dieser ersten Woche begriffen, daß es einiges gibt, was ich absolut nicht ändern kann - meine Gene, meine Mutter, meinen Vater - zusammengefaßt, meine Vergangenheit oder noch ehrlicher, die gesamte Vergangenheit.

Und wenn ich Dich weiterhin richtig verstanden habe, dann geht es Dir darum, das zu akzeptieren und anzunehmen und nicht mehr länger zu bejammern, was war, weil es sowieso nicht mehr zu ändern ist.

Aber das scheint ja noch nicht auszureichen; denn die Krönung ist wohl, noch einen Schritt weiterzugehen und sogar für all‘ das dankbar zu sein, was mir bis letzte Woche zumindest ab und zu noch beklagenswert erschien.

Ich verstehe Deinen Ansatzpunkt für die Vergangenheit also folgendermaßen:

Du sagst Dir, das, was ich sowieso nicht ändern kann, soll mir nicht auch noch in der Zukunft im Weg stehen, sondern mir sogar dienlich sein. Wenn ich anderen die Schuld gebe, mich beklage und jammere, dann fühle ich mich nicht gerade wohl, und somit steht es mir weiterhin im Weg. Es beeinflußt meine Gesundheit nicht positiv, vielleicht sogar negativ. Es gibt mir keine Energie oder nimmt mir sogar Energie, wirklich etwas ändern zu wollen, weil ich ja schließlich immer einen Schuldigen finde, wenn etwas nicht funktioniert. Mit anderen Worten, ich denke nicht wirklich ziel- oder zukunftsorientiert, sondern lasse mir immer eine Hintertür offen, falls es schiefgeht. Damit wird mir sehr vieles klar; denn ich habe sehr oft - wenn auch unbewußt - aufgegeben oder zumindest den Fuß vom Gaspedal genommen.

Ich habe immer eine Art Fragezeichen in mir gespürt und bin somit nie volle Kraft voraus gefahren, sondern habe mich immer wieder selbst ausgebremst und in allen möglichen und unmöglichen Situationen in meiner Vergangenheit die Schuld gesucht.

Die konstruktive Lösung dazu ist also, daß ich an allem, was nicht mehr zu ändern ist, etwas Positives finden sollte, damit es mir Energie gibt und ich somit statt eines Fragezeichens ein Ausrufungszeichen in mir spüre.

Wenn ich mir oder meinem „Ja, aber ...“ also klarmache, daß ich mit keinem tauschen will und mit mir zufrieden bin, dann ist das Fragezeichen zwar verschwunden. Ein Ausrufungszeichen kommt aber noch nicht auf.

Ich glaube, um das zu verinnerlichen, was ich bis jetzt noch mehr mit dem Verstand als mit dem Gefühl angenommen habe, sollte ich mir die Mühe machen, das nun für Sonntag mit Hilfe einer Übung zu erreichen.

Also, um die Dankbarkeit in den Mittelpunkt meiner Übungen zu stellen, werde ich mir einmal aufschreiben:

1. für welche Talente und Fähigkeiten ich dankbar sein kann -
2. welche Erfahrungen mir bisher wichtige Lebensregeln und Erkenntnisse gebracht haben -
3. welche meiner positiven Eigenschaften ich der Verhaltensweise meiner Mutter zu verdanken habe -
4. welche meiner positiven Charaktereigenschaften ich der Verhaltensweise meines Vaters zu verdanken habe.

Also, bis Montag, und übrigens:

Ich habe begriffen, daß es sinnvoll ist, für meine Vergangenheit dankbar zu sein. Aber wie soll ich für meine Gegenwart dankbar sein, wenn ich mit meiner gegenwärtigen Situation absolut nicht glücklich bin?

2. Woche, Montag

Vor ein paar Tagen kam ein junger Mann in den Dreißigern auf mich zu und bat mich um Rat. Er hat bei den Weltmeisterschaften die Silbermedaille im Rudern gewonnen und sich als nächstes Ziel gesteckt, zu zweit in einem Ruderboot über den Atlantik zu rudern. Aber nicht nur das, sondern er will sogar an dem ersten Rennen dieser Art teilnehmen und als Sieger ins Ziel kommen.

Bevor ich ihm etwas sagen wollte, wollte ich wissen, wie er sich bisher motiviert hat, wenn er auf etwa 75 % der Strecke sieht, daß ein anderes Boot im Führen ist.

Er sagte mir, daß es für ihn zwei Arten der Motivation gibt: „Auf der einen Seite will ich unbedingt gewinnen, und auf der anderen Seite habe ich regelrecht Angst zu verlieren. Aber diese Art von Angst ist nicht die lähmende, sondern diejenige, die in mir zusätzliche Kräfte freisetzt. Ich glaube, es geht mir darum, daß ich die Leute, die an mich glauben, nicht enttäuschen will.“

In meinen Erfahrungen mit Tausenden von Teilnehmern habe ich herausgefunden, daß es, vereinfacht gesehen, drei verschiedene Kategorien von Motivation gibt.

1. Muß-Motivation (innerer Druck)

2. Will-Motivation (innerer Antrieb)

3. Darf-Motivation (innere Harmonie)

Die meisten Menschen bleiben ihr ganzes Leben lang in der „Ich-muß-Phase“.

Ich muß zur Arbeit gehen, ich muß meine Schulden abbezahlen, ich muß das Rauchen aufgeben, ich muß endlich mal entspannen, ich muß ...

Dann gibt es die Gruppe derjenigen, die noch etwas aus ihrem Leben machen wollen.

Ich will mehr Geld verdienen, ich will mehr erreichen, ich will etwas für meine Gesundheit tun, ich will ...

Nur ganz wenige Menschen haben begriffen, daß erfülltes Leben nur in der „Ich darf-Phase" stattfinden kann.

Ich darf eine Aufgabe erfüllen, ich darf mich gesund ernähren und bewegen, ich darf erfolgreich sein, ich darf ...

Du fragst mich also, wie kann man dahinkommen, dankbar zu sein, wenn man in keinster Weise zufrieden ist.

Nun, der Ruderer hat uns einen wichtigen Hinweis gegeben. Er sagte, daß es ihn auch dann motiviert, wenn er sauer darüber ist, daß er nicht am Gewinnen ist.

Wenn Du die Nase voll hast von Deinem jetzigen Leben - großartig!

Lenk diese Art von negativer Energie einfach in die richtige Richtung, nämlich in die Richtung, in der Du Dein Leben verbringen willst!

Mach Deiner Frust-Energie klar, daß Du sie ab sofort immer in eine konstruktive Richtung lenken wirst, nämlich in die Tat-Richtung.

Wandle also Deine Frust-Energie in Tat-Energie!

„Ich habe keine Lust -

und genau aus diesem Grund werde ich jetzt etwas tun!"

„Ich kann nicht daran glauben, daß das auch bei mir funktioniert -

und genau aus diesem Grund werde ich mir jetzt beweisen, daß ich das ändern kann!"

„Ich habe die Nase voll -

und genau aus diesem Grund werde ich jetzt dafür sorgen, daß dies immer weniger vorkommt!“

Und wenn Du es für einige Zeit geschafft hast, Deine Frust-Energie in Tat-Energie umzuwandeln, dann wird Dir der nächste Schritt nicht nur auch gelingen, sondern er wird sich ganz automatisch einstellen. Aus Deiner Frust-Energie wird Lust-Energie!

Sag Deinem „Ja, aber ...“:

„Mein liebes ‚Ja, aber ich habe keine Lust‘, ich möchte, daß du dir klarmachst, daß du es dir nur angewöhnt hast, keine Lust zu haben, und daß du es dir genauso angewöhnen kannst, Lust zu haben. Jedesmal, wenn ich auf dich gehört habe und keine Lust hatte, dann hat sich weder etwas Positives für mich ergeben, noch habe ich damit jemals irgendwelche Erfolgserlebnisse gehabt. Ich war anschließend genauso lustlos wie vorher. Aus diesem Grund möchte ich ab sofort immer öfter statt Frust - Lust haben und auf jeden Fall etwas unternehmen. Und wenn ich nicht weiß, was ich unternehmen soll, dann will ich auf jeden Fall einen Spaziergang in der Natur machen, weil ich dort neue Energie, neue Ideen und auch neue Motivation bekomme.

Ab heute werde ich also bei jedem ‚Ja, aber ich habe keine Lust‘, sofort in die Natur gehen, tief atmen und dankbar dafür sein, daß ich mich dazu aufgerafft habe.“

Und nun sei ganz ehrlich und höre tief in Dich hinein: Kannst Du nicht dankbar sein, daß Dir tausend Möglichkeiten zur Verfügung stehen, von denen 80 % der Menschheit nur träumen?

Heute ersetze ich meine
Frust-Energie durch
Lust-Energie!

2. Woche, Dienstag

Vielleicht hast Du Probleme damit, dankbar dafür zu sein, daß Du genau in dieser Zeit lebst.

Nachdem man sagt, daß es etwa 16.000.000.000 Jahre gedauert hat, das Universum zu erschaffen bis zu seiner heutigen Form und ich das besser visualisieren möchte, habe ich mir einmal eine Strecke von 16 Kilometern vorgestellt. Jeder Meter repräsentiert eine Million Jahre, jeder Millimeter eintausend Jahre. Mit dem Fahrrad brauche ich etwa eine Stunde, um diese 16 Kilometer zu fahren. Wenn ich mit dem Vorderrad die Ziellinie berühre, dann befindet sich mein Hinterrad dort, wo die Menschheit begann - nach einer Stunde Fahrt mit einem Durchschnitt von 16 km/h wohlgemerkt.

Mit anderen Worten, ich brauche mir keinerlei Gedanken darüber zu machen, ob ich lieber zu einer anderen Zeit gelebt haben wollte; denn zu einer anderen Zeit gab es noch keine Menschen. Es geht also nur um die zwei Meter, die mein Fahrrad etwa lang ist.

Aber wenn ich mir vorstelle, einer der ersten Menschen zu sein, dann ist das nicht das, was ich heute unter Menschsein verstehe, und verzichte gern freiwillig auf 1,998 Meter. Bleiben also noch zwei Millimeter übrig und die repräsentieren die letzten 2.000 Jahre. Sicher wäre es ganz interessant, zur Zeit der Römer einmal live dabei zu sein, aber mein gesamtes Leben möchte ich zu dieser Zeit auch nicht verbringen wollen. Und wenn ich mir die folgenden 1950 Jahre anschaue, dann muß ich sagen, daß es in dieser Zeit auch absolut keinen Zeitraum gab, in dem ich mein auf (bisher) 50 Jahre begrenztes

Erdenleben hätte verbringen wollen. Selbst wenn man mir anböte, irgendein König, Kaiser oder Papst zu sein, so wäre ich nicht daran interessiert, wenn ich nur daran denke, daß diese Leute nicht einmal eine hygienische Toilette hatten. Und wenn ich mir vorstelle, als König Ludwig in einer Kutsche über Kopfsteinpflaster vom Chiemsee zum Schloß Neuschwanstein zu reisen, nur um einmal nach dem Baufortschritt zu sehen, dann setze ich mich lieber in meinen A8 und fahre rüber zum Strand und schaue, welchen Fortschritt mein im Bau befindliches Haus macht, was zwar kein Schloß ist, aber in dem nicht nur eine moderne Toilette, sondern auch ein Bidet installiert ist. Ich möchte nicht unbedingt auf Fernsehen und schon lange nicht auf traumhafte Musik verzichten, die ich mir überall und zu jedem Zeitpunkt anhören kann. Ich brauche keine Musiker einzuladen, kann mir die für mich schönste Musik aus aller Welt anhören und brauche nicht einmal im Konzertsaal zu sitzen, sondern kann in der Sonne liegen und sogar dabei einschlafen, wenn ich möchte.

Auch möchte ich auf keinen Fall auf meinen Computer verzichten, auf dem ich gerade diese Zeilen schreibe, und auch nicht auf den Fax, mit dem ich Dir diese meine Gedanken schneller als nur in „Windes-Eile" zukommenlassen kann.

Vor allen Dingen möchte ich nicht meine Schuhe gegen die von König Ludwig tauschen, auch nicht meine Shorts, geschweige denn meine T-Shirts oder meine warmen leichten Jacken für die kühlen Tage. Und wenn ich an die letzten 100 Jahre denke, dann verzichte ich gern auf die Kriegszeit und bin mehr als dankbar, 1947 geboren worden zu sein, aber auf keinen Fall auch nur ein paar Jahre früher.

Uns wurde dies klar, als wir vor zwei Jahren mit unserem Wohnmobil durch einige Nationalparks der USA reisten. Am faszinierendsten für uns waren der „Arches-National Park“ und „Natural Bridges“. Die von der Natur geformten Brücken aus Stein gibt es noch nicht sehr lange, und eine dieser Brücken stürzte nur wenige Monate nach unserem Besuch ein (nein, wir haben damit nichts zu tun).

Uns wurde klar, daß wir vor hundert Jahren nicht die Reisemöglichkeit gehabt hätten, dieses Naturschauspiel zu sehen, und daß es diese Brücken in weiteren hundert Jahren nicht mehr geben muß.

Uns wurde klar, daß wir in einem Universum leben, das sich vor 16 Milliarden Jahren zu formen begann, und daß wir genau jetzt unser Erdenleben verbringen dürfen - nicht einen einzigen Augenblick früher.

Auf die 16 Kilometer-Strecke gesehen, heißt dies: auf ein fünfhundertstel Millimeter genau, also wortwörtlich auf Haaresbreite!

Wenn Du mich fragst, dann bin ich wirklich mehr als nur dankbar, daß ich hier, heute und jetzt leben darf. Ich möchte wirklich mit keiner anderen Zeit tauschen, nicht um den Bruchteil eines Millimeters. Auf die anderen 16.000 Meter kann ich also gern verzichten!

Sag Deinem „Ja, aber ...“ also:

„Mein liebes ‚Ja, aber früher war alles viel besser ...‘, ich möchte, daß du dir klar darüber wirst, daß es in 16 Milliarden Jahren Universum, 2 Millionen Jahren Menschheit und 2 Jahrtausenden ‚Neuzeit‘ nicht ein einziges Jahrhundert gab, in dem es lohnenswerter war zu leben als heute.

Ich möchte, daß du begreifst, daß es nie eine bessere Zeit als die heutige gegeben hat und daß ich heute wirklich alles habe, was ich für heute brauche. Selbst eine Wirtschaftskrise ist nicht so schlimm wie ein Krieg, und eine Demokratie ist einer Diktatur um ein Vielfaches vorzuziehen.

Ich möchte also, daß du mir jeden Tag aufzeigst, wofür ich in Wirklichkeit für die heutige Zeit dankbar sein kann. Jedesmal, wenn ich Musik höre, die mich energetisiert oder harmonisiert, will ich dankbar sein. Jedesmal, wenn ich mit dem Auto, der Bahn oder dem Bus fahre, will ich dankbar sein. Jedesmal, wenn ich esse, was mir schmeckt, will ich dankbar sein. Und ich will dankbar sein für meine bequeme Kleidung und für alles, was mir die heutige Zeit bieten kann, um mich am Leben zu erfreuen.“

Und nun sei ehrlich, und höre ganz tief in Dich hinein: Kannst Du nicht wirklich dankbar sein, daß Du genau jetzt und hier Dein Leben auf diesem Planeten verbringen darfst?

In all' den 16 Milliarden Jahren
gab es keinen Zeitraum,
in dem ich lieber gelebt haben wollte!

2. Woche, Mittwoch

Vielleicht meinst Du, daß Du in der Vergangenheit einige Fehler gemacht hast, die Dir nun in der Gegenwart im Weg sind. Ich glaube, daß wir viel zu sehr darauf getrimmt sind, immer alles richtig machen zu müssen, und hören im Ohr den Spruch:

„Entweder Du machst es richtig oder ... - gar nicht!"

Ich bin fest davon überzeugt, daß viele Menschen allein durch diesen dummen alten Spruch vieles erst gar nicht probieren und sich selbst damit ausbremsen, wesentlich mehr Er-Leben in ihr Leben zu bringen.

Es geht nicht um „alles oder nichts"!

Es geht nicht um „entweder richtig oder gar nicht"!

Es geht darum, daß wir leben und erleben!

Es geht darum, daß wir Erfahrungen sammeln, daraus lernen und es beim nächsten Mal besser machen!

Und selbst dann wird es uns nicht immer gelingen. Ich komme gerade vom Golfspielen zurück, und Alexander sagte mir während des Spielens: „Na ja, Papa, Du triffst zwar nicht immer, aber immer besser!" Aber wenn ich mir mein Golfspielen anschaue, dann muß ich ehrlich zugeben, daß ich in keinster Weise täglich immer besser werde, sondern Tage dabei habe, an denen es nicht besser als katastrophal läuft. Aber ich weiß auch, daß ich, um einigermaßen Windsurfen zu können, einige Jahre brauchte, und dann konnte ich zurückblicken und sehen, daß es eindeutig bergauf gegangen war.

Genauso war es mit meinem Erfolg. Es hat jahrelang gedauert, bis ich sehen konnte, daß es eindeutig bergauf ging. In den ersten Jahren kamen immer wieder Rückschläge, und es ging mehr bergauf und bergab, als daß ich einen eindeutigen Aufwärtstrend beobachten konnte.

Heute kann ich sagen, daß ich - auf die letzten 20 Jahre zurückblickend - einen sehr deutlichen Aufwärtstrend erkennen kann.

Aber ich kann auch sagen, daß ich unglaublich viel gelernt habe. Ich habe gelernt, wie ich mein Unterbewußtsein beeinflussen kann, wie ich meine Energie optimal einsetzen kann, habe mein Selbstvertrauen Schritt für Schritt aufgebaut, kann unterscheiden, was wichtig und unwichtig ist, weiß, wie ich so mit anderen zu reden habe, daß es möglichst kaum Mißverständnisse gibt, und habe natürlich ein völlig anderes Image, vor allen Dingen von mir selbst.

Mit anderen Worten, ich kann zurückblickend zusammenfassend sagen: „Alles, was ich erlebte und tat, war irgendwo richtig und/oder wichtig für mich.“

Natürlich habe ich sogenannte „falsche“ Entscheidungen getroffen. Aber ich habe daraus gelernt und konnte später die richtigen Entscheidungen treffen, als es um viel mehr ging.

Natürlich haben einige Vorhaben nicht funktioniert. Aber ich konnte im Nachhinein sehen, daß es gut war. Um mit der Vergangenheit und der Gegenwart gut leben zu können, müssen wir wohl an erster Stelle wissen, was wir wirklich mit unserem Leben anfangen wollen - aber darüber schreibe ich Dir später ausführlicher.

Also, aus der Erfahrung heraus, daß alles irgendwo richtig/wichtig war, kann ich auch heute zu mir sagen:

„Alles, was ich erlebe und tue, ist irgendwo richtig und/oder wichtig für mich."

Und vor allen Dingen sage ich heute zu mir: „Ein erster lausiger Schritt ist besser als überhaupt kein Anfang!"

Im Nachhinein konnte ich feststellen, daß alles in meinem Leben irgendeinen Grund hatte. Entweder es hat mich direkt weitergebracht, oder ich konnte daraus lernen, und somit hat es mich langfristig gesehen auch weitergebracht.

Der entscheidende Unterschied ist die Einstellung zu dem, was war, und zu dem, was ist, und somit sind wir wieder bei der Dankbarkeit. Natürlich kann ich mir meine Vergangenheit unter dem Blickpunkt anschauen, was alles nicht in Ordnung war, und werde genug Situationen finden und entsprechend betrachten können, die mir das auch bestätigen. Und genauso ist es mit der Gegenwart. Ich kann den heutigen Tag entweder unter dem Blickpunkt sehen, daß alles gegen mich ist, oder ich kann meine Aufmerksamkeit so lenken, daß ich dankbar miterleben kann, wie gut es das Leben mit mir meint.

Aber das Wichtigste daran ist, daß ich zuerst meine Einstellung ändern muß, bevor das Leben, das Universum es gut mit mir meinen kann.

Früher dachte ich immer, wenn sich das oder das ändert, dann werde auch ich mich ändern. Aber so funktioniert unser Leben nicht - so wird es sogar nie funktionieren!

Es geht in meinem Leben nicht darum, daß sich andere ändern, sondern einzig und allein darum, daß ich mich ändere. Und den ersten lausigen Schritt kann ich damit tun, indem ich meine Einstellung ändere.

Wofür kann ich heute dankbar sein?

Mit dieser Frage habe ich mein gesamtes Leben verändert! Nichts war wichtiger in meinem Leben, als mir täglich diese Frage zu stellen!

Ich habe mich immer gewundert, warum ich seit den 70er Jahren so viele Bücher gelesen habe, bis nach Amerika gereist bin, um Seminare besuchen und die neuesten Cassetten kaufen zu können, und alles Mögliche probiert habe, nur um mein Leben in Ordnung zu bringen. Und auf der anderen Seite stand meine Frau, die mich zwar nicht ausgelacht, aber oft den Kopf geschüttelt hat.

Sie war mit sich in Harmonie und schien das alles nicht zu brauchen. Was hatte sie mir voraus?

Mir wurde bewußt, daß sie den ganzen Tag über Grund fand, für das, was das Leben ihr gab, dankbar zu sein.

Ich möchte also, daß Du heute zu Deinem „Ja, aber ...“ sagst:

„Mein liebes ‚Ja, aber ...‘, natürlich kannst du mir auch heute wieder unzählige Situationen zeigen, die nicht in Ordnung sind. Natürlich wird es dir gelingen, mir auch heute wieder zu beweisen, daß das Leben es nicht gut mit mir meint. Aber es geht nicht darum, die Aufmerksamkeit auf das zu lenken, was nicht in Ordnung ist, sondern darum, die Aufmerksamkeit darauf zu richten, was Grund genug gibt, um dafür dankbar zu sein. Ich möchte also, daß du - genauso, wie man bei einem Radio selbst den Sender einstellen kann - die Aufmerksamkeit darauf einstellst, was Grund zur Dankbarkeit ist.

Viele Situationen in meinem Leben haben im ersten Augenblick nicht danach ausgesehen, daß sie etwas

Positives oder Konstruktives beinhalten. Aber nach einer bestimmten Zeit stellte sich heraus, daß alles auch seinen Vorteil hatte. Aber kein Mensch wird jemals den Vorteil einer unangenehmen Situation finden, solange er bei seiner alten negativen Einstellung bleibt. Also, erst wenn du deine Einstellung änderst, wirst du auch erkennen, was das Leben mir geben will."

Und wenn Du einmal ganz tief in Dich hineinhörst, dann wirst Du im Nachhinein viele Situationen unter einem ganz anderen Licht sehen und dankbar sein können, daß alles so verlaufen ist, wie es verlief!

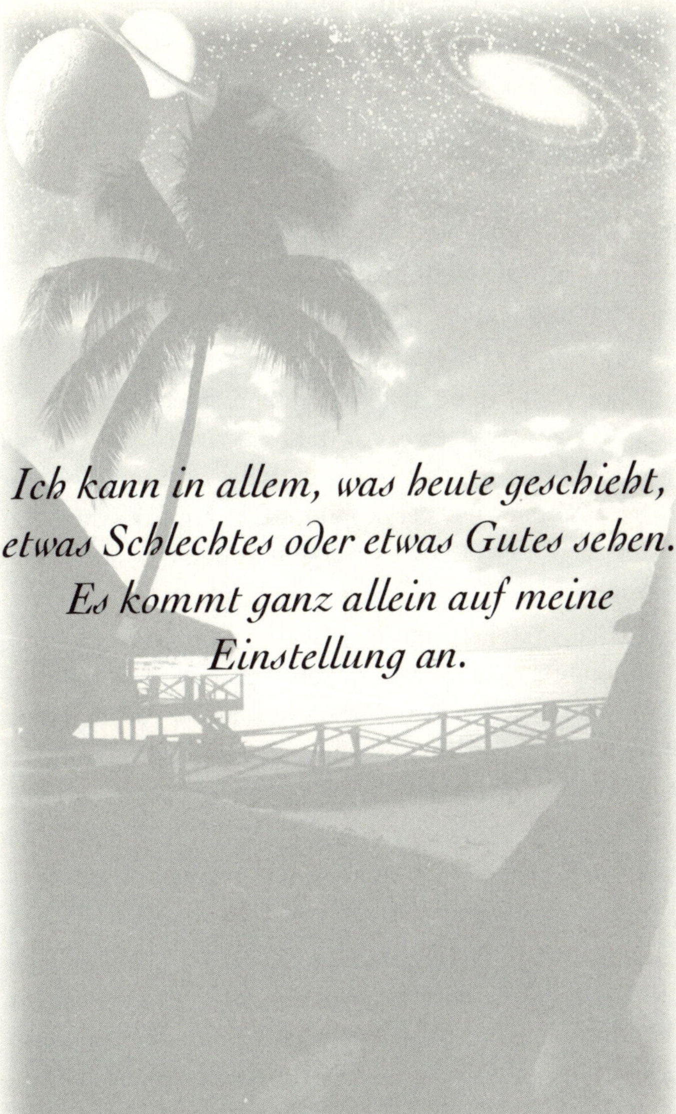

*Ich kann in allem, was heute geschieht,
etwas Schlechtes oder etwas Gutes sehen.
Es kommt ganz allein auf meine
Einstellung an.*

2. Woche, Donnerstag

Seit etwa vier Jahren leben wir, wie Du weißt, mehr oder weniger in 5 verschiedenen Ländern. 5 Monate in Neuseeland, 3 Monate in Kanada, und je etwa einen Monat in Deutschland, Österreich und den USA. Zusätzlich reisen wir im südpazifischen Ozean herum und kommen jährlich nach Singapur. Mit anderen Worten, wir sehen in etwa, was auf der Welt los ist, wie sich die Währungen verhalten und wie die allgemeine Stimmung ist.

Im Vergleich zu 1982, als wir das erste Mal ans andere Ende der Welt flogen, hat sich viel geändert. Dennoch gibt es immer wieder ein Auf und Ab zu beobachten, und ich kann nicht sagen, daß es mit einem bestimmten Land nur bergauf oder nur bergab ging. Das einzige, worauf wir uns in diesem Leben verlassen können, ist der ständige Wechsel.

Und genauso, wie es mit den Ländern ist, so ist es vor allen Dingen mit unserem Leben. Das einzig Beständige ist der ständige Wechsel. Das Leben bleibt nicht einmal für denjenigen stehen, der selbst stehenbleibt; denn alles ist im Fluß - alles fließt.

Und wenn das Leben uns heute nicht das bringt, was wir uns erhofft haben, dann können wir uns zwar darüber aufregen, aber wir sind nicht dazu verpflichtet!

Da ich fast täglich Telefon-Kontakt zu Deutschland habe, meine ich, daß es nach wie vor ein geteiltes Deutschland gibt. Nicht länger in Ost und West geteilt, aber in ein jammerndes und in ein motiviertes Deutschland. Die einen sehen es bergab gehen und die anderen bergauf! Und wenn ich mich recht erinnere, dann geht es so schon, seitdem ich mich überhaupt erinnern kann. Früher war es die Atombombe, heute ist es die Wirtschaftslage. Ich sage nicht, daß die Atombombe keine reale Gefahr war (oder nach wie vor ist). Ich sage auch nicht, daß die Wirtschafts-Situation oder die lauwarme politische Lage ausgesprochen lustig ist. Aber nach wie vor kann der einzelne selbst bestimmen, was er daraus machen will. Und das wird ihm erst dann auf wünschenswerte Art und Weise gelingen, wenn er wirklich weiß, was er mit seinem Leben anfangen will, und wenn er sich entschlossen hat, auf vieles zu verzichten, was ihn davon abhalten könnte, seinen idealen Lebens-Stil zu erreichen.

Natürlich geht es im Leben bergauf und bergab, und schon die nächste Sekunde kann unser Leben völlig verändern. Auch ich mußte dies mehrmals miterleben. Aus der heutigen Sicht kann ich sogar sagen: „... durfte dies mehrmals miterleben;“ denn jedesmal war es eine Veränderung zum Guten. Aber nichts hat sich automatisch zum Guten verändert, sondern ich habe die Entscheidung getroffen, dafür zu sorgen, daß sich nun etwas zur wünschenswerteren Seite verändern wird.

Es liegt in unseren Händen, ob wir aus Frust-Energie Lust-Energie machen wollen oder ob wir uns der anderen Seite des schon immer geteilten Landes anschließen wollen, um mitzujammern und zuzuschauen, was die anderen aus der Situation für uns machen.

Du bist damals aus England nach Neuseeland ausgewandert, Du bist innerhalb Neuseelands mehrmals umgezogen, und jedesmal ging es bergauf für Dich. Heute ist der Tag gekommen, an dem ich Dich auffordere, endlich anzuerkennen, daß das Leben es gut mit Dir meint und daß es einzig und allein an Dir liegt, was Du daraus machen willst.

Ich verstehe nicht, warum manche Leute jammern und dennoch in demselben Dorf wohnen bleiben.

Die Frage ist:

„Möchte ich nur ein bißchen oder will ich wirklich?“

Und die Antwort heißt, daß für jeden, der nur ein bißchen möchte, das Leben auch nur ein bißchen hergibt. Und für jeden, der wirklich will und bereit ist, diesem Planeten etwas zu geben und einen Beitrag zu leisten, dem wird das Leben auch das geben, wonach er sich sehnt.

Die ganze „Kunst“ besteht darin, immer wieder einen ersten lausigen Schritt zu unternehmen, wenn sich das Leben oder die Situation geändert haben. Auch die Briefe an Dich haben mit einem lausigen ersten Schritt angefangen, und inzwischen sind wir schon fast am Ende der zweiten Woche. Und in meinen Gedanken bin ich bereits dabei, alle Briefe in Form eines Buches zu sehen. Ich weiß, daß es Tausende von Menschen geben wird, die davon profitieren werden. Was könntest Du heute noch mit einem ersten lausigen Schritt beginnen, was Dir gar keine andere Chance mehr läßt, ab heute für das dankbar zu sein, was das Leben Dir heute anbietet?

Sag Deinem „Ja, aber ...“:

„Mein liebes ‚Ja, aber ...‘, du zeigst mir dauernd, wie es auch in Neuseeland bergab geht. Doch die Wahrheit ist, daß es überall auf der Welt ständig bergauf und bergab geht und daß es an erster Stelle darauf ankommt, worauf

ich meine Aufmerksamkeit richte und vor allen Dingen, was ich daraus machen will. Ab heute will ich meine Aufmerksamkeit viel mehr auf das lenken, was mir bestätigt, daß es für mich bergauf geht.

Selbst, wenn es im ganzen Land bergauf geht, dann ist dies noch lange keine Garantie, daß es auch für mich automatisch so sein wird. Und genauso ist es , wenn es im Land bergab geht. Es gibt keine Garantie, und nichts geschieht automatisch. Aus diesem Grund treffe ich die Entscheidung für mich, daß es ab heute erst richtig bergauf geht, und bitte dich um deine Mithilfe, die Aufmerksamkeit darauf zu lenken, mir dies täglich zu bestätigen.“

Und wenn Du tief in Dich hineinhörst, dann wirst Du auch dankbar annehmen können, daß Du schon immer wußtest, daß Dein Leben nicht in erster Linie von den Umständen, sondern von Dir selbst beeinflußt wird.

*Ab heute geht es mit mir
erst richtig bergauf!*

2. Woche, Freitag

Ein altes Indianer-Gebet bringt eine große Weisheit auf einen Punkt:

„Großer Manitou, laß mich ändern,
was ich ändern kann.
Laß mich demütig annehmen,
was ich nicht ändern kann.
Laß mich lernen, das eine vom anderen
immer besser unterscheiden zu können."

Stell Dir vor, wir würden in einem Universum leben, in dem wir absolut keine Freiheit hätten und nichts ändern könnten. Ich glaube, daß wir schon nach kurzer Zeit keine Lust mehr zum Leben hätten. Alles wäre aussichtslos und hoffnungslos, alles wäre nur Zufall, und mit allem müßten wir uns abfinden. Vielleicht ist das sogar der größte Unterschied zwischen einem Tier und einem Menschen. Tiere müssen ihr Schicksal ertragen und haben keinen oder nur sehr geringen Einfluß auf ihr Leben. Für uns Menschen wäre dies wirklich nur ein Dahinvegetieren. Können wir nicht also an erster Stelle dankbar dafür sein, daß wir die Möglichkeit haben, Dinge zu ändern - unser Leben also selbst zu beeinflussen? Viele Menschen sehen dies nicht und sind deshalb natürlich auch nicht einmal dankbar für diese wunderbare Möglichkeit, die wir als Menschen haben. Ist nicht jede unerwünschte Situation eine Gelegenheit, unsere Fähigkeit, Situationen zu beeinflussen oder gar zu ändern, weiter zu stärken und auszubauen?

Es kann also nicht darum gehen, nur problemlos durchs Leben zu kommen, sondern darum, Situationen zu ändern, die uns nicht gefallen, um somit den Glauben an uns und an die Fähigkeit, das Leben selbst zu beeinflussen, zu stärken.

Die Angst vor der Zukunft können wir nur dann besiegen, wenn wir in der Vergangenheit bewiesen haben, daß wir mit der Gegenwart klarkommen.

Jeder Mensch braucht also - um sein Leben sinnvoll zu empfinden - das Gefühl, daß er in irgendeiner Form Macht über sein Leben hat - einen Einfluß ausüben kann.

Diese Macht kann in vielfältiger Form konstruktiv und auch destruktiv sein. Viele Menschen setzen (unbewußt) Alkohol, Zigaretten, Drogen und Krankheit in der (ebenfalls unbewußten) Hoffnung ein, andere Menschen in irgendeiner Form zu beeinflussen. Allerdings wird man diese Plagen dann nicht mehr leicht wieder los.

Also, die konstruktive Form ist es, Dinge zu ändern, die wir ändern wollen und können. Und das beginnt damit, daß wir nicht „ja" sagen, wenn wir eigentlich gar nicht „ja" sagen wollen.

Es geht also darum, daß wir unser Leben selbst leben und es nicht einfach von anderen leben lassen. Es so zu leben, um anderen gefallen zu wollen, ist nur eine zeitlich begrenzte Lösung; denn eines Tages werden wir die Nase so gestrichen voll davon haben, daß wir entweder konstruktiv explodieren oder einer der destruktiven Versuchungen unterliegen.

Natürlich können wir auch dankbar sein, daß wir in einem Universum leben dürfen, in dem wir nicht alles ändern können. Stell Dir vor, jeder könnte das Wetter ändern, jeder könnte ändern, was er wollte, und schon hätten wir nach wenigen Minuten das absolute Chaos auf diesem Planeten.

Können wir nicht also dankbar sein, daß wir nicht alles ändern können?

Wie oft hat sich schon herausgestellt, daß eine nicht erwünschte, nicht zu ändernde Situation nur der erste Schritt in eine neue wunderbare Zukunft war.

Ich erlebe es immer wieder, daß mir Seminar-Teilnehmer erzählen, daß sie ihren Arbeitsplatz nicht mögen. Einige Wochen später erfahre ich, daß ihnen gekündigt wurde und sie nun stinksauer sind! Wiederum einige Wochen später schreiben sie mir, daß sie nun etwas völlig Neues gefunden haben und überglücklich sind.

Warum begreifen wir nicht, daß hier unser Unter- und auch Überbewußtsein eingegriffen haben, um uns das zu geben, wonach wir uns sehnten, aber nicht den Mut hatten, die Situation selbst in die Hand zu nehmen?

Andere erzählten mir, daß ihre Ehe nicht läuft und sie sich am liebsten scheiden lassen möchten. Dann, einige Zeit später, sind sie völlig erbost, daß sich ihr Partner trennen will. Wiederum einige Monate später erkennen sie, daß es das Beste für sie war!

Wenn wir gleich begreifen würden, was dieses Gebet beinhaltet, dann könnten wir uns viel Frust, Kampf, Haß und Neid ersparen.

Der wohl schwierigste Teil liegt darin, das eine vom anderen zu unterscheiden. Aber hier kommt das Gesetz der großen Zahl ins Spiel oder anders ausgedrückt: Das Glück ist auf der Seite des Fleißigen.

Je öfter wir darauf achten, wie sich unsere vorangegangenen Entscheidungen in der Zukunft ausgewirkt haben, umso klarer erkennen wir, was wir ändern und was wir annehmen sollten.

Und je mehr wir erkennen, daß sich unerwünschte, nicht zu ändernde Situationen langfristig wünschenswert ausgewirkt haben, umso mehr Vertrauen bekommen wir auch zu der Macht, die hinter unserem Universum steckt, und erkennen, daß es diese Macht gut mit demjenigen meint, der selbst bereit ist, sein Bestes zu geben.

Sag Deinem „Ja, aber ...“ also:

„Mein liebes ‚Ja, aber ...‘, du weißt genau, daß wir schon oft in unerwünschte Situationen gekommen sind, die wir leicht hätten vermeiden können. Ich möchte, daß wir ab heute immer ehrlicher zu uns selbst sind und uns nur auf das einlassen, was wir auch vor uns selbst verantworten können; denn wir werden es eines Tages auch selbst zu verantworten haben!

Ich möchte, daß wir das, was wir ändern können, auch ändern, und zwar gleich! Jedes Aufschieben bringt uns nur Nachteile.

Aber ich möchte auch, daß wir das, was wir nicht ändern können, annehmen und darauf vertrauen, daß es sich für uns zum Besten ergeben wird. Es wird sich dann zum Besten ergeben, wenn wir vorher unser Bestes gegeben haben, anstatt uns nur davor zu drücken.

Und ich möchte, daß du mich darauf aufmerksam machst, wenn du rechtzeitig erkennst, ob etwas geändert oder angenommen werden sollte.“

Um das Indianer-Gebet also in Worten der Dankbarkeit auszudrücken, hieße es:

„Ich bin dankbar dafür,
daß ich vieles, was mir nicht gefällt, ändern kann.
Ich bin dankbar dafür, daß ich nicht alles ändern kann;
denn es soll dazu beitragen,
mich geduldiger, reifer und weiser zu machen.“

Die Angst vor der Zukunft
können wir nur dann besiegen,
wenn wir in der Vergangenheit
schon oft bewiesen haben,
daß wir die Gegenwart meistern können.

Lieber Alfred,

wenn ich Dich richtig verstanden habe, dann geht es Dir in der zweiten Woche darum, daß ich aufhören soll, in der Gegenwart nach Ausreden zu suchen.

Ich gebe gern zu, daß ich wirklich mit keinem anderen Zeitalter tauschen möchte, schließlich wäre die Wahrscheinlichkeit, daß ich als Untertan geboren worden wäre, um ein Vieltausendfaches größer als die Wahrscheinlichkeit, als König geboren worden zu sein.

Ich erkenne auch, daß ich mit meiner Einstellung zu den Situationen sehr viel ändern kann und daß es an meiner Betrachtungsweise liegt, ob mein Urlaub schon wieder halb vorbei ist oder noch halb vor mir liegt!

Ich erkenne also, daß es an mir selbst liegt, was ich aus der jeweils gegenwärtigen Situation mache, spüre aber, daß da noch ein „Ja, aber ..." versteckt ist, was ich allerdings noch nicht klar ausdrücken kann.

Auf jeden Fall ist mir klar geworden, daß ich hier und jetzt etwas tun kann, tun muß und tun werde; denn Jammern wird mich nicht weiterbringen. Das habe ich schon in der ersten Woche begriffen.

Ich werde mir also morgen einmal folgende Fragen stellen und schriftlich beantworten:

1. Was ist mir alles geblieben?
2. Für welche Lebensumstände kann ich heute dankbar sein?
3. Welche Träume hatte ich längst begraben, die nun wieder in den Bereich des Möglichen gerückt sind?

Also bis Montag - und übrigens:

Ich habe begriffen, daß es sinnvoll ist, für meine Gegenwart dankbar zu sein. Aber wie kann ich für meine Zukunft bereits dankbar sein, wenn ich absolut nicht weiß, was auf mich zukommt?

3. Woche, Montag

In dieser Woche möchte ich Dich in das größte Geheimnis der Dankbarkeit einweihen und somit auch Deine Frage beantworten.

Als ich das erste Mal von der Macht des Unterbewußtseins erfuhr und schon in den 70er Jahren die Gelegenheit bekam, direkt mit Dr. Josef Murphy zu sprechen, sagte er mir: „Du brauchst nur daran zu glauben, Millionär zu werden, und dann wirst Du es auch schaffen!“

Er konnte mir leider nicht sagen, wie ich mir diesen Glauben aneignen konnte, und vor allen Dingen auch nicht, was dies alles bedeuten würde. „Du darfst nur das Beste erwarten.“ Und das war zu einer Zeit, als ich mehr Rechnungen und Mahnungen erhielt als Schecks!

Wie sollte ich das Beste erwarten, wenn absolut nichts lief, was danach aussah?

Wie sollte ich mir einreden, ein Millionär zu sein, wenn ich doch Minus auf dem Konto hatte? Wofür sollte ich dankbar sein, wenn nichts funktionierte?

Natürlich war es aufbauend und hilfreich für mich, Bücher von Dr. Murphy, Napoleon Hill und vielen anderen zu lesen; denn sie gaben mir Hoffnung und waren mehr als nur ein erster lausiger Schritt, aber es dauerte Jahre, bis ich herausfand, was alles dazugehört, um das Unterbewußtsein wirklich so zu „programmieren“, daß es mir half, meine Wünsche als realistische Ziele zu konkretisieren und diese Ziele dann auch zu verwirklichen.

Ich merkte schon bald, daß der „richtige Glaube“ auf sehr wackeligen Füßen steht. Immer, wenn alles gut und bergauf zu gehen schien, war alles bestens. Sobald aber wieder etwas dazwischen kam, war der Glaube an meine rosige Zukunft wieder dahin. Schlimmer war es noch mit der „Erwartungshaltung“. Wie sollte ich etwas Gutes erwarten, wenn „immer“ nur etwas Unerwünschtes kam. Der entscheidende Schritt war, mir klarzumachen, daß ich mir nach wie vor einredete, daß „immer“ „alles“ schiefging.

Ich begann also damit, mich zu fragen: „Was heißt immer?“

Und ich merkte schon bald, daß „immer“ gar nicht „immer“ war, sondern sogar nur sehr selten, nämlich höchstens zwei- bis dreimal am Tag und meistens sogar nur zwei- bis dreimal pro Woche. Was passierte in den Zeiten dazwischen? Bestand mein Tag nur aus zwei bis drei Situationen oder Meldungen? Was war mit den anderen 22 Stunden? Mir wurde klar, daß es den zwei bis drei unerwünschten Situationen pro Tag gelang, mir das Bild vorzugaukeln, daß „alles“ im argen war!

Das konnte nicht sein!

Schießlich hatte ich doch endlich die Frau fürs Leben gefunden, und wenn ich mich richtig zurückerinnerte, dann waren meine damaligen verliebten Gedanken, als wir uns trafen, etwa die: „Wenn Du diese Frau für Dich hast, dann hast Du das Wichtigste in Deinem Leben, dann bist Du glücklich!“

Wie konnte es sein, daß ich dennoch schon nach relativ kurzer Zeit wieder nicht glücklich war, nur weil meine finanzielle Situation nicht in Ordnung war und ich noch keinen Erfolg erkennen konnte?

Ich machte mir also klar, daß irgendein „Ja, aber ...“ in mir, mir verkaufen wollte, daß „immer“ alles schieflief. Also begann ich damit, mir aufzuschreiben, was außerhalb von „immer“ in meinem Leben nicht schief, sondern sogar gut lief!

Ich begann damit, mir täglich aufzuschreiben, was gut funktionierte und wofür ich sogar dankbar sein konnte! Es dauerte nicht lange, und schon wurde aus dem „immer“ ein „kaum noch“!

Und auch, wenn „alles“ auftauchte, habe ich mich sofort gefragt, was heißt „alles“? Gibt es außerhalb des „alles“ auch noch etwas anderes?

Was das mit Dankbarkeit für die Zukunft zu tun hat?

Solange Du Dir einredest, daß „immer“ „alles“ schiefgeht, beeinflußt Du Deine Erwartungshaltung für das, was in Zukunft auf Dich zukommen wird. Damit Du also eine positive Erwartungshaltung von Deiner Zukunft aufbauen kannst, ist es wichtig, daß Du „immer“ und „alles“ auf die Realität einschränkst und Deine Dankbarkeit für alles Wünschenswerte ausdrückst, was außerhalb von „immer“ und „alles“ liegt.

Sag Deinem „Ja, aber ...“ also:

„Liebes ‚Ja, aber ...‘, ich möchte, daß du mir ein klareres Bild von dem abspeicherst, was wirklich Realität ist. Ich möchte also, daß du dich nicht nur darauf konzentrierst, was alles nicht gut zu laufen scheint, was alles nicht in Ordnung zu sein scheint, sondern auch auf das, was so automatisch gut und ausgezeichnet läuft, daß ich es schon gar nicht mehr wahrnehme. Immer wenn du mir

vorgaukeln und einreden willst, daß ‚immer' und ‚alles' nicht in Ordnung ist, werde ich Dich fragen: ‚Was heißt immer und was heißt alles?' Denn ich weiß, daß ‚immer' und ‚alles' in Wirklichkeit nur kleine Ausschnitte meines Lebens sind.

Ich brauche die Erfolgserlebnis-Energie, die in meinen positiven und wünschenwerten Erfahrungen steckt, damit ich bei nicht wünschenswerten Situationen die Kraft habe, meine Frust-Energie in Lust-Energie zu verwandeln.

Ich möchte also, daß du die Aufmerksamkeit nicht nur auf das lenkst, was nicht in Ordnung ist, sondern und vor allen Dingen auch darauf, was funktioniert!"

Gibt es nicht also außerhalb von „immer" und „alles" genug Situationen und Gründe, aus ganzem Herzen dankbar zu sein? Liegt es nicht daran, daß unsere Aufmerksamkeit viel zu sehr darauf abgestimmt ist, nur das Nichtwünschenswerte zu sehen? Könnte es sein, daß es Dir helfen würde, den Fernseher nur dann anzuschalten, wenn ein aufbauendes Programm läuft? Könnte es hilfreich sein, auf die Nachrichten zu verzichten? Könnte es helfen, sich nicht an Gesprächen zu beteiligen, in denen „immer" und „alles" nur von der negativen Seite beleuchtet wird?

Was heißt „immer" -
was heißt „alles"?

3. Woche, Dienstag

Dankbar für die Zukunft zu sein wird Dir auch helfen, die Angst vor der Zukunft abzulegen. Obwohl Du Arzt bist und ich mich als Nichtmediziner in keinster Weise kompetent fühle, Dir etwas über den menschlichen Körper zu sagen, möchte ich, daß Du Dir über ein alltägliches Phänomen einmal ganz andere Gedanken machst.

Ich habe nicht die geringste Ahnung, was Schlaf eigentlich genau ist und was im Körper im Vergleich zum Tagesbewußtsein vor sich geht. Ich weiß vor allen Dingen nicht, was im Gehirn vor sich geht, nachdem wir die Augen geschlossen haben und eingeschlafen sind. Das normale Denken scheint nicht mehr zu funktionieren; denn es ist nicht mehr „ich", der denkt, sondern irgendetwas anderes scheint die Produktion von Gedanken (was wir Träumen nennen) zu übernehmen. Das was ich noch vor wenigen Minuten im Wachbewußtsein als „ich" bezeichnet habe, existiert nicht mehr.

„Ich" habe keine Kontrolle mehr über mein Denken, keine Kontrolle mehr über meinen Atem, keine Kontrolle mehr über meine Bewegungen, keine Kontrolle mehr über das,was ich eventuell sogar laut sage, „ich" habe einfach keine Kontrolle mehr.

Wer oder was übernimmt also die Kontrolle?

Es ist wie im Flugzeug. Der Pilot schaltet auf Autopilot und kann zum Frühstücken gehen. Aber wer hat den Autopiloten gebaut? Wer hat ihn programmiert?

Wer hat **unseren** Autopiloten gebaut? Wer hat ihn programmiert? Und wer schaltet ihn morgens wieder ab, was wir als Aufwachen bezeichnen?

Ich bin jeden Morgen erneut überrascht und dankbar, wenn ich aufwache und frage mich: „Wer war so nett und hat meinen Autopiloten abgeschaltet?“ Wäre es nicht absolut unlustig, für den Rest des Lebens nur den Autopiloten fliegen zu lassen? Der Körper würde sogar überleben - jahrelang - das haben wir Euch Medizinern zu verdanken. Aber wer will schon jahrelang im Koma liegen?

Können wir nicht also jeden Tag erneut für etwas ganz Banales und Selbstverständliches dankbar sein?

Und hilft es uns nicht, dankbar zu sein, wenn wir zurückschauen und uns klarmachen, daß wir immer wieder wach geworden sind? Daß es immer und immer wieder jemanden gab, der den Autopiloten für uns abgeschaltet hat, damit wir selbst wieder fliegen dürfen?

Und hilft es uns nicht, nach Tausenden von Tagen, an denen wir immer wieder aufgewacht sind, darauf zu vertrauen, daß wir auch an weiteren Tausenden von Tagen aufwachen werden?

Na und?

Können wir daraus nicht ableiten, daß es außer unserem „ich“ noch etwas anderes gibt, was uns durch das Leben lenkt?

Sag Deinem „Ja, aber ...“ also:

„Liebes ‚Ja, aber ...‘, ich möchte, daß du dir klarmachst, daß wir uns in der Vergangenheit nicht nur auf das Tagesbewußtsein zu verlassen brauchten, sondern auch noch einen Autopiloten zur Verfügung hatten, der jede Nacht die Kontrolle übernommen hat, damit das Tages-

bewußtsein sich immer wieder ausruhen kann und fit für den nächsten Tag ist. Darüber hinaus haben wir noch ein Super- Hyper - oder Überbewußtsein, das offensichtlich die Kontrolle darüber hat, den Autopiloten aus- und einzuschalten. Ich möchte also, daß wir vertrauensvoll in die Zukunft schauen. Mach dir bitte klar:

Alles was in der Vergangenheit war, war irgendwo richtig und/oder wichtig für uns.

Alles was in der Gegenwart ist, ist irgendwo richtig und/ oder wichtig für uns.

Alles was in der Zukunft sein wird, wird irgendwo richtig und/oder wichtig für uns sein.“

Kannst Du nicht also dankbar für Deinen Autopiloten und auch für den oder das sein, was bisher und auch in Zukunft die Kontrolle über Deinen Autopiloten gehabt hat und haben wird?

*Alles, was in der Vergangenheit war,
war irgendwo richtig und/oder
wichtig für uns.
Alles, was in der Gegenwart ist,
ist irgendwo richtig und/oder
wichtig für uns.
Alles, was in der Zukunft sein wird,
wird irgendwo richtig und/oder
wichtig für uns sein.*

3. Woche, Mittwoch

Ich möchte Dir heute einen weiteren wichtigen Hinweis geben, wie Du eine Erwartungshaltung aufbauen kannst, die Dir hilft, dankbar in die Zukunft zu schauen.

Ist Dir schon einmal aufgefallen, daß wir in unserem Sprachgebrauch sagen: „Ich bin immer so nervös“ oder „Ich habe große Schwierigkeiten damit“ oder „Ich habe nie Geld“ oder „Keiner versteht mich“ und so weiter.

Erstens möchte ich Dich nochmals darauf hinweisen, daß auch in diesen Sätzen oder Gedanken sehr oft „nie“ „immer“ „keiner“ „große“ vorkommt, mit anderen Worten wir übertreiben und bauen uns somit ein völlig falsches Bild auf und somit auch ein völlig falsches Selbst-Image.

Aber zusätzlich - und darum geht es mir heute - steckt in dieser Art von Sätzen eine gewisse Hoffnungslosigkeit. Wir signalisieren unserem Unterbewußtsein damit, daß sich „nie“ etwas ändern wird.

„Ich bin immer so nervös“ - Punkt.

„Ich habe nie Geld“ - Punkt.

Wie soll sich etwas von selbst ändern?

Wir reden uns damit systematisch ein, daß es nun einmal so ist und vor allen Dingen auch so bleibt!

Stell’ Dir mal vor, wir würden genauso systematisch vorgehen, uns etwas Konstruktives einzureden, und schon würde sich eine Stimme in uns melden und sagen: „Rede Dir doch nichts ein!“ Warum kommen wir nicht auf die Idee, selbstkritisch zu sein, wenn wir uns täglich systematisch etwas Negatives einreden?

Also Schluß damit ab heute!

Ich erwarte nicht einmal von Dir, daß Du Dir etwas „Positives“ einreden sollst, ich erwarte nur, daß Du ab heute aufhören sollst, Dir selbst (und somit Deinem Unterbewußtsein) alle Hoffnungen auf Besserung zu nehmen.

Die Antwort?

Sag nicht länger: „Ich bin immer so nervös!“, sondern sei wenigstens ehrlich zu Dir selbst und sage oder denke: „In der Vergangenheit war ich in einigen Situationen nervös.“

Auf diese Art und Weise belügst Du Dich nicht länger selbst und kannst viel hoffnungsvoller und somit auch dankbarer in die Zukunft schauen. Du mußt Dir selbst als Startpunkt in oder für eine bessere Zukunft als erstes klarmachen, daß das, was war, in der Vergangenheit stattfand - es war ...!

„Ich habe nie Geld!“

Das ist ein klares Statement - eine handfeste Aussage! Und nun konkurrieren mehrere Programme in Deinem Unterbewußtsein. Ein Programm sorgt dafür, daß Du die Wahrheit sagen und bei der Wahrheit bleiben sollst. Mit anderen Worten, es wird es Dir in Zukunft schwer machen, zu Geld zu kommen, weil Du ja schließlich jahrelang gesagt hast: „Ich habe nie Geld!“

Das andere Programm in Deinem Unterbewußtsein - das stärkste Programm überhaupt will immer recht haben, und wenn Du plötzlich Geld hast, dann hättest Du ja bis heute unrecht gehabt und damit ist dieses Programm nicht einverstanden. Es wird Dir die Sache also schwer machen. Ich habe es mit Hunderten von Teilnehmern erlebt, daß „irgendetwas" in ihnen dagegen war, wenn es darum ging, mehr Geld zu verdienen. Kaum verdienten sie mehr, schon gaben sie noch mehr aus. Kaum wollten sie ihr neu verdientes Geld gewinnbringend anlegen, schon ging die Anlage in die Hose. Und es ist nachzuvollziehen, daß manche Menschen ein „gutes Händchen" haben und manche absolut nicht. Manche haben ein Gespür für eine gute Geldanlage, und einige andere ziehen (mit ihrer entsprechenden Erwartungshaltung) genau die Menschen an, die wiederum ein Gespür dafür haben, mit wem sie „es machen" können.

Sag Deinem „Ja, aber ..." also:

„Mein liebes ‚Ja, aber ...', ich habe mir nun oft genug eingeredet, daß das, was ich ändern will, sich nicht ändern wird. Ab heute ist nun damit Schluß. Ich will mir endlich klarmachen, daß die Vergangenheit Vergangenheit ist und daß ich im Hier und Jetzt lebe. Ich bin auf diesem Planeten, damit ich hinzulernen und damit sich mein Leben Schritt für Schritt verändern kann, und zwar in die von mir gewünschte Richtung. Ich weiß, daß ich nicht alles kontrollieren kann und nicht alles in der Hand habe, aber darüber bin ich mir schon letzte Woche klargeworden, indem ich das, was ich nicht ändern kann, in dankbarer Geduld annehmen will.

Hier und heute geht es mir darum, die Dinge zu ändern, die ich ändern kann, und dafür will ich mir nicht länger selbst im Weg stehen, sondern mir das Leben ab sofort wesentlich einfacher machen.

Ich möchte also, daß es völlig in Ordnung ist, daß ich in

der Vergangenheit nicht richtig gelegen habe; denn es war in der Vergangenheit irgendwo richtig und/oder wichtig für mich, auch wenn ich dies nicht gleich erkennen sollte.

Ab heute ist etwas anderes richtig und wichtig für mich, ab heute will ich zum Beispiel immer öfter in die Situation kommen, stets genug Geld zu haben, damit ich meine Aufgabe mit den besten Mitteln erfüllen kann.

Ich möchte meine Aufmerksamkeit also nicht mehr länger darauf richten, kein Geld zu haben, sondern darauf, daß ich immer mehr und immer öfter Geld bekomme, erhalte und vermehre.

Genauso ist es mit Gesundheit, mit einer guten Partnerschaft und mit allen anderen Situationen, die mir in diesem Leben wichtig sind."

Wenn Du den Unterschied auch gefühlsmäßig besser verstehen und annehmen können möchtest, dann schließe einmal Deine Augen und rede Dir zum letzten Mal ein: „Keiner versteht mich ..."

Fühlst Du die Trauer, die Hoffnungslosigkeit und sei ehrlich - auch das Selbstmitleid?

Und nun sag Dir: „Es gab in der Vergangenheit tatsächlich einige Leute, die mich nicht verstanden!"

Wie fühlt sich das an?

Und wenn Du noch einen Schritt weitergehen willst und etwas zum Lachen haben willst, dann sage Dir: „Es gab doch tatsächlich in der Vergangenheit einige Trottel in meinem Leben, die zu blöd waren, mich zu verstehen! In der Zukunft werde ich mich sicherheitshalber noch deutlicher ausdrücken und mir die total Blöden lieber vom Hals halten!“

Also, sei ehrlich und höre tief in Dich hinein, bis Du ein Gefühl der Dankbarkeit in Dir darüber findest, daß Deine Zukunft viel rosiger aussieht, als Du sie bisher gesehen hast.

Das,
was aus meinem Leben verschwinden soll,
werde ich ab heute
auch als verschwindend ansehen und
in der Vergangenheitsform formulieren.

3. Woche, Donnerstag

Vielleicht denkst Du Dir: „Na gut, ich gehe mal davon aus, daß sich ab heute etwas ändern kann, aber wie soll ich daran glauben können; wenn sich heute noch nichts ändert und am nächsten Tag wieder noch nicht, und am dritten Tag immer noch nichts?“

Der Grund, warum sich in der Vergangenheit nicht viel getan hat, ist ganz einfach der, weil Du in der Vergangenheit nicht viel getan hast.

Natürlich hast Du Deinen Doktor gemacht, hast Deine eigene Praxis aufgebaut, Kinder großgezogen und mehr gearbeitet als ein Angestellter. Wie kann ich also sagen, daß Du nicht viel getan hast?

Wer mehr als 8 Stunden pro Tag arbeitet, hat keine Zeit mehr zum Geld-Verdienen, und wer mehr als 8 Stunden arbeitet, darf sich auch nicht wundern, wenn die Ehe oder die Kinder zu kurz kommen.

Ich erlebe es immer wieder, daß Teilnehmer mich nach Jahren darauf ansprechen, erst jetzt verstanden zu haben, was ich damit meine.

Natürlich ist es wichtig, mehr als ein Angestellter zu arbeiten, wenn ich mir eine selbständige Existenz aufbauen will, aber allein mit Arbeit funktioniert es ebensowenig wie allein mit sogenanntem „Positiven Denken“.

Es braucht beides, und es braucht sogar noch einiges mehr.

Als erstes muß ich wissen, was ich mit meinem Leben anfangen will, und mir darüber klar werden, auf was ich verzichten will und verzichten kann.

Dann muß ich mir Gedanken darüber machen, wie ich es anstellen kann, daß ich im Alter von 50, 60 oder wann auch immer - meine Beine auf den Tisch legen kann, wenn mir danach zumute ist. Die meisten wollen sofort viel Geld verdienen und vergessen, darüber nachzudenken, wie sie langfristig gesehen automatisches Einkommen produzieren können.

Genauso ist es mit der Ehe und mit den Kindern. Ich muß bereit sein, in die Zukunft zu investieren, und das heißt im Klartext, Zeit für den Partner und auch Zeit für die Kinder zu haben, ansonsten werde ich eines Tages eine Situation haben, in der es mich viel Zeit kosten wird, das zu reparieren, was ich versäumte zu pflegen.

Ich werde in den kommenden Wochen im einzelnen darauf eingehen.

Also, wie kannst Du heute daran glauben, daß sich in der Zukunft etwas zum Positiven verändern wird, wenn die Vergangenheit so ausgesehen hat, daß Deine Probleme eher zunahmen?

Der erste Schritt war der, daß Du bereit warst, Deine Probleme zu akzeptieren oder wie man im allgemeinen dazu sagt: „Einsicht ist der erste Schritt zur Bessserung.“

Mit anderen Worten, Du willst nicht länger Deine Augen schließen, sondern bist bereit, etwas zu ändern.

Also, wenn ich heute etwas ändere, kann ich auch daran glauben, daß sich etwas ändert.

Der Grund, warum sich die Situationen nicht so ergaben, wie wir uns das erhofften, ist der, daß wir von falschen Voraussetzungen ausgegangen waren.

Wir waren in unseren alten automatischen Denkschienen steckengeblieben.

Mach am besten einmal folgenden Versuch. Falte Deine Hände einmal wie zum Beten. Schau Dir nun an, welcher Daumen oben liegt - der Rechte oder Linke. Probier es noch einmal. Welcher Daumen liegt oben?

Und nun versuche, die Hände einmal so zu falten, daß der andere Daumen oben liegt. Fühlt sich falsch an - oder?

Genauso ist es mit all' unseren anderen Verhaltensweisen, die uns aber genau in die Situation geführt haben, in der wir heute stecken. Wir haben immer wieder ein und dasselbe getan, haben uns immer und immer wieder ähnlich verhalten und haben immer wieder ähnliche Fehler gemacht und ähnliche Menschen angezogen. Es geht mir nicht darum zu sagen: „Du mußt alles ändern!" Es geht mir vielmehr darum, daß Du erkennst, daß alles irgendwo richtig und/oder wichtig war und dazu geführt hat, Dich dahin zu bringen, wo Du heute bist.

Und heute bist Du an einem Punkt angekommen, an dem Du erkennst, daß es nun an der Zeit ist, die Hände so zu falten, daß der andere Daumen oben liegt; denn nur dann wirst Du Deine Verhaltensweise in den Bereichen ändern können, in denen sie Dir nicht behilflich, sondern im Weg war.

Und sobald Du in den kommenden Tagen und Wochen ungeduldig wirst und daran zweifelst, daß eine Änderung eintreten wird, kannst Du Dir klarmachen, daß sich Dein Leben deshalb ändern wird, weil Du täglich immer aufmerksamer wirst, Deine Aufmerksamkeit immer stärker in die Richtung lenken wirst, in der auch Dein Leben verlaufen soll.

Mach Dir klar, daß Du nun täglich hinzulernst und Dein Bestes gibst, damit sich Dein Leben in die von Dir gewünschte Richtung verändern kann.

Du gehst also nun durch eine neue Tür in eine neue Zukunft.

Sag Deinem „Ja, aber ...“ also:

„Mein liebes ‚Ja, aber ...‘, ich möchte, daß du dich von nun an darauf einstellst, daß eine neue Realität auf mich wartet. Ich möchte, daß du nicht länger davon ausgehst, daß alles beim alten bleibt und ich nichts ändern kann, sondern daß sich immer dann etwas ändert, wenn ich etwas geändert habe.

Ich brauche keine Angst mehr davor zu haben, daß ich wieder und wieder in derselben Schiene fahre; denn ich habe hinzugelernt und greife nun aktiv in mein Leben ein. Allein, nicht mehr davon auszugehen, daß ich der Spielball des Schicksales bin und stattdessen mir klarzumachen, daß ich einen Unterschied in meinem Leben ausmachen kann, gibt mir bereits eine ganz andere Einstellung und öffnet mir bereits völlig neue Perspektiven.

Ich brauche keine Angst mehr zu haben, daß mich meine Vergangenheit immer und immer wieder einholt; denn ich werde nun immer aufmerksamer beobachten, mit welcher Verhaltensweise ich mir immer wieder ein und dieselben Situationen eingefädelt und immer wieder dieselben Menschen-Typen angezogen habe. Ich will und brauche mein Leben nicht auf den Kopf zu stellen, aber ich will das hinzulernen, was mir hilft, immer mehr Kontrolle über mein Leben zu bekommen.“

Wenn Du also ganz ehrlich zu Dir selbst bist und tief in Dich hineinhörst, dann wirst Du dankbar anerkennen, daß Du selbst den Schlüssel für Deine Zukunft in der Hand hast.

Die Umstände und Situationen,
die ich heute nicht mag,
sind nicht zufällig und allein gekommen.
Ich habe sie mir selbst eingefädelt.
Und genauso werde ich auch selbst
die Knoten lösen und meine Zukunft
von heute an immer positiver
selbst beeinflussen.

3. Woche, Freitag

Um Dir die Erkenntnisse von gestern jeden Tag bewußtzumachen, möchte ich Dir eine einfache Gedächtnishilfe empfehlen.

Jedesmal, wenn Du durch eine Tür gehst, sag zu Dir selbst: „Ich erwarte eine neue Realität!“

Damit wirst Du Dich besser daran erinnern, daß Deine Zukunft nicht automatisch so aussehen muß wie Deine Vergangenheit. Mach Dir klar, daß Du Dir selber eine neue Chance geben willst.

Ich werde meistens sehr früh wach und habe aber nicht immer die Lust, auch gleich aufzustehen. Heute morgen zum Beispiel habe ich mir vorgestellt, wie unser Wohnzimmerschrank am besten gebaut werden könnte, und ich bin innerhalb von einer Stunde auf sehr detaillierte Lösungen gekommen.

Danach wurde mir klar, daß dies auch gleichzeitig das Thema für das heutige Schreiben an Dich sein könnte.

Um dankbar für die Zukunft zu sein, ist es wohl an erster Stelle erforderlich, jegliches Problemdenken aufzugeben. Wenn es ein Problem gibt, gibt es auch eine Lösung. Und wenn es eine neue Lösung gibt, dann haben wir wieder hinzugelernt und können erneut dankbarer in die Zukunft schauen.

Also, der heutige Schritt besteht darin, vom Problemdenken zum Lösungsdenken zu kommen, damit Du schon im voraus dankbar an Deine Zukunft denken kannst.

Ich muß ein bißchen ausholen, um Dir besser erklären zu können, wie das am besten möglich ist. Spätestens nach der Pubertät hat sich ein Programm in uns entwickelt, das größten Wert darauf legt, uns das Gefühl zu geben, daß wir recht haben. Schließ bitte mal kurz Deine Augen und fühl Dich hinein, als Du - mit was auch immer Dir einmal wichtig war - recht gehabt hast. Ja, bitte jetzt, bevor Du weiterliest.

Na, wie fühlt sich das an?

Und da sich das für die meisten Menschen sehr gut anfühlt, handelt unser Unterbewußtsein natürlich so, daß dieses Gefühl so oft wie möglich stattfinden kann. Mit anderen Worten, wir wollen so oft wie möglich recht haben. Etwas eleganter ausgedrückt könnte man auch sagen: Wir möchten eine positive Bestätigung für unsere Meinung bekommen. Oder noch anders gesehen: Das, worauf wir unsere Aufmerksamkeit lenken, bekommt die Tendenz, eine größere Rolle in unserem Leben zu spielen. Wie auch immer - ich gebe Dir am besten ein paar Beispiele.

Angenommen, Du hast Dich entschlossen, Dir ein neues Auto zu kaufen oder Du hast es Dir sogar schon gekauft. Kaum, daß Du nun durch die Stadt gehst oder fährst, passiert etwas Außerordentliches.

Plötzlich scheint es mindestens doppelt so viele Autos dieses Typs zu geben.

Angenommen, Du hast ein neues Hobby. Ist es Dir aufgefallen, daß Du noch nie soviel darüber zu lesen in die Finger bekommen hast wie zuvor?

Als wir uns ein neues Wohnmobil kauften, war es sogar so, daß uns Freunde und Bekannte alle möglichen Artikel und Werbeanzeigen über alles schickten, was im weitesten Sinne mit Wohnmobilreisen zu tun hat.

Und kannst Du Dich daran erinnern, als Du offen wurdest für diese Art von Thematik, daß Du von allen Seiten Informationen erhieltest, die Dich weiterbrachten?

Es scheint so zu sein, daß wir mit unserer inneren Entscheidung für oder gegen etwas eine Macht anzapfen, die uns helfen will, genau das zu erreichen, womit wir uns beschäftigen.

Allerdings scheint es dieser Macht ziemlich egal zu sein, ob das, womit wir uns beschäftigen, sogenannt „negativ" oder „positiv" ist!

Solange Du der Meinung bist, daß Dir sowieso nichts helfen kann, Dein Leben auf die positive Seite zu stellen, so lange wirst Du auch Bestätigungen dafür suchen und finden, daß dies so ist.

Sobald Du aber - und ich hoffe, daß dies nun so ist, seitdem ich Dir diese Briefe schreibe - davon ausgehst, daß Du aufgezeigt bekommst, wie Du Dein Leben auf die Sonnenseite stellen kannst, wirst Du ebenfalls Bestätigungen dafür suchen und finden, daß dies so ist.

Es ist also Deine freie Wahl, welche Entscheidung Du triffst und worauf Du Deine Aufmerksamkeit lenkst. Die Macht in Dir wird sich aufmachen, Dir das zu zeigen und auch in Dein Leben zu bringen, womit Du Dich beschäftigst.

Sei also weise genug, das in den Mittelpunkt Deiner Aufmerksamkeit zu stellen, was auch im Mittelpunkt Deines Lebens stehen soll. Wenn wir uns also mit unseren Problemen beschäftigen, dann werden wir Bestätigung finden, daß wir quasi ein Recht darauf haben, dieses Problem zu besitzen - nochmal: be-sitzen - wir sitzen also darauf! Und wie will man etwas loswerden, wenn man darauf sitzt?!

Wenn wir uns dagegen mit Lösungsmöglichkeiten beschäftigen, dann wird diese Macht uns helfen wollen, Lösungen zu finden. Und sobald ich Lösungen aufgezeigt bekomme, wird sich auch meine innere Dankbarkeit melden, so daß ich wieder dankbar und hoffnungsvoll in die Zukunft schauen kann.

Sag Deinem „Ja, aber ..." also:

„Mein liebes ‚Ja, aber ...', ich möchte, daß du es aufgibst, an Probleme zu denken und stattdessen sofort umschaltest, um Lösungsmöglichkeiten zu produzieren. Der Grund, warum es nicht gelöste Situationen gibt, ist der, daß ich daran wachse und lerne, wie ich in Zukunft in ähnlichen Situationen von Beginn an viel besser damit klarkomme. Und je früher ich hinzulerne, umso wertvoller werden diese Lösungsmöglichkeiten für mich sein; denn ich kann diese für den Rest des Lebens immer wieder als Erfahrungswerte einsetzen und gebrauchen.

Ich möchte also, daß du nicht gelöste Situationen nicht mehr länger als Probleme siehst, sondern als Chancen."

Wenn Du nun wieder ganz tief in Dich hineinhörst, wird Dir nicht im Nachhinein dankbar klar, daß Du den Zugang zu einer unglaublichen Macht in Dir hast und ruhig in die Zukunft blicken kannst, wenn Du Dir vorstellst, diese Macht ab heute immer stärker für anstatt gegen Dich einzusetzen?

Ich verzichte darauf,
länger recht haben zu wollen,
wenn es nicht förderlich für mich ist,
und werde nicht an Probleme,
sondern an Lösungen denken.

Lieber Alfred,

Du hast mir in dieser Woche klargemacht, wie sehr ich mir in der Vergangenheit selbst im Weg gestanden habe. Ich habe erkannt, daß ich mir wirklich „immer“ eingeredet habe, daß „alles“ gegen mich ist, und Du hast mir die Augen geöffnet, wie sehr ich selbst mein Leben in der Hand habe.

Ich kann mir gut vorstellen, daß ich meine Zukunft nun viel zuversichtlicher angehen kann, und ich kann auch mehr daran glauben, daß ich Einfluß auf das nehmen kann, was auf mich zukommt.

Ich erkenne auch viel klarer, daß mein Schicksal auch nicht gegen mich war, sondern daß ich viel zu kurzfristig gedacht habe. Es kommt mir so vor, als wäre ich vorher mitten im neuseeländischen Urwald gewesen und hätte nur die nächsten Meter gesehen, durch die ich mich durchzuschlagen habe. Durch Deine Betrachtungsweise konnte ich das erste Mal nicht nur den Busch sehen, sondern wie in einem Fluggerät aufsteigen, um schon nach kurzer Zeit zu erkennen, daß es nicht nur unwegsamen Urwald gibt, sondern auch wunderschöne Strände. Und nach weiterem Flug konnte ich plötzlich den gesamten Erdball sehen und erkennen, daß die Erde rund, wunderbar und perfekt ist. Ich habe bisher nur einen kleinen Ausschnitt gesehen und mich auch noch auf den nichtwünschenswerten Ausschnitt konzentriert. Irgenwie habe ich die Schönheit und die Perfektion des Gesamten nie wahrgenommen. Aber ich kann mich nun hineindenken, daß mein gesamtes Leben Sinn ergibt und daß es manchmal dauert, bis ich den Sinn und die Zusammenhänge erkenne.

Mein „Ja, aber ...“ nach dieser Woche ist, wie ich mich selbst motivieren kann, um aus diesen Erkenntnissen nun auch Praxis folgen zu lassen.

Mein erster Schritt wird morgen sein, daß ich mir aufschreibe:

1. Bei welchen Gelegenheiten habe ich bisher „immer“ und „alles“ gesagt?
2. Was ist neben „immer“ und „alles“ wirklich Realität?
3. Was kann und will ich ab heute in der Vergangenheitsform formulieren?
4. Für was will ich Lösungen finden?

4. Woche, Montag

Gestern verstarb Lady Diana, Princess of Wales, bei einem Autounfall. Für mich war dies gemeinsam mit John F. Kennedy, Dr. Martin Luther King und auch John Lennon ein Ereignis, das mir sehr nahe ging.

Es hätte auch mir passieren können.

Es hätte auch Dir passieren können.

Gemeinsam mit ihr starb der älteste Sohn eines sehr erfolgreichen Geschäftsmannes.

Es hätte auch meinem Sohn passieren können.

Es hätte auch Deinem Sohn passieren können.

Weniger dramatisch kann es uns auch jeden Tag passieren, einen Teil unserer Gesundheit zu verlieren.

Unsere Bewegungsfreiheit kann eingeschränkt werden.

Unsere Arbeitsfähigkeit kann eingeschränkt werden.

Unsere Hör-, Seh- und andere Fähigkeiten können eingeschränkt werden.

Mir wird immer bewußt, wie wichtig es ist, rechtzeitig dankbar zu sein, wenn ich Leute im Fernsehen sehe, die einen schweren Unfall hatten, geradeso mit dem Leben davon kamen und dann sagen: „Ich kann von Glück sprechen, daß ich noch am Leben bin!“

Warum muß erst etwas (Unglückliches) passieren, bevor wir begreifen, daß jeder ganz normale Tag soviel mehr Glück beinhaltet und es soviel mehr verdient, dankbar angenommen zu werden, als ein Tag, an dem wir uns die Knochen brechen?

„Lieber Gott, laß mich für jeden normalen Tag dankbar

sein, damit ich nicht erst durch ein Unglück darauf hingewiesen werden muß, daß ich vergaß, in liebevoller, demütiger Dankbarkeit anzuerkennen, daß ich ein begnadeter Mensch bin!“

Ich hoffe, daß Du Dir mit Deinen gestrigen Übungen klargeworden bist, daß außerhalb von „immer“ und „alles“ so viel Glück in Deinem Leben stattfindet, daß Du mehr als genug Grund hast, dankbar zu sein.

Und ich hoffe, daß Dir nun klar wird, daß Du mehr als genug Grund hast, motiviert zu sein, um:

dankbar an Dir zu arbeiten,

dankbar unserer planetarischen Gemeinschaft etwas zu geben,

dankbar für jeden Fortschritt zu sein,

dankbar anzuerkennen, daß Du ein begnadeter Mensch bist,

dankbar jeden neuen Tag anzunehmen,

dankbar für Deine Gesundheit zu sein,

dankbar für jeden normalen Tag zu sein, den Du bisher erleben durftest ....

Die Macht, die das Universum und die Gesetze erschuf, dieses Universum auch bestehen zu lassen, scheint uns alles, was wir in diesem Leben auf diesem Planeten lernen sollen, zuerst einmal „preiswert“ anzubieten. Es scheint, als dürften die meisten von uns alle Lernprozesse in der „Ich-darf-Phase“ absolvieren.

Ich darf aufhören zu rauchen.

Ich darf mich gesund ernähren.

Ich darf mich bewegen.

Ich darf Geld verdienen.

Ich darf arbeiten.

Ich darf mich um meine Familie kümmern.

Ich darf ...

Und es scheint so zu sein, daß wenn wir diese „Darf-Phase" mehrmals oder über einen längeren Zeitraum nicht annehmen, daß dann die „Muß-Phase" auf den Plan gerufen wird.

Der Sinn scheint der zu sein, daß für jeden von uns eine gewisse Weiterentwicklung angesagt ist, und wenn wir diese nicht freiwillig annehmen, dann wird uns seitens der universellen Gesetzmäßigkeiten auf die Sprünge geholfen.

Ich habe von diesen Gesetzmäßigkeiten das erste Mal etwa Mitte der 70er Jahre gehört, und ich werde Dir in den kommenden Tagen mehr Informationen darüber geben.

Sag Deinem „Ja, aber ..." also:

„Mein liebes ‚Ja, aber ...', ich möchte, daß du begreifst, daß wir den heutigen Tag nutzen sollten; denn es wird nie wieder eine bessere Zeit geben, und morgen kann es zu spät sein. Ich bin auf diesem Planeten im Vergleich zu Milliarden anderer Menschen, denen es schlechter geht als mir, ein wirklich begnadeter Mensch.

Ich will ab heute nicht mehr so lange warten, bis ich in die Muß-Phase komme, sondern im Hier und Jetzt etwas unternehmen. Ich will die heutige Gelegenheit nutzen, um etwas für meine Gesundheit, für meine Familie, für meinen Erfolg zu tun. Ich will ab heute nicht mehr nur etwas aus dem Tag herausnehmen, sondern ich will ab heute in meine Zukunft investieren - in meine Gesundheit, in meine Familie und für mein zukünftiges Einkommen.

Ich möchte mir jeden Tag meines Glückes bewußt sein, ohne erst auf ein Unglück zu warten; denn an jedem normalen Tag gibt es hundert Gründe, warum ich mich als ein begnadeter Mensch sehen kann."

Wenn Du nun tief in Dich hineinhörst, dann wirst Du sicher ein Gefühl der Dankbarkeit für den heutigen Tag finden - völlig gleichgültig, wie Dein heutiger Tag gelaufen ist.

Ich will ab heute
aus jedem Tag das Beste machen;
denn ich will nicht erst darauf warten,
daß mir etwas zustößt,
bevor ich begreife,
daß jeder ganz normale Tag
ein Glückstag für mich ist!

4. Woche, Dienstag

Bleiben wir noch einen Tag mit unseren Gedanken bei der Möglichkeit, daß es unser letzter Tag sein könnte oder der letzte Tag für einen uns nahestehenden Menschen.

Könnte es nicht sein, daß wir dem einen oder anderen noch etwas sagen möchten, was uns am Herzen liegt? Warum wollen wir bis zur letzten Minute warten oder gar, bis es zu spät ist? Wenn wir warten, bis es zu spät ist, dann werden wir vielleicht den Rest unseres Lebens damit verbringen, es zu bereuen. Und für jeden von uns kommt der letzte Tag, die letzte Stunde, der letzte Moment.

Ich habe mich immer gefragt, warum sich so viele Menschen den Tod so wünschen, daß sie nicht mehr aufwachen oder ihn in irgendeiner anderen Form nicht bewußt miterleben wollen. Aufgrund der vielen Gespräche mit Seminarteilnehmern komme ich zu dem Schluß, daß die meisten Menschen keinen inneren Frieden haben. Sie sind mit anderen und somit mit sich selbst nicht in Harmonie, und sie wissen das auch. Allerdings bietet uns das heutige Leben viele Möglichkeiten, uns davon abzulenken und nur an der Oberfläche unseres Bewußtseins zu leben. Die meisten Menschen haben Angst davor, in die Stille zu gehen und einmal tiefer hineinzuhören, weil sie befürchten, daß dort versteckte Gefühle sitzen, die ihnen unangenehm sind.

Aber diese Gefühle werden sich nicht nur deshalb eines Tages in ein Nichts auflösen, weil wir sie versteckt halten. Sie können jederzeit hervorkommen, sobald eine

Situation im Leben eintritt, die uns so durcheinanderbringt, daß wir unsere sorgsam gehütete Fassade nicht mehr länger zur Show tragen können.

Warum wollen wir nicht in kleinen Schritten zumindest dort aufräumen, wo wir aufräumen können?!

Einen ersten wichtigen Schritt habe ich Dir in der ersten Woche vorgeschlagen - mach Frieden mit Deinen Eltern. Heute möchte ich Dir vorschlagen, den heutigen Tag zu nutzen, mit irgendeinem anderen Menschen Frieden zu schließen, dem Du irgendwann einmal Unrecht, Leid oder Schmerz zugefügt haben könntest.

Es ist nicht immer nötig und wenn er nicht mehr leben sollte, auch nicht mehr möglich, es ihm direkt mitzuteilen, aber Du kannst es gedanklich tun. Schreibe ihm einen Brief über die Situation, wie Du tief in Deinem Herzen darüber denkst und falls erforderlich, schreibe, daß es Dir leid tut.

Genauso solltest Du allen schreiben, die Dir irgendwann einmal Unrecht, Leid oder Schmerz zugefügt haben und ihnen mitteilen, daß Du möchtest, daß sie sich keine Vorwürfe mehr machen sollen.

Natürlich können Tränen kommen, und ich weiß aus eigener Erfahrung, daß Du vielleicht meinst, es nicht zu können. Laß Dir Zeit, aber lauf nicht davon.

Du brauchst diese Briefe nicht zu verschicken; denn es geht nur darum, daß Du in Dir selbst aufräumst. Es geht nur darum, daß Du Dir selbst im Spiegel in die Augen schauen kannst.

Vielleicht ist der andere gar nicht daran interessiert (schließlich hat er nicht zufällig auch gerade diese Zeilen gelesen), vielleicht hat er nicht einmal ein Problem damit gehabt, vielleicht kann er sich nicht einmal erinnern, daß es irgendeinen Anlaß gab. Vielleicht will er zur Zeit nicht einmal Frieden mit Dir haben. Gib ihm das Recht, sich selbst dann zu ändern, wenn er sich ändern will. Gib ihm das Recht, so zu denken und zu sein, wie er denken und sein will. Greif nicht in seine persönliche Freiheit ein; denn es geht nicht um ihn, sondern um Dich!

Anschließend wirst Du ein Gefühl der Erleichterung und der Befreiung haben, und dies setzt sehr viel Energie in Dir frei, die Du bisher eingefroren hattest und nun für Deine Zukunft freisetzen kannst.

Sag Deinem „Ja, aber ..." also:

„Mein liebes ‚Ja, aber ...', ich weiß nicht, wann mein letzter Tag gekommen sein wird, und ich weiß auch nicht, wann der letzte Tag meiner Mitmenschen gekommen sein wird. Ich möchte deshalb heute mit allen und somit an erster Stelle mit mir selbst ins reine kommen.

Ich möchte, daß wir nicht nur vergessen, vergeben und verzeihen; denn das wäre nur der halbe Weg. Ich möchte dankbar sein für das, was war; denn es hat dazu beigetragen, mich zu dem Menschen zu machen, der ich heute bin, und wie du weißt, möchte ich mit keinem tauschen."

Und wenn Du nun tief in Dich hineinfühlst, dann wirst Du ein unglaublich warmes Gefühl der Dankbarkeit und inneren Ruhe finden.

Ich erkenne,
daß alles, was war, dazu beigetragen hat,
daß ich heute der bin, der ich bin.
Alles, was war,
waren wichtige Lehren für mich, und
ich will klug genug sein, daraus zu lernen.
Ich bin mit allen und jedem in Frieden
und lasse jedem die Freiheit,
die Gedanken zu haben, die er haben will.

4. Woche, Mittwoch

„Ja, muß ich mir denn alles gefallen lassen?!" Natürlich nicht. Du brauchst Dir überhaupt nichts gefallen zu lassen, und Du sollst ändern, was Du ändern kannst und willst. Es geht um Deine innere Einstellung!

Ich möchte auf keinen Fall, daß Du Dich als Opfer betrachtest, und das ist eine weitere wichtige Grundlage. Wenn Du Dich als Opfer betrachtest, dann kannst Du ebenfalls nicht an Deine Zukunft glauben; denn dann gehst Du davon aus, daß es stets andere stärkere Menschen geben wird, die in Dein Leben eingreifen und alles wieder zunichte machen können, was Du Dir gerade aufgebaut hast.

Kein Mensch hat mehr Macht als Du, wenn Du ihm diese Macht nicht erteilst! Kein Mensch kann in Dein Leben eingeifen, wenn Du anderen nicht den Raum dafür gibst!

Ja, ich weiß, das sind keine leichten Worte, besonders im Angesicht von Krieg, Unterdrückung und Diktatur. Aber diese Worte sind für Dich und Du lebst in einem freien Land. Du hast einen Reisepaß, und es gibt keinen Grund, dort zu bleiben, wo Du bist, wenn Du lieber woanders sein möchtest. Denke daran, was die Menschen auf sich nahmen, die vor weniger als hundert Jahren als Aussiedler nach Amerika, Australien oder Kanada gingen und buchstäblich mit einem Nichts begonnen haben. Geht es Dir nicht wesentlich besser?

Du lebst in einem freien Land, in einer freien Zeit, und der einzige, der Dich daran hindert, Dich als freier Mensch zu betrachten, bist Du selbst. Du mit Deinen Dir selbst geschaffenen Gedankenwesen, denen Du Macht gegeben hast, Dich zu beeinflussen und Macht auf Dich auszuüben!

Du bist kein Opfer, sondern Du bist der Herrscher in Deinem Universum, so wie jeder andere Mensch auch Herrscher in seinem Universum sein kann, wenn er dies sein will. Das, was Dich als Opfer erscheinen läßt, sind Deine alten Gedankenwesen, die Du Dir in Deiner Kindheit geschaffen hast und denen Du heute noch erlaubst, Dich ebenso zu beherrschen wie damals. Sag nicht: „Das kann man doch nicht einfach tun ...“ Nichts von dem, was Du befürchtest, wird geschehen, wenn Du es doch tust.

„Du wirst schon sehen!“ Was wirst Du schon sehen? Du wirst schon sehen, daß Du Dein ganzes Leben nicht zu sehen bekommst, wenn Du nicht endlich über Deinen Schatten springst und endlich das tust, was Du für richtig hältst.

Du hast Angst vor einem „Nichts“, und dieses „Nichts“ heißt bei dem einen „Du wirst schon sehen“ und beim anderen, „wenn Du nicht brav bist, dann ...“ und so weiter.

Anzunehmen, was nicht zu ändern ist, und anzunehmen, um endlich aus dem Kreis der Vergeltung herauszukommen, heißt also nicht, sich alles gefallen zu lassen, und heißt nicht, Dich als Opfer zu sehen, sondern heißt nach wie vor, zu ändern, was zu ändern ist, anzunehmen, was nicht zu ändern ist und das eine vom anderen immer besser unterscheiden zu können.

Wenn Du Dich nämlich als Opfer fühlst, dann wirst Du keine Energie in Dir freisetzen, sondern daran glauben,

„daß es ja sowieso alles keinen Zweck hat". Und wenn Du Deinem Unterbewußtsein vermittelst, daß es sowieso keinen Zweck hat, dann wirst Du nur der Meinung Energie zufügen, die aus Deiner Sicht Zufälle in Dein Leben bringt, von denen Du auch nur zufällig begeistert sein wirst.

Wenn Du Dein Leben aber selbst in die Hand nehmen willst, wenn Du ein wünschenswertes Leben führen willst, wenn Du das Gefühl haben willst, daß Du Dein Leben zumindest zu einem Teil selbst bestimmen kannst, dann bedingt dies, daß Du an Deine Zukunft glaubst, daß Du daran glaubst, kein Opfer zu sein, sondern ein Schöpfer in Deinem Leben bist, und auch, daß Du daran glaubst, es wert zu sein, ein wünschenswertes Leben zu führen.

Wie Du weißt, bleibt die Energie im Universum stets konstant. So ist es auch im Geistigen. Das ist für Dich ein Hinweis darauf, daß Du nichts bekommen kannst, ohne etwas zu geben. Und wenn Du Dir einfach etwas nimmst, was Dir nicht zusteht, dann wird es Dir wieder genommen, oder Du mußt es im Nachhinein viel teurer bezahlen.

Mach Dir einmal klar, was die menschliche Gemeinschaft auf ihrer derzeitigen Entwicklung am dringendsten braucht. Und sobald Du im Einklang mit dieser Entwicklung einen Beitrag leistest, wirst Du auch entsprechend dafür belohnt.

Als das Industriezeitalter auf seinem Höhepunkt war und die Menschheit dringend Öl brauchte, konnte sich Rockefeller damit seinen Reichtum aufbauen. Heute, mitten im Informationszeitalter, ist es Bill Gates mit seiner Softwarefirma gelungen, sich einen noch größeren Reichtum zu schaffen.

Wir stehen nun am Beginn des Bewußtseinszeitalters, und wenn Du es als Deine Aufgabe ansehen solltest, dann kannst Du Dir auf diesem Gebiet großen Reichtum erwerben. Wenn Du aber lieber auch Zeit für Deine Persönlichkeitsentwicklung und Zeit für Deine Familie haben möchtest, dann ist auch dies Deine freie Wahl.

Auf jeden Fall wirst Du nur das bekommen, behalten und genießen können, was Du Dir rechtmäßig erworben hast. In anderen Worten: Wenn Du gibst, kannst Du auch daran glauben, es wert zu sein, etwas dafür zu bekommen.

Sag Deinem „Ja, aber ..." also:

„Mein liebes ‚Ja, aber ...', jetzt verstehe ich noch besser, warum ich zumindest in mir selbst mit anderen Menschen in Harmonie sein sollte; denn nur dann habe ich das Gefühl, daß ich selbst mein Leben kontrollieren kann. Nur dann kann ich daran glauben, daß andere nicht auf meinen Gefühlen herumtreten können, und nur dann kann ich daran glauben, daß ich der Macher und nicht das Opfer bin.

Ich möchte also in Zukunft viel früher und öfter in mir Harmonie haben und somit meine Energie für das einsetzen können, was mich weiterbringt, anstatt für irgendwelche negativen Gefühle, die mich nur ausbremsen."

Wenn Du nun in Dich hineinfühlst, wirst Du eine Kraft in Dir spüren, die Dich daran glauben läßt, daß Du Dein Leben selbst meistern kannst. Ich bin sicher, daß Dich dies mit Dankbarkeit erfüllt.

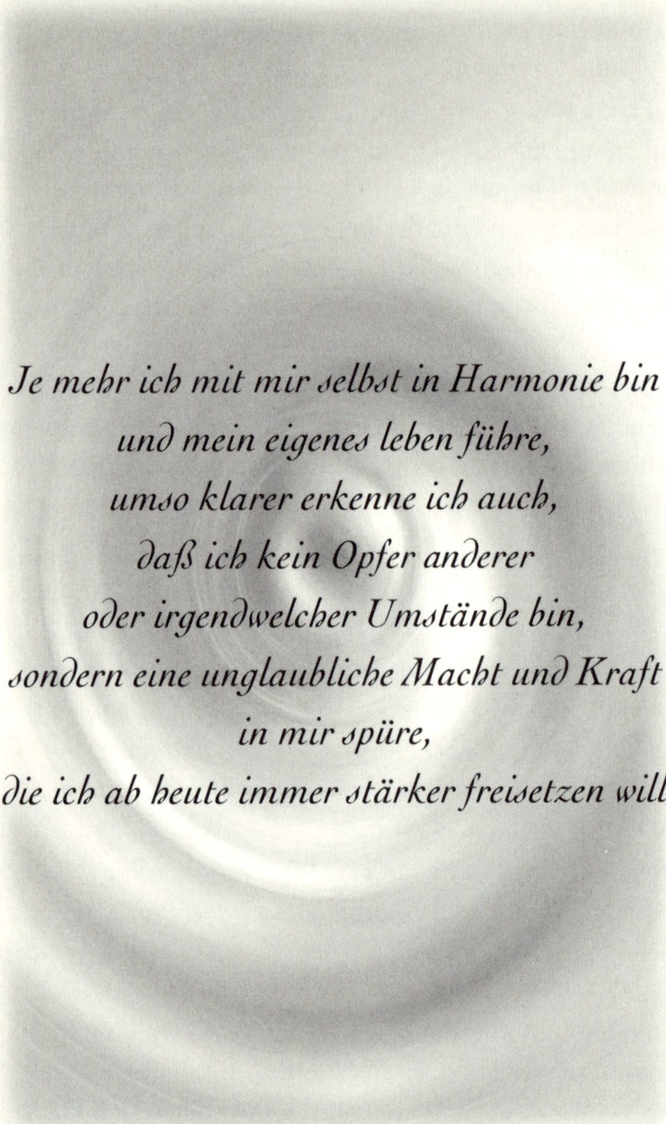

Je mehr ich mit mir selbst in Harmonie bin
und mein eigenes leben führe,
umso klarer erkenne ich auch,
daß ich kein Opfer anderer
oder irgendwelcher Umstände bin,
sondern eine unglaubliche Macht und Kraft
in mir spüre,
die ich ab heute immer stärker freisetzen will.

4. Woche, Donnerstag

Die Menschheit braucht nach wie vor Mut, Hoffnung und Zuversicht. Wenn Dir in Deinem Leben etwas fehlt, dann solltest Du an erster Stelle einmal abchecken, ob Du Mut, Hoffnung und Zuversicht vermittelst oder evtl. das Gegenteil davon.

Gehörst Du zu den Menschen, die keinen Mut vermitteln, sondern vorsichtig sind und nur Sicherheit im materiellen Bereich suchen, die es nie geben wird? Natürlich ist es richtig und sinnvoll, Deine Finanzen so einzurichten, daß Du an eine finanziell sorgenfreie Zukunft glauben kannst, aber es gibt genug Beispiele dafür, wie so manch einer sein Geld in Aktien oder andere Bereiche anlegte und verlor.

Frag Dich bitte heute einmal, ob Du auch zu den Menschen gehörst, die keine Hoffnung vermitteln, sondern nur von der guten alten Zeit reden oder davon, daß nun alles bergab geht - zu denen, die nicht an die Zukunft glauben und nur Pessimismus statt Hoffnung verbreiten.

Gehörst Du zu den Menschen, die auch keine Zuversicht vermitteln - die weder auf sich selbst vertrauen, noch darauf, daß es einen Plan gibt, der diesen Planeten in eine zuversichtlichere Zukunft führt?

Sobald Du Dich an den negativen Gedanken und Gesprächen beteiligst, verbrauchst Du Energie.

Beteiligst Du Dich dagegen an den aufbauenden Gedanken und Gesprächen und sorgst dafür, Mut, Hoffnung und Zuversicht zu verbreiten, dann steht Dir dafür auch positive Energie zur Verfügung.

Wie Du siehst, geht es also nicht nur darum, in sichtbaren Bereichen „etwas zu tun“, sondern auch im energetischen Bereich. Du wirst nicht an eine gute Zukunft glauben können, wenn Du das Gegenteil vermittelst.

Wenn Du tief in Deinem Herzen an eine gute Zukunft glauben können willst, dann trage selbst dazu bei, diesen Glauben auch anderen zu vermitteln.

Es gibt viele Beispiele dafür, daß es bergauf geht. Noch nie zuvor gab es so viele demokratisch geführte und so wenige diktatorisch geführte Länder.

Noch nie zuvor gab es soviel Freiheit und Möglichkeit, zu reisen und Dir den Platz auf dem Planeten zu suchen, auf dem Du Dich zu Hause fühlst.

Noch nie zuvor wurden Kinder so ernst genommen wie heute und können endlich darüber sprechen, wenn sie mißbraucht wurden.

Noch nie zuvor war religiöse Freiheit so einfach wie heute.

Noch nie zuvor hat es - als Grundlage zur Freiheit - weltumspannende freie Information gegeben. Natürlich muß die Menscheit erst noch lernen, mit dieser Freiheit sinnvoll umzugehen.

Entscheide Dich nun, was Du willst. Möchtest Du auch Mut, Hoffnung und Zuversicht verbreiten, oder willst Du nur mit anderen mitjammern?

Sobald Du das tust, was Du am liebsten tun würdest, und wenn dies Dein eigener Wunsch ist und nicht von anderen beeinflußt, vielleicht auch, weil es bei anderen leicht aussieht oder weil andere damit Erfolg haben, wenn es also Dein eigener Wunsch und Dein innerstes Bedürfnis ist, dann bist Du in Deiner Aufgabe. Das muß nicht unbedingt Deine Aufgabe bis ans Ende Deines Lebens sein. Es kann auch sein, daß Du damit erst noch auf eine größere Aufgabe vorbereitet wirst.

Das Wichtigste wird für Dich sein, zu lernen, daß Du Deine ganze Aufmerksamkeit Deiner Aufgabe widmest. Nur wenn Du Deinem „Ja, aber ..." immer wieder klarmachst, was Dir wirklich wichtig ist, dann wirst Du Dich auch auf die Mitwirkung Deines Unterbewußtseins verlassen können. Solange es aber Deinem „Ja, aber ..." gelingt, daß Du Deine Aufmerksamkeit von Deiner Aufgabe abziehst, wirst Du Dich selbst nicht mehr ernst nehmen.

So ist es mit allen anderen Dingen in Deinem Leben auch. Du mußt Dich mit Deiner inneren Entscheidung ganz klar für das entscheiden, was in Dein Leben eintreten soll, und auch ganz klar gegen das entscheiden, was keinen Platz in Deinem Leben haben soll.

Nochmal: Natürlich wird es in Deinem Leben genug Umstände geben, die Du nicht beeinflussen kannst und die überraschend in Dein Leben kommen, aber wenn Du nicht selbst eine gewisse „Gedanken-Hygiene" betreibst, wird Dir das Leben nur wie Chaos vorkommen, und Du wirst weniger daran glauben können, daß Du einen Einfluß auf Dein Leben hast, und es wird leichter geschehen können, daß Du Dich wieder nur als Opfer in Deinem Leben siehst.

Mach Dir also klar, was Du mit und aus Deinem Leben machen willst, und entscheide Dich für das, was Dich erfreut, weil Du genau damit auch andere erfreuen kannst. Wenn Du in Freude Deine Aufgabe erfüllst, dann bist Du in Freude. „Sie hat mit viel Liebe gekocht“ oder „er hat viel Liebe investiert“ oder „er liebt seine Arbeit“ zeigt Dir, wie wichtig es ist, daß Du liebst, was Du tust; denn es macht den entscheidenden Unterschied aus.

Lenke dann Deine ganze Aufmerksamkeit auf Deine Aufgabe, und Du wirst sehen, daß das Universum Dir die richtigen Umstände in Dein Leben bringen wird. Glückliche Umstände kommen und gehen. Um das Glück am Schopf fassen zu können, mußt Du vorbereitet sein.

Sag Deinem „Ja, aber ...“ also:

„Mein liebes ‚Ja, aber ...‘, ich möchte nicht länger zu den ‚Jammerern‘ gehören, sondern von heute an auch dazu beitragen, Mut, Hoffnung und Zuversicht zu vermitteln. Ich möchte keiner von denen sein, die ständig motiviert werden müssen, sondern einer der wenigen, die sich selbst motivieren und sich für eine Aufgabe begeistern können.

Es ist höchste Zeit zu begreifen, daß es im Leben nicht darum geht, wie ich am besten über die Runden komme, sondern darum, wie ich einen Beitrag für die menschliche Gemeinschaft leisten kann, damit ich jeden Abend von mir selbst begeistert bin.

Ich möchte diesen Planeten mit Stolz und Dankbarkeit verlassen können.“

Ist die Antwort nicht einfach, wenn Du Dir die Frage stellst, ob Du Mut, Hoffnung und Zuversicht verbreiten oder zerstören willst? Was erfüllt Dich mit Dankbarkeit?

Heute
habe ich mich klar dazu entschlossen,
zu den Menschen zu gehören,
die Mut, Hoffnung und Zuversicht
auf diesem Planeten verbreiten wollen.

4. Woche, Freitag

Inzwischen liegen Euch viele Berichte von Menschen vor, die bereits „klinisch tot“ waren. Diese Menschen hatten ihren Körper schon verlassen und berichten Euch davon, daß sie auch ohne ihren Körper sehen und hören konnten. Einige dieser Berichte sind so überzeugend, daß auch Skeptiker keine „natürliche“ Erklärung dafür finden.

Eines haben diese Menschen wiederum alle gemeinsam. Sie haben ihr Leben nach dieser Erfahrung geändert - entscheidend geändert!

Sie haben erfahren, daß sie nicht der Körper sind, sondern einen Körper haben, und sie haben „am eigenen Leib“ erlebt, daß es auch ohne Leib geht, daß der Körper also nur ein Hilfsmittel ist, um sich in der materiellen Welt verständlich machen zu können. Sie konnten zwar hören und sehen, was in der materiellen Welt vorgeht, aber sie konnten nicht gehört werden.

Und sie haben erfahren, daß der Sinn des Lebens nicht darin besteht, irgendetwas „auf die Beine zu stellen“ und auch nicht darin, etwas Großes zu leisten oder viel Geld zu verdienen, um es dann anderen zu vermachen.

Sie haben den Sinn des Lebens darin erkannt, sich auch in der Materie als liebevolle Energiewesen ausdrücken zu wollen.

Aber nicht, indem sie „die Welt verbessern“ wollten, sondern indem sie täglich in kleinen Dingen liebevoller wurden. „Liebe Deinen Nächsten wie Dich selbst.“ Ihr habt diese Botschaft oft nur in dem krassen Gegensatzpaar gesehen: entweder andere ausnutzen oder selbst ausgenutzt werden. Aber das führt Dich nicht zum Wesentlichen.

Du kannst den Mittelweg finden. Du kannst durchaus im Reichtum leben und kannst dennoch liebevoll sein.

Du kannst also reich *und* liebevoll sein.
Du kannst erfolgreich *und* liebevoll sein.
Du kannst gesund *und* liebevoll sein.

Liebevoll zu sein heißt auch, Zeit für den anderen zu haben; denn Deine Zeit ist wertvoller als Dein Geld.

Liebevoll zu sein heißt auch, Verständnis für den anderen zu haben. Verständnis zu haben erfordert nicht von Dir, daß Du Dir alles gefallen läßt, aber daß Du zumindest verstehst, daß der andere eine ganz andere Geschichte hinter sich hat und daß, wenn Du diese Geschichte hinter Dir hättest, Du ihn auf jeden Fall verstehen würdest.

Angenommen, Du hättest heute eine Todeserfahrung. Du würdest auf der „anderen Seite“ Dein Leben noch einmal komplett zu sehen bekommen mit allen Emotionen, die Du gehabt hast. Zusätzlich würdest Du auch das spüren und mitempfinden, was die anderen empfunden haben. Du würdest also genau miterleben, womit Du andere glücklich gemacht hast und auch wodurch andere traurig gestimmt wurden (ich werde Dir allerdings später Näheres darüber schreiben, wer aus meiner Sicht für wessen Gefühle verantwortlich ist).

Stell Dir am besten vor, daß Dir nun aufgezeigt wird, wie Deine Zukunft sich entwickeln wird, wenn Du nichts Wesentliches ändern würdest. Stell Dir vor, wie Dein

Leben in 30 Jahren aussehen wird, wenn Du einfach alles laufen läßt. Stell Dir vor, wie Du vor einem Spiegel stehst und Dir in die Augen schaust.

Du hast es versäumt, in Dir selbst mit anderen in Harmonie und Frieden zu kommen. Welche Prägung wird das in Deinem Gesicht in den 30 hinter Dir liegenden Jahren hinterlassen haben?

Welche Last spürst Du?

Welche Trauer spürst Du?

Welche Verantwortung spürst Du?

Du hast 30 Jahre vergehen lassen, ohne das Beste zu geben, ohne es immer und immer wieder zu versuchen, mehr aus Deinem Leben zu machen. Du hast also nicht nur aufgegeben, Du hast es nicht einmal versucht!

Wie fühlt sich das an?

Du hast statt Lösungen nur Ausreden gesucht, weil Du überall, wo Möglichkeiten waren, nur Probleme gesehen hast und mußt jetzt erkennen, daß Du für Deine Ausreden keinen Pfifferling bekommst. Und vor allen Dingen mußt Du jetzt erkennen, daß es wirklich nur Ausreden waren.

Wie fühlt sich das an?

Du hast Dich hängenlassen und kaum Zeit für die Kinder gehabt, und Du fühlst, daß sie Dich gebraucht hätten. Und Du fühlst, daß auch Deine Ehe viel besser hätte verlaufen können, wenn Du Dich ein bißchen mehr eingebracht und ein wenig mehr Selbstverantwortung übernommen hättest.

Wie fühlt sich das an?

Kommt in Dir das Gefühl auf: „Hätte ich doch bloß!“?

Wenn nicht, dann schau Dir all‘ die Leute um Dich herum an, die es nach 30 Jahren geschafft haben, ihr Leben auf die Sonnenseite zu stellen. Und mach Dir klar, daß all‘ Deine guten Ausreden auf dieser anderen Seite nicht mehr zählen; denn hier gibt es kein Äußeres mehr. Hier kannst Du mit nichts etwas vortäuschen. Hier gibt es keine Show, keine Sprüche, kein Nichts. Hier blickt jeder in Dein Herz, und keiner kann sich vor dem anderen verstecken. Hier stehst Du nicht Rede und Antwort, hier stehst Du vor Dir selbst, und jeder um Dich herum erkennt und sieht die Wahrheit.

Wie fühlt sich das an?

Und nun stell Dir vor, daß Dir nun aufgezeigt wird, wie Deine Zukunft sich entwickeln würde, wenn Du ab heute damit beginnen würdest, all‘ das zu ändern, was Du in den letzten 4 Wochen für Dich als richtig erkannt hast. Stell Dir vor, wie Dein Leben in 30 Jahren aussehen wird, wenn Du ab heute motiviert bist, Dich zu einer Persönlichkeit zu entwickeln, die für andere glaubwürdig Mut, Hoffnung und Zuversicht ausstrahlt.

Stell Dir vor, wie Du vor einem Spiegel stehst und Dir in die Augen schaust.

Du hast Dein Bestes gegeben, in Dir selbst mit Dir und anderen in Harmonie und Frieden zu kommen. Welche Prägung wird das in Deinem Gesicht in den 30 hinter Dir liegenden Jahren hinterlassen haben?

Spürst Du, siehst Du Deine harmonischen und liebevollen Gesichtszüge?

Welche Freude spürst Du?

Welche Dankbarkeit spürst Du?

Du hast 30 Jahre einen Beitrag für Dich und andere geleistet. Es war nicht immer leicht, aber jeder kleine Erfolg war es wert.

Wie fühlt sich das an?

Du hast Lösungen gesucht und gefunden, weil Du überall Möglichkeiten entdeckt hast, die Dich stets einen Schritt weiterbrachten und Du somit auch ein Vorbild für andere warst.

Wie fühlt sich das an?

Du hast Zeit für die Kinder gehabt, und Du fühlst, daß Du ihnen viel geben konntest. Und Du fühlst, daß Du auch Deiner Frau eine Ergänzung warst und Ihr Euch gegenseitig aufbauen konntet und das Glück gemeinsam erleben durftet.

Wie fühlt sich das an?

Und nun laß Dich wieder in die Gegenwart zurückbringen. Du bist wieder im Hier und Jetzt, und es ist noch kein Tag von den 30 Jahren vergangen. Es ist also nicht zu spät. Es fängt sogar erst jetzt an!

Bitte atme tief durch, recke und strecke Dich!

Sei begeistert und erleichtert, und drücke dies jetzt auch körperlich aus - springe, hüpfe und tanze!

Sag zu Deinem „Ja, aber ...“:

„Mein Liebes ‚Ja, aber ...‘, ich bin sehr dankbar, daß von diesen 30 Jahren kein Tag vergangen ist, und aus diesem Grund möchte ich ab heute jeden Tag meines Lebens nutzen. Ich mag Fehler machen und es kann sein, daß ich auf die Nase falle, aber ich möchte mir auf keinen Fall später Vorwürfe machen müssen, etwas versäumt zu haben!

Ab heute soll mein Leben erst richtig beginnen!“

Kann ich davon ausgehen, daß Du von Dir und Deiner Zukunft so begeistert bist, daß Dankbarkeit in Dir aufkommt?

Jetzt geht's erst richtig los!

Lieber Alfred,

irgendetwas ist in dieser Woche mit mir geschehen, und ich hoffe, daß es anhält; denn ich spüre plötzlich, daß mein Leben einen viel größeren Sinn hat, als ich bisher dachte. Ich war wohl zu sehr davon ausgegangen, daß mein Leben nur für mich eine Bedeutung hat. Ich habe nie zuvor - ich möchte fast sagen erfühlt, was ich anderen Menschen sein und bedeuten könnte.

Bisher habe ich nur darüber gedacht, was mir das Leben zu geben hat und ob es wert sei, dafür mein Bestes zu geben. Aber je mehr ich darüber denke, was ich anderen sein kann, umso mehr wird mir klar, daß ich eine positive Verpflichtung habe, das Beste aus meinem Leben zu machen.

Ich spüre in mir, daß ich lernen sollte, nicht nur mit meinem Leben klarzukommen, sondern es zu meistern. Ich möchte es vorbildlich leben können, damit es mir Freude macht.

Ich kann dieses Gefühl am besten mit meinen Lieblingssportarten vergleichen. Beim Golfen zum Beispiel machte es erst dann Spaß, als ich spürte, daß ich den Ball so schlagen konnte, wie ich es wollte. Ich spürte in mir, wenn der Schlag gut war. Das gab mir innere Befriedigung und andere, die mir zuschauten, hatten Freude daran. Genauso war es beim Windsurfen. Zuerst war es frustrierend - immer wieder ins Wasser zu fallen. Aber später, als es nicht mehr darum ging, nur klarzukommen, sondern als ich das Brett kontrollieren konnte, kam Spaß auf!

Genauso kann ich es mir nun mit dem Leben vorstellen. Bisher ging es mir nur darum klarzukommen, aber wenn ich mir vorstelle, daß ich mein Leben eines Tages so meistern kann, daß es anderen Freude macht, mir zuzuschauen, dann muß es ein Genuß sein!

Eigentlich bin ich gar nicht in der Stimmung zu einem „Ja, aber ...“, aber glaubst Du wirklich, daß auch ich es schaffen kann?

Am besten, ich schreibe mir morgen einmal auf, was mir am meisten Freude macht und auf welchem Gebiet ich Talente und Fähigkeiten mitgebracht habe.

5. Woche, Montag

Nachdem Du Dir Deine Talente und Fähigkeiten klargemacht hast, mach Dir gleich noch etwas klar. Die meisten Menschen begehen den Fehler, zu meinen, daß das, was ihnen leichtfällt, nichts wert sei.

Sie verbringen ihre Zeit damit, sich genau das anzueignen, was sie nicht können. Könnte es nicht sein, daß wir unsere Talente und Neigungen deshalb mitbringen, weil wir darin die größte Chance haben, überdurchschnittliche Leistungen zu erbringen?

Könnte es nicht sein, daß das, was in der Kindheit für uns am unangenehmsten war, dazu beigetragen hat, uns genau die Fähigkeiten, Talente und Neigungen anzueignen, die heute unsere größten Potentiale sind?

Es geht nicht nur um Zeichnen oder Malen, Singen oder Komponieren, Schreiben oder Reden, sondern vielmehr um menschliche Qualifikationen.

Ich möchte deshalb noch einmal auf Lady Diana zurückkommen. Schon jetzt zeigt sich, daß kaum ein anderer Mensch bisher von so vielen Menschen rund um die Welt respektiert und geliebt wurde! Was war ihr Talent? Sie hatte die Fähigkeit, ihre Liebe und ihr Mitgefühl auszudrücken, und das meine ich, wenn ich über menschliche Qualitäten spreche. Es war eine Freude, ihr zuzusehen, wie sie andere Menschen berührte. Und sobald wir unsere Fähigkeiten, Talente und Neigungen so einsetzen, daß es uns selbst mit Freude erfüllt und anderen Freude macht, uns zuzusehen, dann sind wir in unserer Aufgabe.

Gestern starb auch Mutter Theresa (was für eine Woche!), und auch bei ihr ging es nicht um besondere Talente. Das Besondere an ihr war ihre unglaubliche Hingabe und der tiefe Wunsch, anderen das Gefühl zu geben, daß sie sich auf diesem Planeten willkommen, erwünscht und angenommen fühlen.

Es geht also nicht darum, ein großer Arzt, Filmstar, Geldmacher, Politiker oder Wissenschaftler zu sein. Es geht darum, ein großer Mensch zu sein - völlig gleichgültig, was der Beruf ist. Aber mach Dir klar, daß Beruf von Berufung kommt. Wozu fühlst Du Dich berufen?

Als ich das erste Mal von Hermann Gmeiner hörte - dem Gründer der SOS-Kinderdörfer -, spürte ich in mir auch den Wunsch, etwas Ähnliches zu tun oder zu werden. Ende der 70er Jahre bekam ich Gelegenheit, ihn persönlich besuchen und interviewen zu dürfen. Er erzählte mir, daß er schon als Kleinkind seine Mutter verlor und mit vielen Geschwistern auf eigenen Füßen zu stehen hatte. Diese - beim besten Willen - nicht wünschenswerte Zeit hat ihn für seine Aufgabe geprägt. Er hatte den tiefen Wunsch in sich, Waisenkindern zu helfen. Er wollte ihnen eine Mutter geben und gründete mit einem Startkapital von 14 Mark und gegen viele Widerstände die SOS-Kinderdörfer.

Als ich mit ihm sprach, wurde mir klar, daß ich niemals ein zweiter Hermann Gmeiner sein könnte. Was mir an erster Stelle fehlte, war seine Vorgeschichte. Ich könnte niemals das fühlen, was er fühlte, ich könnte niemals die Motivation, das Durchstehvermögen und dieselbe Zielsetzung entwickeln, die ihm zwar nicht angeboren, aber Bestandteil seines Aufwachsens war. Obwohl ich ihn interviewte und nicht umgekehrt, war er dennoch an meiner Arbeit interessiert. Er sagte mir, daß er sich darüber freuen würde, denn die Menschen, denen ich Wege zum Erfolg aufzeigen könne, wären genau die Menschen, die ihn später finanziell unterstützen würden. Ich wußte damals nicht, wie recht er haben sollte.

Er erzählte mir, wie es ihm gelang, andere Menschen für sich und seine Aufgabe zu gewinnen, und wie er, ohne je eine Fremdsprache zu sprechen, in exotische Länder ging und nicht nur Genehmigung, sondern auch Unterstützung für seine Projekte bekam. Um mir zu demonstrieren, wie er Staatsmänner und hohe Regierungsbeamte wortlos überzeugte, legte er mir beide Hände auf die Schulter, schaute mir mit einem so liebevollen und überzeugten Blick direkt in die Augen und nickte leicht mit dem Kopf. Mir wurde klar, daß keiner je „Nein“ sagen konnte, und mir wurde klar, daß ich diese Art von Ausstrahlung nie haben werde.

In diesem Augenblick wurde mir ebenso dankbar bewußt, daß er dafür geprägt worden war und teuer bezahlen mußte. Mir war eine Kindheit ohne Mutter erspart geblieben - meine Mutter lebt heute noch - und ich spürte, daß eine andere Aufgabe für mich die richtige sein würde.

Ich möchte, daß Du Dir klar darüber wirst, daß es in diesem Leben und auf diesem Planeten nicht darum geht, auf andere zu schauen und schon lange nicht neidisch auf andere zu schauen, sondern darum, daß Du Dir klar darüber wirst, was Deine Aufgabe sein könnte.

Paramahansa Yogananda wurde für sein Werk in großen Summen finanziell von einem Versicherungsvertreter unterstützt. Sai Baba erhielt riesige Beträge vom Gründer der „Hard Rock Cafes", um in Indien seine Aufgaben zu erfüllen.

Aber auch das ist noch nicht der Punkt. Der wichtigste Punkt ist der, ein liebevoller Mensch zu sein, ein verantwortungsvoller Vater, eine liebende Mutter, ein Mensch also, der nach der „Goldenen Regel" lebt:

Ich werde mich so verhalten, wie ich gern von anderen behandelt werden möchte, und zwar zuerst!

Du bist Arzt, aber bist nicht mehr von der nur rein wissenschaftlichen Medizin überzeugt. Aber solange Du noch keine andere Aufgabe gefunden hast, sei ein guter Arzt. Betrachte Deine Patienten nicht als Fälle, sondern als Menschen, die hoffen, daß Du ihnen Mut, Hoffnung und Zuversicht machst.

Ich höre immer wieder von Teilnehmern, denen die Ärzte gesagt haben, daß es keine Hoffnung für sie gibt. Gerade letzte Woche erhielt ich den Brief einer Teilnehmerin, die kein Arzt mehr behandeln wollte, weil jeder die Hoffnung aufgegeben hatte und ihr einreden wollte, daß sie sich mit einem Leben im Rollstuhl abzufinden habe. Auch die Krankenkasse wollte nichts mehr zahlen, und so finanzierte sie sich eine Operation selbst, die ihre letzte Hoffnung war. Sie schrieb mir, daß ihr Konto bereits wieder im Guthaben ist, sie ihre Arbeit aufgenommen hat und vor allen Dingen die ersten Schritte ohne Krücken gegangen war! (Derzeit besucht sie ein selbstfinanziertes Heilpraktiker-Seminar in Thailand!)

Auch sie hat ihre Aufgabe gefunden und kann nun anderen Menschen Mut, Hoffnung und Zuversicht vermitteln, wie kaum jemand anders.

Ich möchte, daß Du heute noch einmal erkennst, daß es absolut nichts in Deinem Leben gegeben hat, was nicht irgendeinen guten Grund hatte. Denk über das, was Dich verletzte, denk über das, was Wut in Dir auslöste, denk an das, was Dich erfüllte, denk an das, was Dich inspirierte, und dann verhalte Dich heute so, wie Du es Dir von anderen gewünscht hast und wünschen würdest.

Das Geheimnis eines erfüllten Lebens ist nicht, darauf zu warten, daß sich andere uns gegenüber so verhalten, wie wir es uns wünschen, sondern, daß wir uns so verhalten, wie wir es uns von anderen erhoffen.

Ich sage nicht: Lebe das Leben anderer.

Ich sage nicht: Richte Dich nach anderen.

Ich sage nicht: Versuche, es anderen recht zu machen.

Ich sage: Verhalte Dich heute so, daß Du von Dir selbst begeistert bist, daß Du Dich am liebsten selbst als Vorbild nehmen möchtest. Und sei nicht zu selbstkritisch, sondern nur gerade so viel, daß Du motiviert bist, am kommenden Tag wieder Dein Bestes geben zu können.

Sag Deinem „Ja, aber ...“ also:

„Mein liebes ‚Ja, aber ...‘, ich brauche kein Gandhi, kein Albert Schweitzer, keine Mutter Theresa und auch niemand anders zu sein, um meine Erfüllung zu finden. Ich brauche nur heute an mir zu arbeiten und einen

Schritt näher an meine Idealvorstellung von dem zu kommen, der ich als Mensch sein möchte.

Ich möchte, daß ich mich ab heute so annehme, wie ich heute bin, damit ich genügend motiviert bin, morgen den nächsten Schritt zu gehen. Auch ohne Mutter Theresa oder Gandhi zu sein, kann ich in dieser Woche einen Beitrag leisten, irgend einem anderen Menschen das Gefühl zu geben, daß er auf diesem Planeten willkommen ist, und genau das will ich auch tun!"

Und wenn Du nun tief in Dich hineinfühlst, dann wirst Du dankbar erkennen, daß Du alles hast, um einen Beitrag für einen friedlicheren und lebenswerteren Planeten zu leisten.

Ich brauche nicht darauf zu warten,
bis ich eine berühmte Persönlichkeit bin,
bevor ich damit beginnen darf,
eine sinnvolle Aufgabe zu erfüllen!

5. Woche, Dienstag

Jedesmal, wenn ich um die Erde fliege, bin ich erneut erstaunt und dankbar, daß meine Koffer ebenfalls ankommen, und zwar in meinem Zimmer! Irgend jemand hat beim Einchecken den richtigen Aufkleber genommen, und dann hat jemand den Koffer auf das richtige Band gestellt, in den richtigen Container geladen, der wiederum ins richtige Flugzeug kam bis hin zum Portier, der ihn dann auf mein Zimmer brachte - ich finde das jedesmal traumhaft! Natürlich geht heutzutage vieles davon schon automatisch. Aber in früheren Jahren gingen meine Koffer durch viele Hände, und jede dieser Hände hat den richtigen Handgriff getan - für mich!

Und dann angekommen, gehe ich zum Mietauto-Schalter, und wiederum weiß jemand Bescheid und gibt mir den Schlüssel für ein Auto, das bereits auf einem ganz bestimmten Platz auf mich wartet. Ich finde das nach wie vor sagenhaft!

Kaum im Auto, tippe ich ein paar Tasten und kann - wen auch immer - direkt anrufen, um zu sagen, daß ich bereits im Auto sitze und in kurzer Zeit ankommen werde - unglaublich!

Eine Welt, auf der alles für mich da ist. Ich kann zu jeder Zeit mit jeder Person sprechen, und ich kann zu jeder Zeit hinreisen, wohin ich reisen will. Und wenn mir danach ist, kann ich sogar zu jeder Zeit und an jedem Ort meinen kleinen Computer benutzen, um irgendetwas zu erledigen und obendrein noch per eingebautem Fax und tragbarem Telefon irgendeinem eine Nachricht schicken - einfach super!

Genauso kann ich im nächstgelegenen Park, Wald oder am Strand spazierengehen, kann fahrradfahren oder auch nur zu Hause bleiben, um ein Buch zu lesen - was für ein Leben!

Und das Schöne ist, daß jeder andere in diesem Land sich ebenfalls zum Ziel setzen kann, sich seine Wünsche zu erfüllen, und kann ebenso glücklich sein wie ich - völlig gleichgültig womit. Und wenn ich zurückdenke, dann waren wir in Deutschland in unserem gemieteten ersten 36 qm Appartement ebenso glücklich.

Ich bin also willkommen auf diesem Planeten, und wenn Du ehrlich bist, mußt Du nicht auch dankbar zugeben, daß Du ebenfalls willkommen bist?

Etwas, was mich mit noch viel größerer Dankbarkeit erfüllt, ist die Tatsache, daß wir alle - daß jeder Einzelne eine Aufgabe erfüllen kann, die anderen von Nutzen ist - der Kofferträger, die Dame am Autovermietungs-Schalter und all die Millionen von Menschen, die daran beteiligt waren, einen Computer und ein tragbares Telefon zu entwickeln, um mir dieses traumhafte Leben zu ermöglichen.

Ich höre Dich zwar sagen, daß diese Leute das nicht alles nur für mich entwickelt haben, aber das ist ja gerade das Großartige daran; denn ich hätte mir das niemals für mich allein leisten können!

Ich kann mir (noch) keine Boeing 747 leisten, aber einen Sitz, der groß genug für mich ist und mir alle Annehmlichkeiten bieten kann, die ich mir zum Reisen vorstelle!

Ich könnte mir auch nicht in Auckland, Singapur, Frankfurt, New York, Vancouver und Honolulu gleichzeitig ein Auto leisten, aber ein Mietauto, das meinen Vorstellungen entspricht schon.

Ich muß einfach auf diesem Planeten willkommen sein!

Ich bin sicher, daß es auch für Dich tausend Gründe, Beweise und Anhaltspunkte gibt, daß Du auf diesem Planeten willkommen bist!

Und nun will ich Dich in das größte Geheimnis der Dankbarkeit einweihen.

Du hast 2 Möglichkeiten:

1. Du kannst Gründe, Beweise und Anhaltspunkte dafür finden, daß Du nicht willkommen bist, und Du wirst recht haben und
2. Du kannst Gründe, Beweise und Anhaltspunkte dafür finden, daß Du willkommen bist, und ebenfalls recht haben.

Jetzt sage mir, wobei Du Dich innerlich wohler fühlen würdest?

Wir haben immer diese beiden Möglichkeiten, die ich Dir schon einmal in der Gegenüberstellung von Problem und Lösung aufgezeigt habe.

Es geht aber nicht darum, daß wir einfach sagen: „Ich bin willkommen." Es geht darum, daß wir die Entscheidung treffen, daß wir uns beweisen wollen, daß wir wirklich willkommen sind. Es geht darum, uns über den Zufall zu erheben und selbst aktiv einzugreifen. Solange wir eine

„Mal-sehen-was-kommt-Einstellung“ haben, werden wir vom Zufall abhängig sein. Aber erst, wenn wir die innere Entscheidung treffen, daß wir uns selbst beweisen wollen, daß wir willkommen sind, werden wir uns über den Zufall erheben und unser Leben beeinflussen können.

Ich treffe die Entscheidung:

„Ich bin auf dieser Erde willkommen!“

Das hört sich sicher seltsam an, aber wenn wir sagen: „Ich bin nicht willkommen!“ haben wir ebenso eine innere Entscheidung getroffen, nur nicht so bewußt! Viele Kinder bringen aufgrund ihrer ersten Lebensjahre die Meinung mit, daß sie nicht willkommen sind oder sein könnten. Und allein mit dem Fragezeichen, das auf dem Wort „könnte“ liegt, wird der Zufall ihnen immer wieder „Beweise“ zutragen, daß sie tatsächlich nicht willkommen sind - von wem auch immer!

Mutter Theresa hatte es sich nach ihren eigenen Aussagen zur Hauptaufgabe gemacht, anderen das Gefühl zu geben, daß sie willkommen sind. Nur wenn wir davon ausgehen können, daß wir willkommen sind, hat das Leben einen konstruktiven Sinn für uns!

Das größte Geheimnis der Dankbarkeit liegt darin, daß wir - völlig unabhängig von unserer Vorgeschichte - selbst die Entscheidung treffen, was in unserem Leben eintreten soll, und dann dafür sorgen, daß es eintritt, damit wir dafür dankbar sein können, wenn es eingetreten ist!

Sag Deinem „Ja, aber ...“ also:

„Mein liebes ‚Ja, aber ...‘, ich möchte nun mein Leben immer gezielter auf das ausrichten, was ich als wünschenswert ansehe, und es nicht mehr länger damit vergeuden, zu beweisen, daß ich irgendetwas nicht kann oder nicht habe. Ich möchte mir vielmehr immer öfter selbst beweisen, daß ich erreichen kann, was ich erreichen will, und alles tun, was dazu beiträgt, daß ich am Abend dankbar sein kann.“

Höre jetzt einmal tief in Dich, und schau Dir die Situationen an, in denen Du Dir selbst ein Vorurteil als wahr beweisen wolltest, obwohl es nicht zu Deinem Wohle war. Findest Du nun einen weiteren Grund, dankbar dafür zu sein, daß Du dies heute erkennen kannst?

Ich bin auf diesem Planeten willkommen und werde auch heute wieder Beweise suchen und finden, daß das so ist.

5. Woche, Mittwoch

Es ist noch gut in meiner Erinnerung, als ich von der Welt enttäuscht war und zu dem Schluß kam, daß ich mich auf keinen verlassen kann und daß alle gegen mich sind. Ich war zum Lehrlings-Sprecher (Azubi-Sprecher) gewählt worden und wollte bei der Betriebsführung durchsetzen, daß wir uns nicht mehr schriftlich eintragen mußten, wann wir zur Toilette gingen und wann wir zurückkamen (das war Anfang der 60er Jahre). Als ich gefragt wurde, in wessen Namen ich sprach, antwortete ich wahrheitsgemäß: „Im Namen aller Lehrlinge." Daraufhin wurden alle Lehrlinge zusammengerufen und gefragt, wer mich beauftragt hätte, zur Betriebsführung zu gehen. Keiner meldete sich. Ich stand allein da. Noch am Tag zuvor waren alle am Schimpfen über diese vorsintflutlichen Zustände, und heute machte keiner den Mund auf.

Ich hatte genug, warf den Posten hin und traf die Entscheidung, daß mich alle nur „in die Pfanne hauen" wollen. Es dauerte Jahre, bevor ich meine Meinung änderte, und es waren die düstersten Jahre meines Lebens. Ich grollte, war voller Ressentiments, und meine Lebensfreude bestand hauptsächlich in Ablenkung als Schlagzeuger in einer Musikgruppe, verbunden mit Zigaretten und Alkohol. Es war eine Flucht vor einem Leben, das ich irgendwie nicht kontrollieren, an dem ich keine wirkliche Freude finden konnte.

Es sollte viele Jahre dauern, bis ich meine Einstellung änderte, und noch länger, bis ich begriff, wie fundamental diese Einstellung mein gesamtes Leben geändert hatte.

Ich bin ein Mensch, der andere glücklich machen will und erst darin sein eigenes Glück findet. Meine Kollegen wollten sich damals nicht von mir glücklich machen lassen, jedenfalls nicht für den Preis, für ihre gerechte Forderung zumindest geradezustehen. Das war ihr gutes Recht, aber nicht meine Vorstellung von der Aufgabe, zu der sie mich gewählt hatten.

Eines Tages verstand ich das Prinzip, das ich gerade dabei bin, Dir zu erklären, nämlich mir nur noch das einzureden, was auch in mein Leben eintreten soll. Mir wurde schon bei meinen ersten Vorträgen und Kurz-Seminaren klar, daß ich nie alle Hörer und Teilnehmer begeistern kann. Es gab immer etwa 20 Prozent, die total begeistert waren, 20 Prozent waren es nicht, und alle anderen lagen irgendwo dazwischen. Ich konnte nur schlecht damit leben, bis ich mir klarmachte, daß es immer Menschen geben wird, die nicht daran interessiert sind, auch nur davon zu hören, wie sie ihr Leben mehr auf die Sonnenseite bringen können, geschweige denn, es direkt ins Gesicht gesagt zu bekommen.

Mir wurde immer klarer, daß es - wie ich es anfangs nannte - negativ eingestellte und positiv eingestellte Menschen gab. Zu meinen Vorträgen kamen natürlich vorwiegend positiv eingestellte Menschen. Aber es kamen auch negativ eingestellte, die sich nur eine weitere Bestätigung holen wollten, daß ihnen absolut nichts und keiner helfen kann. Sie kamen mit ihrer negativen Einstellung und wollten nur eine Bestätigung, daß sie recht haben, genauso, wie ich es Dir gestern beschrieb. Mir war klar, daß die positiv eingestellten Hörer natürlich dazu beitrugen, mich zu fördern. Sie empfahlen mich weiter und machten positive Werbung für mich. Aber was war mit den Negativen? Würden sie nicht viel mehr kaputtmachen, als die anderen für mich aufbauen konnten?

Ich hatte schon bald Gelegenheit, bei einem interessanten Gespräch anwesend zu sein. Ein erfolgreicher Unternehmer wurde von einem negativ eingestellten Menschen auf ein Thema angesprochen, und anstatt sich negativ beeinflussen zu lassen, gab er ihm eine freundliche Abfuhr und sagte mir anschließend etwa folgendes. „Wenn negativ eingestellte Leute mir etwas Negatives über eine bestimmte Sache erzählen wollen, dann kann ich sehr oft davon ausgehen, daß die Angelegenheit interessant für mich sein könnte."

Ich wurde hellwach und begann meinen nächsten Vortrag folgendermaßen: „Wenn Sie heute begeistert sind, dann weiß ich, daß Sie mich empfehlen, und dafür schon jetzt meinen herzlichen Dank! Wenn Sie überhaupt nicht von dem begeistert sind, was ich heute zu sagen habe, dann werden Sie es wahrscheinlich auch anderen sagen. Wenn Sie es jemandem sagen, der eine negative Einstellung zum Leben hat und noch nicht aufgeschlossen dafür ist, wie er sein Leben konstruktiv verändern kann, dann tragen Sie dazu bei, mir die Menschen fernzuhalten, die sowieso kein Buch von mir kaufen würden. Wenn Sie es einem positiv eingestellten Menschen erzählen, dann wird dieser sich selbst ein Bild machen wollen und schon in einem meiner nächsten Vorträge sitzen - also auch Ihnen meinen herzlichen Dank!

Ich fühlte mich frei wie selten zuvor! Ich hatte begriffen, daß jeder dazu beitragen wird, mich zu fördern. Es lag nur an mir selbst, es auch zu sehen und anzunehmen!

Seitdem hat sich mein Leben total geändert; denn ich begegne heute jedem Menschen mit der inneren Einstellung, von der ich Dir morgen mehr schreiben werde.

Sag Deinem „Ja, aber ..." also:

„Mein liebes ‚Ja, aber ...', ich möchte, daß du erkennst und anerkennst, daß kein Mensch wirklich gegen mich sein kann, wenn ich dies nicht in meiner inneren Einstellung zulassen will. Es liegt an mir und meiner Einstellung, wie ich die Situationen beurteile. Ab heute will ich immer deutlicher und früher erkennen, daß alles und jeder dazu beiträgt, mich zu fördern."

Im Nachhinein habe ich erkannt, daß auch meine Lehrlingskollegen einen großen Beitrag geleistet haben; denn wenn ich damals ein Erfolgserlebnis gehabt hätte, wäre ich vielleicht Gewerkschaftsfunktionär geworden ...

Ich bin so dankbar, daß ich stattdessen gelernt habe, mich an erster Stelle um mich selbst zu kümmern und Eigenverantwortung zu übernehmen. Kannst Du im Nachhinein diese Dankbarkeit mit mir teilen?

Alles und jeder trägt dazu bei,
mich zu fördern.

5. Woche, Donnerstag

Ich hoffe, daß Du erkannt hast, daß wir täglich guten Gelegenheiten begegnen und daß es von uns und unserer Einstellung abhängt, ob wir diese guten Gelegenheiten erkennen und nutzen.

Du brauchst nicht jeden zu heiraten, nicht mit jedem zusammenzuarbeiten, aber Du kannst jedem so begegnen, daß Du mit Dir selbst in Harmonie bist. Auch ich habe Nachbarn, die nicht immer gut mit mir auskommen wollen. Es sind Menschen, die mit sich selbst nicht in Harmonie sind und sich das Recht vorbehalten, an einigen Tagen unglücklich sein zu wollen. Ich will ihnen dieses Recht nicht nehmen ...

Aber auch sie tragen dazu bei, mich zu fördern, und somit kann ich jeden Tag jedem Menschen mit der Einstellung begegnen: „Sie sind ein Gewinn für mich!“

Auch hier kommt dasselbe Prinzip zur Wirkung; denn ich lenke meine Aufmerksamkeit darauf, wie sich die Begegnung mit diesem Menschen zu einem Gewinn für mich entwickeln könnte. Und natürlich ergänze ich diese innere Einstellung damit: „Und ich würde gern ein Gewinn für Sie sein!“

Aber ich lasse ihm die Freiheit, dieses Angebot anzunehmen oder mich nicht leiden zu mögen, es ist seine Freiheit, seine Entscheidung und sein Leben!

Ich möchte nochmals die beiden Möglichkeiten gegenüberstellen, damit Dir das wichtigste Geheimnis der Dankbarkeit in dieser Woche absolut klar wird.

Angenommen, ich würde mir einreden: „Der geht mir auf den Geist“ oder „Ich mag ihn nicht leiden“ oder „Der will mich nur ausnutzen“.

In diesen Fällen wird mein Unterbewußtsein dafür sorgen wollen, daß ich diese meine Meinung bestätigt bekomme, und ich werde somit meine Aufmerksamkeit auf das lenken, was mein (Vor-)Urteil bestätigt.

Aber wie wird dies auf meinen Körper wirken?

Wird es mir Energie bringen oder wird es mich Energie kosten?

Wird es meiner Gesundheit förderlich sein oder wird es meiner Gesundheit abträglich sein?

Wird es gute Stimmung produzieren oder ungute Stimmung?

Wird es letztendlich Deinen Patienten förderlich sein oder wird es sich sogar auf Dein Verhältnis zu Deinen Patienten zum Nachteil auswirken?

Aus diesen allzu logischen Gründen will ich es mir nicht leisten, mich gehenzulassen und es dann selbst teuer bezahlen zu müssen.

Es geht nicht darum, ob der andere es verdient, daß ich freundlich und ein Gewinn für ihn bin, sondern einzig und allein darum, daß ich es mir nicht leisten will, es nicht zu sein!

Ich will mir den Luxus - grantig zu sein - nicht leisten! Ich will, daß jeder, dem ich begegne, ein Gewinn für mich ist. Ich meine damit nicht unbedingt einen finanziellen Gewinn. Ich meine damit alles, was dazu beitragen könnte, mich - in welcher Hinsicht auch immer - zu fördern.

Er kann ein Gewinn für mich sein, etwas zu lernen, etwas zu erkennen, mich an etwas zu erinnern, mich auf etwas aufmerksam zu machen.

Ich hoffe, ich kann Dir sehr deutlich klarmachen, daß meine offene Einstellung mir auf jeden Fall viel hilfreicher ist, als wenn ich ein negatives Vorurteil habe und dies zu bestätigen suche. Das, was ich jetzt beschreibe, geht in fast allen Menschen völlig unbewußt vor. Die meisten Menschen realisieren absolut nicht, daß solche Gedanken überhaupt in ihnen vorgehen. Deshalb gibt es für sie auch keinerlei Veranlassung, sich mit dieser Art von Themen oder Büchern zu beschäftigen; denn sie suchen die Schuld für ihre Misere - die übrigens weiter nichts als ein ganz normales Leben für sie ist -, stets bei den anderen.

Mir wurde vor langer Zeit, als ich noch journalistisch tätig war, sehr klar, daß ich entweder mein gesamtes Leben damit verbringen kann, zu versuchen, die Welt zu verändern, oder heute meinen kleinen Schritt unternehmen kann, mich selbst zu ändern - ich entschloß mich für die zweite Möglichkeit.

Es geht nicht darum, andere zu ändern in der Hoffnung, daß sich dann für uns etwas geändert hätte. Es geht darum, uns selbst, zumindest aber unsere Einstellung zu ändern.

Sag Deinem „Ja, aber ...“ also:

„Mein liebes ‚Ja, aber ...‘, ich habe jedesmal zwei Möglichkeiten, wenn ich einem anderen begegne. Ich kann davon ausgehen, daß er mir nur auf den Geist geht, mich ausnutzen will oder nur eine Last für mich ist. Oder ich kann davon ausgehen, daß er ein Gewinn für mich ist. Ich weiß, daß ich mit dem, was ich von vornherein annehme, recht haben will und daß meine Aufmerksamkeit somit das bestätigen will, was ich erwarte.

Da dies so ist, will ich mir diese Funktion zunutze machen und davon ausgehen, daß jeder Mitmensch, mit dem ich zu tun habe, ein Gewinn für mich ist. Auf diese Art und Weise lenke ich meine Aufmerksamkeit auf das, was mir Gewinn bringt, und bin offen für Informationen, um etwas zu lernen, an etwas zu denken oder etwas zu erkennen. Außerdem vitalisiert mich diese innere Einstellung im Gegenteil zu der Einstellung, daß der andere mich nur langweilt.“

Ich hoffe, daß Du nun jedem Mitmenschen mit Dankbarkeit begegnen kannst, denn Du kannst nun ab sofort selbst dafür sorgen, daß er ein Gewinn für Dich sein wird.

Sie sind ein Gewinn für mich,
und ich würde gern auch
ein Gewinn für Sie sein!

5. Woche, Freitag

„Das hört sich alles gut an, aber nochmal, ich kann mir doch nicht alles gefallen lassen“, höre ich Dich sagen, und ich gebe Dir voll und ganz recht!

Aus meiner Sicht sind wir auf diesem Planeten, um zu lernen. Und zwar an erster Stelle, um zu lernen, wie wir mit anderen Menschen so umgehen können, daß wir zumindest in Harmonie mit uns selbst sind.

Das ist nicht immer einfach, vor allen Dingen dann nicht, wenn wir es mit Menschen zu tun haben, die uns tatsächlich ausnutzen wollen (ob bewußt oder nicht, ist eine andere Sache), oder die das Spiel spielen, stets gewinnen zu wollen, oder unbedingt ausprobieren wollen, wer der Stärkere ist.

Wir sind - sagen wir ruhig einmal - von Natur aus mit einem Schutzsystem ausgestattet worden, und dieses Schutzsystem heißt Angst.

Es ist aus meiner Sicht nicht nur absolut in Ordnung, Angst zu haben, Angst ist sogar wieder ein Grund, dankbar zu sein, solange die Angst intuitive Angst ist und nicht völlig unbegründet und „anerzogen“.

Jeder Mensch hat intuitiv ein Gespür dafür, wenn er in Gefahr ist, und wir sollten dieses Gespür auf der einen Seite nicht übertönen und ihm auf der anderen Seite nicht total freien Lauf lassen. Wie alles im Leben ist die „Goldene Mitte“ genau das, was wir erlernen dürfen.

Genauso ergeht es uns, wenn wir Menschen begegnen. Manchmal spüren wir, daß es nicht gut ist, wenn wir einen näheren Kontakt zu einem Menschen bekommen, und warum sollten wir nicht auf diese innere Warnung hören?

Die Kunst des Lebens besteht aber nicht darin, mit immer weniger Menschen Kontakt haben zu wollen oder gar haben zu können, sondern zu lernen, wie wir mit aller Art von Menschen umgehen können - ich sage aber nicht auskommen können.

Es gibt Menschen, denen geht es nur darum auszuprobieren, wie weit sie gehen können und was wir mit uns alles machen lassen.

Die erste Lösung heißt, diese Menschen einfach zu meiden. Aber aufgrund deren Hartnäckigkeit und aufgrund des Lernprozesses, der uns bevorsteht, ist dies nur eine aufgeschobene Lösung, aber keine endgültige, wie Du es übrigens mit Deiner Frau erlebt hast.

Es geht also darum zu lernen, mit jedem Menschen so umgehen zu können, daß er ein Gewinn für Dich ist.

Als erstes müssen wir dafür lernen, „nein“ sagen zu können. Ich glaube nicht zu übertreiben, wenn ich sage, daß 80 % meiner Seminarteilnehmer Schwierigkeiten damit haben, und ich keinen Hehl daraus mache, daß dies auch für mich der langwierigste Lernprozeß war.

Mein Vater hatte mir nur vorleben können, stets freundlich und hilfsbereit zu sein und sich ausnutzen zu lassen - bis, ja, bis es jemand übertrieb und er unter die Decke ging. Dazwischen gab es keine Grautöne - entweder schwarz oder weiß, also ja oder NEIIIIN!

Ich möchte Dir also nach Deiner Erfahrung mit Sandy an erster Stelle empfehlen, nicht mehr „ja“ zu sagen, wenn Du eigentlich viel lieber nicht „ja“ sagen möchtest.

Bring Dir selbst bei, Dir als ersten Schritt in diese Richtung eine Bedenkzeit zu erbeten; denn wahrscheinlich sagst Du vor allen Dingen dann vorschnell „ja“, wenn Du überrascht wirst. Sag also lieber: „Ich möchte nicht vorschnell ‚ja‘ sagen, weil ich dir nichts vorschnell versprechen will, was ich dann vielleicht nicht einhalten kann. Ich gebe dir morgen/in einer Stunde/später Bescheid.“

Einer meiner Teilnehmer ist Klempnermeister und kam zum Seminar nach Neuseeland. Er erzählte als erstes, daß er kurz vor dem Abflug einem „Spezi“ (Freund) eine „Gasabnahme“ unterschrieben hatte, obwohl dieser die Leitung noch nicht einmal installiert hatte. Er sagte mir sogar, daß dieser dies nicht einmal von ihm erwartet hatte. Er hatte es ihm angeboten, weil er ihm einen Gefallen tun wollte.

Über einen Gefallen ist schon manch einer gefallen ...

Ich hatte den Eindruck, daß er kurz vor einem sehr teuren Lernprozeß stehen würde, wenn er nicht sehr kurzfristig sein Verhalten ändern würde.

Also der erste Schritt heißt, „nein“ sagen zu können - nicht unfreundlich, sondern freundlich und bestimmt. Ich möchte, daß Du an erster Stelle daran denkst, was es Dich im Laufe Deiner Ehe, im Laufe Deiner beruflichen Laufbahn und allgemein im Laufe Deines Leben gekostet hat, daß Du „ja“ sagtest, obwohl Du es nicht wirklich wolltest.

Sag Deinem „Ja, aber ...“ also:

„Mein liebes ‚Ja, aber ...‘, ich weiß, daß ich hier und da Angst habe, daß ich nicht ‚nein‘ sagen kann und mich deshalb nicht so verhalte, wie ich mich verhalten möchte. Außerdem erkenne ich, daß dies einer der Gründe sein könnte, warum ich nicht aus echter Überzeugung daran glauben kann, daß andere ein Gewinn für mich sind. Und wie will ich daran glauben können, daß ich ein wirklicher Gewinn für andere sein kann, wenn ich nicht hinter dem stehe, was ich zugesagt habe.

Ich möchte ab heute nur dann ‚ja‘ sagen, wenn ich wirklich ‚ja‘ meine. Und ich möchte lernen, in aller Ruhe und Freundlichkeit ‚nein‘ sagen zu können.“

Ich würde mich freuen, wenn Du dankbar erkennst, daß Du nicht immer „ja“ zu sagen brauchst und von nun ab immer öfter den Mut hast, dies auch nicht zu tun, wenn Du es nicht wirklich möchtest.

Für das Wochenende schreib bitte einmal auf, wer schon alles ein Gewinn für Dich war, für Dich ein Gewinn hätte sein können, wenn Du es Dir nicht selbst verdorben hättest.

Dann schreib Dir bitte auf, womit Du es schon bezahlt hast, „ja“ zu sagen, obwohl Du nicht „ja“ sagen wolltest.

Heute werde ich sagen:
Geben Sie mir bitte ein wenig Zeit,
damit ich nicht zu vorschnell „ja“ sage,
ohne zu wissen,
ob ich Ihnen den Gefallen tun kann.

Lieber Alfred,

in dieser Woche habe ich erkannt, daß es nicht nur darum geht, einfach dankbar zu sein, sondern auch darum, selbst etwas Konkretes dafür tun zu können und auch zu tun, damit ich anschließend für mein Ergebnis dankbar sein kann.

Du hast mir an erster Stelle aufgezeigt, daß alle berühmten Persönlichkeiten nicht als berühmte Persönlichkeiten begonnen haben, sondern sich zuerst auf ihre Talente und Fähigkeiten besannen, ihrem inneren Ruf folgten und dann viel später damit ein Werk schufen, das für andere Vorbild sein konnte.

Und dann hast Du mir auch vermittelt, daß Angst zu haben in Ordnung ist, aber nur der erste Schritt sein kann. Mir ist klar geworden, daß ich noch viel lernen muß, um alle Menschen als Gewinn für mich zu sehen und vor allen Dingen, sie auch als Gewinn für mich zu nutzen, anstatt mir durch angstgesteuerte Vorurteile viele gute Möglichkeiten selbst zu versperren. Diese Erkenntnis wäre mir wohl so schnell noch nicht gekommen, und dafür bin ich sehr dankbar; denn damit wurde mir klar, wie sehr ich doch selbst in Bereiche meines Lebens eingreifen kann, die ich vorher nur im Bereich der Abhängigkeit von anderen sah.

Ich werde ab sofort damit beginnen, mir einen zeitlichen Puffer zu geben, wenn es darum geht, nicht sofort „ja“ zu sagen, und ich muß wirklich zugeben, daß ich mir allein damit mein Leben ziemlich schwer gemacht habe. Und somit kommt mein „Ja, aber ...“ ziemlich klar, indem es sagt: „Ja, aber ich kann doch nicht einfach ...“

Für morgen habe ich genug zu tun und freue mich auf die kommende Woche. Na gut, ich habe gelernt: „Ich bin dankbar für das, was ich in der kommenden Woche wieder hinzulernen darf.“

Genieß Deinen freien Tag, bis Montag!

6. Woche, Montag

Du hörst also in Dir eine Stimme, die Dir sagt: „Ich kann doch nicht einfach ...“

Das extreme Gegenteil dazu ist die Einstellung mancher Menschen, die sich sagen: „Ich kann alles, und es gibt genug Leute, die blöd genug sind, sich alles gefallen zu lassen.“

Gleich vorab, diese Einstellung möchte ich auf keinen Fall fördern oder gutheißen; denn der nächste Schritt zur Kriminalität ist dann nicht mehr weit. Außerdem paßt sie auf keinen Fall zu unserer Einstellung: „Ich bin ein Gewinn für Sie.“

Aber zwischen diesen beiden Einstellungen liegen Welten, und es geht nicht darum, entweder so oder so zu sein, sondern wie immer, den goldenen Mittelweg zu finden. Das mit dem goldenen Mittelweg ist so eine Sache; denn die meisten von uns sind ziemlich im Schwarz-weiß-Denken aufgewachsen. Es kostet eine Menge Erfahrung und Durchstehvermögen, bis wir gelernt haben zu differenzieren.

Also gehen wir einige Beispiele durch.

„Ich kann doch nicht einfach ‚nein‘ sagen.“

Die meisten der Menschen, die von uns ganz selbstverständlich erwarten, daß wir für sie da sind, etwas für sie tun oder uns ihnen anpassen, sind im Gegenzug selten bereit, eine ähnliche Leistung für uns zu erbringen.

Kannst Du Dich erinnern, als unsere holländischen Wochenend-Nachbarn ihre Ehegefechte über zwei Jahre so austrugen, daß wir alle irgendwie mit daran teilnahmen und miterlebten, wie die Kinder darunter litten? Als es dann in die Trennungs-Phase ging, kam die Nachbarin wochenlang zu Gisela, um ihren Beistand zu haben. Gisela gab ihr nicht nur Verständnis und Blickpunkte, sondern lieh ihr auch zweimal größere Summen, da ihr Mann sie einfach auf dem trockenen sitzen ließ. Gisela machte ihr allerdings auch klar, daß sie von ihr erwartet, Geld zu sparen, anstatt sich teure Magazine, Kleidung und Schnickschnack zu kaufen und obendrein ihren (erwachsenen) Kindern teure Geschenke zu machen. Nachdem sie allerdings nicht hinzulernte und nach wie vor Geld verschwendete, wenn sie es hatte, war Gisela dann beim dritten Mal nicht mehr bereit, ihr erneut Geld zu leihen. Damit war - wie nicht anders zu erwarten - die Freundschaft beendet. Wir waren uns darüber im klaren, und dennoch kann man es nicht glauben, wenn es wirklich so kommt.

Natürlich kann man „nein" sagen. Man muß sogar „nein" sagen; denn viele Leute kennen einfach keine Grenze, und vor allen Dingen lernen sie nicht hinzu, wenn man nicht „nein" sagt.

„Ich kann doch nicht einfach ..."

Warum eigentlich nicht?

Viele sind mit den Worten erzogen worden: „Was sollen denn die Leute denken?!" Und die meisten haben diesen Spruch noch in ihrem Hinterkopf und leben das Leben anderer, anstatt sich endlich mit ihrem eigenen Leben zu beschäftigen. Mach' Dir am besten folgendes klar:

Wenn andere negativ über Dich denken, wenn sie Dich sogar hassen, dann wirken diese destruktiven Gedanken zuerst auf deren Gefühlswelt, auf deren Körper und auf deren Verhaltensweise und vor allen Dingen natürlich auf deren Aufmerksamkeit.

Sie schaden sich damit selbst!

Genauso ist es mit Dir. Wenn Du andere Menschen haßt, wenn Du ihnen etwas neidest, dann wirken diese destruktiven Gedanken zuerst auf Deinen Körper, also auch auf Deine Gesundheit und natürlich auch auf Deine Aufmerksamkeit, Deine Gefühle und somit auch auf Dein Verhalten. Du schadest Dir damit selbst.

Du bist auf dieser Erde, um zu lernen - zu lernen, Deinen goldenen Mittelweg, zu Deinem wahren Selbst, zu Deiner Mitte zu finden. Und um zur Mitte zu finden, ist es erforderlich, auch mal zur falschen Seite auszuschlagen, damit Du die „Goldene Mitte" selbst findest.

Jeder ist auf seiner Suche, auf seiner Reise, auf seiner Spur in die Mitte.

Mach Dir also klar, daß es nicht darum geht, Dein Leben so einzurichten, daß andere möglichst nichts über Dich zu reden haben, sondern so, daß Du Dein Leben so lebst, wie Du es für richtig hältst und wie es für Dich richtig ist.

Sag Deinem „Ja, aber ..." also:

„Mein liebes ‚Ja, aber ...', ich kann und will mein Leben nicht nach anderen ausrichten; denn erstens kann ich es sowieso nicht jedem recht machen, und zweitens bin ich auf dieser Erde, um für mich selbst herauszufinden, wo meine ‚Goldene Mitte' ist und wie mein Leben am besten funktioniert.

Es ist für mich wichtig zu begreifen, daß jeder das Recht hat, so zu denken, wie er will; denn seine Gedanken wirken zuerst auf ihn selbst, und es liegt einzig und allein an mir, ob ich mir diese Gedanken anziehe oder nicht.

Ich will an mir und an meinen Gedanken arbeiten, und ich will akzeptieren, daß andere an ihren Gedanken arbeiten oder auch nicht - nur das wird mir Freiheit und Freiraum für mein eigenes Leben schaffen."

Kannst Du nicht dankbar dafür sein, daß Du Dich an erster Stelle nur um Deine eigenen Gedanken zu kümmern brauchst?

Wie Sie über mich denken,
wirkt auf Sie, nicht auf mich!

6. Woche, Dienstag

„Aber ich kann doch nicht einfach die Gefühle anderer verletzen“, höre ich Dich sagen.

Nochmal, es geht darum, daß Du Deinen goldenen Mittelweg findest. Natürlich erwarte ich nicht von Dir, daß Du Dich über die Gefühle anderer hinwegsetzen sollst, aber Du bist auch nicht für die Gefühle anderer verantwortlich. Es gibt genug Menschen, die auf der Masche reiten, andere für ihre Gefühle verantwortlich zu machen oder machen zu wollen, und somit eine ungeheure Macht über andere ausüben oder ausüben wollen.

Es ist nun Deine Aufgabe, auch damit fertig zu werden, weil Du sonst in Dir negative Gefühle aufbaust, und das sind dann Deine Gefühle, die auf Dich wirken!

Eine alte japanische Geschichte erzählt folgendes:

Ein Samurai, also ein Krieger, kommt zu einem alten Zen-Meister, also einem Weisen, und bittet ihn, ihm den Unterschied zwischen Himmel und Hölle zu erläutern.

Der Zen-Meister antwortet ihm sinngemäß: „Ich habe keine Lust, meine Zeit damit zu vergeuden, einem von Deiner Sorte irgendwelche Erklärungen abzugeben, die er sowie so nicht begreift.“

Daraufhin gerät der Samurai in Wut, zieht sein Schwert und dröhnt: „Und ich könnte einem von Deiner Sorte mit einem Hieb den Kopf abhauen.“

Worauf der Zen-Meister in aller Ruhe antwortet: „Das ist die Hölle.“

Der Samurai begreift im selben Augenblick, wird still, verbeugt und bedankt sich, worauf der Zen-Meister sagt:

„Und das ist der Himmel.“

Wie Du an dieser Stelle noch einmal sehr schön erkennen kannst, setzt der Zen-Meister Dankbarkeit sogar direkt mit dem Himmel gleich!

Ich möchte es aber in erster Linie als ein Beispiel sehen, daß wir nicht für die Gefühle anderer verantwortlich sind.

Der Samurai hatte seine Gefühle nicht unter Kontrolle. Weder in der Wut noch in der Dankbarkeit. In beiden Fällen hat der Zen-Meister „Knöpfe gedrückt“, die die Gefühle des Samurai auslösten.

Der Zen-Meister, der sogar tödlich bedroht wurde, hatte seine Gefühle dagegen voll im Griff.

Ich möchte Dir also erstens aufzeigen, daß wir nicht für die Gefühle anderer verantwortlich sind, zweitens, wie wichtig es ist, daß wir uns unserer Gefühle bewußt werden und im nächsten Schritt diese Gefühle kontrollieren können. Nicht kontrollieren im Sinne von unterdrücken, sondern im Sinne von nicht damit identifiziert zu sein.

Wir müssen lernen, zu erkennen, daß wir einen Körper haben, aber nicht unser Körper sind, daß wir Gedanken haben, aber nicht unsere Gedanken sind und vor allen Dingen, daß wir Gefühle haben, aber nicht unsere Gefühle sind.

Das, was wir auf diesem Planeten zum Leben brauchen, ist unser Körper und unser - ich sage mal - Geist, der unseren Körper bewohnt. Wenn der Geist unseren Körper verläßt, dann ist der Körper nur noch eine leblose Masse. Und wenn der Körper zerstört wird, dann verläßt der Geist den Körper, weil er ihn nicht mehr als Wohnung und „Fahrzeug“ benutzen kann. Was stets übrig bleibt, ist unser Geist, unsere Seele oder wie Du es auch immer bezeichnen möchtest.

Der Samurai fühlte sich beleidigt, weil er sich zuerst mit den Worten des Zen-Meisters angesprochen fühlte, um sich dann mit den Gefühlen, die diese Worte in ihm auslösten, zu identifizieren und automatisch darauf zu reagieren, als würde jemand sein Leben bedrohen.

In der heutigen Zeit kommt dies täglich im Straßenverkehr vor, wo sich jemand - wenn auch nur emotionell - angegriffen fühlt und einen anderen auf der Stelle umbringt, nur weil er ihm einen Vogel oder in den USA einen Finger gezeigt hat.

Solange wir - wenn auch in abgeschwächter Form - dermaßen von unserer Gefühlswelt gesteuert werden, werden wir unser Leben voll und ganz im Zufall verbringen, nämlich abhängig davon, wie sich andere uns gegenüber verhalten.

Solange also andere - und ich meine, daß diese den weit größten Teil der Menschheit ausmachen - sich mit ihren Gefühlen identifizieren, als handele es sich um ihren Körper, den sie wie ihr Leben verteidigen müssen, solange sollten wir lernen, unsere Gefühle, Worte und Verhaltensweisen so im Griff zu haben, daß wir andere nicht unbedingt provozieren. Insbesondere dann nicht, wenn wir unser Leben und unsere Gesundheit damit aufs Spiel setzen - das wollte ich zum besseren Überleben auf jeden Fall klargemacht haben.

Es sollte ebenfalls klargeworden sein, daß wir anderen keine Gefühle „machen“ können, wenn diese es nicht zulassen. Und solange es jemand mit sich „machen“ läßt, ist er nicht sein eigener Herr und muß auf den Zufall hoffen, daß ihm nur nette, liebe Menschen begegnen, die stets angenehme Gefühle in ihm hervorrufen.

Mit anderen Worten, er braucht für ein wünschenswertes Leben Tausende von Menschen, die sich genauso verhalten, wie es seinen idealen Vorstellungen entspricht - ein hoffnungsloser Fall.

Die Lösung besteht also darin, daß wir an erster Stelle lernen, uns von unseren Emotionen zu distanzieren, wenn diese uns das Leben zur Hölle machen. Außerdem sollten wir den Mitmenschen, die egoistisch genug sind, von uns Rücksicht zu erwarten, aber selbst nicht an sich arbeiten wollen, nicht alle Lernprozesse ersparen. Schließlich würden wir ihnen damit nicht wirklich helfen, sondern sie von dem wichtigsten Schritt in ihrem Leben abhalten.

Sag Deinem „Ja, aber ...“ also:

„Mein liebes ‚Ja, aber ...‘, ich bin nicht für die Gefühle anderer verantwortlich; denn es ist jedem selbst überlassen, ob er sich mit seinen Gefühlen identifizieren will oder nicht. Ich kann nur dann lernen, daß ich für meine Gefühle selbst verantwortlich bin, wenn ich auch anderen den Freiraum lasse, für ihre Gefühle verantwortlich zu sein.“

Triff für Dich selbst die Entscheidung, ob Du Dein Leben in der Hölle oder im Himmel verbringen möchtest. Ist es nicht Grund genug, dankbar zu sein, daß wir selbst diese Entscheidung treffen dürfen?

Ich bin nicht für die Gefühle anderer verantwortlich, genauso, wie andere nicht für meine Gefühle verantwortlich sind.

6. Woche, Mittwoch

Ich möchte Dir heute den vielleicht wichtigsten Blickpunkt dafür geben, Dein Leben selbst in die Hand zu nehmen, aber es wird nicht ganz einfach für Dich sein, dies auch zu akzeptieren. Laß mich ein wenig ausholen.

Jemand hatte einen Traum, in dem er von einem anderen gedemütigt wurde. Ohne sich überhaupt bewußt an den Traum erinnern zu können, fühlt er sich nicht gut. Seine Frau stellt ihm seine Tasse Kaffee hin, die er gedankenabwesend zum Mund führt, sich daran verbrüht. Er schimpft mit seiner Frau und sagt ihr, daß sie ihm den Kaffee nicht so kochend heiß servieren soll. Er verläßt das Haus, steigt in sein Auto und hat nach wenigen Minuten einen kleinen Unfall, weil er gedanklich noch bei dem Kaffee und dem Streit war. Nachdem er nun auch noch zu spät zur Arbeit kommt, geht der gesamte Tag in diesem Stil weiter. Er denkt sich: „Wäre ich doch bloß im Bett geblieben“, allerdings nicht ahnend, daß genau dort alles begann.

Stell Dir vor, daß derselbe Mann eines Tages einen Traum hatte, an den er sich ebenfalls nicht mehr erinnern kann, in dem er an einem Spielautomaten stand und alles Geld gewann, was in dem Automaten war. Er träumt weiter, daß er von diesem Geld seiner Frau ein paar Blumen mitbringt und am Abend eine schöne Zeit mit ihr hat.

Kannst Du Dir vorstellen, daß er am nächsten Morgen seine Tasse Kaffee wesentlich bewußter zum Mund führen würde? Und selbst wenn nicht, würde er kaum seiner Frau die Schuld dafür geben wollen. Und kannst

Du Dir auch weiterhin vorstellen, daß sein Tag im Büro anders verlaufen würde?

Es geht nicht darum, unseren Träumen die Schuld zu geben, es geht darum, uns unserer Gefühle bewußt zu werden. Und solange wir uns unserer Gefühle nicht bewußt sind, werden wir ein Spielball der Umstände bleiben und kaum das Gefühl haben, daß wir unser Leben selbst beeinflussen können.

Ich kann von mir sagen, daß ich meine Gefühlswelt damit positiv beeinflußt habe, indem ich immer öfter Dankbarkeit empfunden habe, aber das für heute nur nebenbei.

Mir geht es heute darum, daß Du ganz klar erkennst, daß unsere Verhaltenweise von unseren Gefühlen - wenn auch nicht komplett bestimmt, aber doch zumindest stark beeinflußt wird.

Und nicht nur unsere Verhaltensweise, sondern auch unsere Aufmerksamkeit wird davon bestimmt. Wir beschäftigen uns mit den Dingen, die wir schlicht und einfach erwarten, wenn auch vielleicht sogar befürchten - kannst Du Dich erinnern?

Kannst Du erkennen, wie wir uns unsere eigene Welt schaffen? Es könnte um uns herum das Paradies sein, wir würden es nicht erkennen, wenn wir es in unseren Gedanken nicht zulassen wollen. Und genauso gibt es Menschen, die zwar in miserablen Umständen leben, denen es aber gelingt, dennoch ein glückliches Leben zu führen.

Schauen wir uns Kinder an. Einige sind mit ihren Gedanken vorwiegend mit Gewalt beschäftigt. Ihre Welt besteht nur aus Prügeln oder Geprügelt-werden - es geht um nichts anderes. Somit ziehen sie entsprechende andere Kinder an. Da sie sich weniger wert fühlen als andere, sehen sie ihren Ausweg darin, sich mit Gewalt einen „Selbstwert“ zu verschaffen.

Ich möchte, daß Du heute erkennst, daß wir uns mit unseren Gedanken unsere eigene Welt erschaffen und wir somit verantwortlich dafür sind, was in unserem Leben geschieht. Die meisten Menschen wollen davon nichts hören, und viele wären damit auch total überfordert. Aber ich möchte, daß Du Dir selbst klarmachst, daß die Ursache für Deine Lebensumstände nicht die Umstände sind, sondern Deine Gedanken, die diese Umstände auslösen.

Die Lösung besteht darin, die Gedanken und Gefühle zu ändern, die nicht in Deine Vorstellung von einem idealen Leben passen, und zwar jeweils sofort!

Manche meinen, wenn sie einkaufen gehen oder ein Stück Torte essen, würden ihre negativen Gedanken schon verschwinden, aber das ist nicht so und schon lange nicht generell so.

Eine gute Lösung für viele meiner Seminarteilnehmer ist es, diese negativen Gedanken (Ängste, Sorgen, Haß, Neid) einmal aufzuschreiben, damit man schwarz auf weiß vor sich hat, womit man sich beschäftigt. Und dann als nächsten Schritt mit einem roten Stift ein großes Kreuz darüber zu ziehen, um dem Unterbewußtsein aufzuzeigen, daß nun endlich Schluß damit sein soll. Statt des Durchkreuzens kannst Du auch ein dickes „NEIN“ darüber schreiben. Und sobald die Gedanken zurückkommen wollen, kommandiere ihnen gedanklich:

„Nein“ oder „weg“ oder was auch immer. Und dann mach Dir wieder klar, wofür Du dankbar sein kannst, damit Du sofort auf positive Gedanken kommst.

Sag Deinem „Ja, aber ...“ also:

„Mein liebes ‚Ja, aber ...‘, ich möchte nicht erst warten, bis ich in meinen negativen Gedanken so weit versunken bin, daß ich es überhaupt nicht mehr merke. Ich möchte schon beim kleinsten Ansatz von destruktiven Gedanken und Gefühlen Schluß machen und mich wieder konstruktiven Gedanken widmen. Ich möchte mir deshalb mehrmals am Tag klarmachen, wofür ich dankbar sein kann, um mich immer wieder in eine konstruktive Stimmung zu versetzen und mir somit eine lebenswerte Welt anzuziehen.

Es geht mir nicht darum, negative Gefühle zu unterdrükken, sondern darum, sie nicht zu schüren.“

Schreib Dir doch jetzt gleich einmal auf, wofür Du dankbar sein kannst.

Mit meinen Gedanken,
Gefühlen und Vorstellungsbildern
ziehe ich mir
meine Lebensumstände an.

6. Woche, Donnerstag

Als praktisches Beispiel zu dem, was ich Dir gestern geschrieben habe, möchte ich Dir heute etwas zu einer typischen Ehesituation aufzeigen.

Es ist für mich immer wieder erstaunlich, wenn Teilnehmer-Ehepaare mir berichten, daß sie mehr hinnehmen als der andere und dann am liebsten mit den Worten davonlaufen würden: „Jetzt reicht's mir aber."

Es muß doch zu Beginn mehr als einen Grund gegeben haben, warum wir uns genau für diesen Partner entschlossen haben. Und viele vergessen die wunderbaren Gründe allzuschnell und sehen nur noch die Gründe, die Anlaß dazu geben, sich zu trennen. Ich meine, daß all' die kleinen Gründe, die zum Streit führen, kaum die Gründe aufwiegen können, die ursprünglich zur Ehe geführt haben. Vorausgesetzt natürlich, daß diese ursprünglichen Gründe nicht allzu oberflächlich waren.

Und nun mein praktischer Hinweis: Sobald - und die Betonung liegt auf sobald - sobald also ein Satz wie z.B. „Jetzt reicht's mir aber", in Deinen Gedanken auftaucht, ist es wichtig, ihn sofort mit „für die nächste Stunde", zu ergänzen, damit die Situation nicht überbewertet wird. „Jetzt reicht's mir aber für die nächste Stunde", ist kein Problem; denn damit kann man umgehen. Erinnerst Du Dich daran, was ich Dir über „immer" und „alles" geschrieben habe?

Zusätzlich solltest Du Dir sofort dankbar klarmachen, was Dein Partner nach wie vor für Dich bedeutet und was er Dir nach wie vor gibt. Ich weiß, daß dieser Hinweis nicht mehr gut funktioniert, wenn die Ehe oder Partnerschaft schon seit einem längeren Zeitraum gestört ist. Aber erfahrungsgemäß gibt es dann bald eine neue Partnerschaft, und wenn Du nichts dazugelernt hast, ist es nur eine Frage der Zeit, bis Du Dich wieder in gewohntem Fahrwasser befindest.

Ich möchte, daß Dir heute noch klarer wird, wie wir uns mit unseren Gedanken selbst Situationen in unserem Leben einleiten, für die wir dann später andere verantwortlich machen wollen.

Es kommen zum Beispiel Teilnehmer auf mich zu, die mir ihren Partner in den schlechtesten Tönen schildern - monatelang. Plötzlich erzählen sie mir völlig empört oder niedergeschlagen, daß der Partner gegangen ist - mit einer(m) anderen. Und wenn ich dann sage: „Das ist ja großartig, dann haben sich ja alle Probleme für Sie wie von selbst gelöst“, schaue ich in völlig unverständliche Augen.

Genauso ist es mit einem Arbeitsplatz. Monatelang wird gejammert und geschimpft, und dann kommt die Entlassung, und schon ist die Empörung da. Wann werden wir verstehen, daß wir uns das selbst alles einfädeln?

Es geht also nicht darum, irgendwelche Gedanken und Gefühle, also Sorgen, Ängste und Befürchtungen zu unterdrücken, sondern sie durch andere Gedanken und Vorstellungsbilder zu ersetzen, und zwar stets sofort. Natürlich wird Dir dies nicht gleich gelingen, aber je öfter umso besser.

Es geht mir also heute noch einmal darum, daß wir uns immer bewußter werden, womit wir uns in unseren Gedanken beschäftigen, damit wir immer rechtzeitiger die Möglichkeit haben, destruktive Gedanken zu stoppen und gegen konstruktive Gedanken auszutauschen.

Wenn ich darüber denke, wie viele Jahre ich mich gedanklich damit beschäftigt habe, was niemals Bestandteil meines Lebens werden sollte, dann kann ich heute in liebevoller, demütiger Dankbarkeit froh sein, daß sich nichts davon verwirklicht hat. Ich bin deshalb so dankbar dafür, weil es mir auch zeigt, daß sich negative Gedanken viel weniger zu verwirklichen scheinen als positive. Es scheint also so zu sein, daß jedes bißchen Liebe, jedes bißchen Dankbarkeit negative Gedanken sofort emotional neutralisiert. Sobald Dankbarkeit oder Liebe anwesend ist, hat kein negatives Gefühl mehr Platz. Haß, Neid, Schuldzuweisungen und andere destruktive Emotionen werden sofort vertrieben, sobald wir Dankbarkeit oder Liebe in uns zulassen. Das, was sich verwirklichen will, sind also nicht die Gedanken allein, sondern die Summe von Gedanken, Gefühlen und Vorstellungsbildern.

Ich glaube nicht zu übertreiben, wenn ich sage, daß es ausreicht, zu 35 % positiv zu denken, um auf der Sonnenseite des Lebens zu stehen. Und ich bin sehr dankbar, wenn ich mir anschaue, wie wenig negative Situationen es gibt, bei so vielen negativen Gedanken auf dieser Welt. Es gibt nun mehr als 6 Milliarden Menschen. Die meisten Menschen leben unter unvorstellbaren Bedingungen und Umständen.

Wenn wir uns klarmachen, daß uns alles Negative der ganzen Welt jeden Tag berichtet wird, dann erfüllt es mich mit tiefer Dankbarkeit, wenn ich sehe, wie wenig Gewalt und Unrecht auf der Welt geschieht.

Ich sage nicht, daß es nichts zu verbessern gibt, sondern, daß ich mich wundere, wie gut die Welt funktioniert im Verhältnis zu all den katastrophalen Filmen, Nachrichten und somit Gedanken, mit denen sich die Menschheit heute beschäftigt.

Sag Deinem „Ja, aber ..." also:

„Mein liebes ‚Ja, aber ...', ich möchte mir ab heute meiner Gedanken und Gefühle immer früher bewußt werden, damit ich wenigstens merke, womit ich mich beschäftige.

Ich möchte viel selbstverantwortlicher mit meinen Gedanken umgehen und mich immer dann wieder auf die konstruktive Spur bringen, wenn ich mir bewußt werde, daß ich in destruktives Denken abgeglitten bin.

Ich weiß, daß ich in der Vergangenheit oft anderen die Schuld gegeben habe, obwohl ich heute erkenne, daß ich mir viele Situationen selbst gedanklich eingefädelt habe. Ich will mir zwar deshalb im Nachhinein keine Vorwürfe machen, aber ich will mich dadurch motiviert und aufgerufen fühlen, in Zukunft viel selbstverantwortlicher zu denken und auch entsprechend zu handeln."

Wenn Du ehrlich zu Dir selbst bist, dann wirst auch Du erkennen, daß Dein Leben viel schlimmer ausgesehen hätte, wenn sich jeder negative Gedanke verwirklicht hätte. Ist das nicht Grund genug, tief in Deinem Herzen dankbar zu sein?

Selbstverantwortlich sein heißt,
an erster Stelle das zu denken,
was ich vor mir selbst verantworten kann

6. Woche, Freitag

Was kann ich also vor mir selbst verantworten?

Kann ich vor mir verantworten, schlecht über mich zu denken?

Kann ich vor mir verantworten, Gedanken des Hasses, des Neides, der Mißgunst zuzulassen?

Kann ich vor mir verantworten, irgendetwas zu denken, was sich nicht in meinem Leben verwirklichen soll?

Nochmal, ich bin in keinster Weise darüber verwundert, daß die Kriminalität steigt und die Ethik ihren Stellenwert verliert, wenn ich mir bewußtmache, daß bereits in den Fernsehprogrammen für unsere Kleinstkinder Gewalttätigkeit „normal“ ist. Und ich bin sehr verwundert, daß wir nicht noch viel mehr Gewalttätigkeit haben, wenn ich mir klarmache, wie viele Filme voller Gewalttätigkeit sind und wie viele Filme (Videos) sich der Durchschnittsbürger weltweit anschaut.

Die einzige Antwort, die ich Dir darauf geben kann, ist die, dankbar dafür zu sein, daß Du zu denen gehören darfst, die so viel gesunden Menschenverstand besitzen, Dich nicht mit den Dingen zu beschäftigen, die Du auch nicht in Deinem Leben erleben willst.

Aber es funktioniert nicht, nicht an etwas zu denken, was wir nicht wollen, sondern es funktioniert nur, an das zu denken, was wir wollen. Als Beispiel: Bitte denke jetzt auf gar keinen Fall an das Schloß Neuschwanstein. Denk nicht an die typischen Türme, nicht an die typischen Postkarten und Fotos vom Schloß und auch nicht an die vielen Touristen, die vor dem Schloß Schlange stehen.

Denk einfach nicht an das Schloß Neuschwanstein, denk auf keinen Fall daran.

Wie Du siehst, ist das nicht die richtige Methode.

Es geht also nicht darum, an etwas nicht zu denken, sondern es geht darum, an das zu denken, an das Du denken willst und was Bestandteil Deines Lebens werden soll.

Als wir nach Neuseeland auswandern wollten und wir für unsere Seminare in Deutschland noch keinen geeigneten Repräsentanten hatten, schauten wir uns jeden Tag zum Nachmittagskaffee unser eigenes Video an, das wir während unseres ersten Aufenthaltes in Neuseeland gedreht hatten - jeden Tag! Wir lebten gedanklich schon in Neuseeland. Alles drehte sich um Neuseeland, und noch im selben Jahr bekamen wir eine Aufenthaltsgenehmigung (als einer von den rund 50 Deutschen aus den insgesamt 70.000 Anträgen, die in 1986 gestellt wurden).

Das noch fehlende Geld kam zusammen, und wir fanden auch jemanden, den wir über die kommenden Jahre Schritt für Schritt zum Seminarleiter ausbilden konnten.

Wir erlebten und begriffen immer mehr, wie dankbar wir sein können, in einem Universum zu leben, in dem wir unsere eigene Zukunft mit unseren Gedanken selbst beeinflussen dürfen.

Ich erlebte es immer wieder bei meinen Teilnehmern, daß es ihnen nicht gelang, stets an das zu denken, was in ihr Leben eintreten sollte, und mir erging es ebenso. Diese Zeit war die Geburtsstunde meiner ersten Dankbarkeits-Erkenntnisse.

Ich schrieb damals täglich drei Listen. Erstens, was aus meinem Leben verschwinden soll. Zweitens, was in mein Leben eintreten soll, und drittens, wofür ich dankbar bin.

Bis heute ist noch nicht alles aus meinem Leben verschwunden, was hätte verschwinden sollen. Zum Beispiel kommen nach wie vor Zeiten, in denen nicht wünschenswerte Gedanken auftauchen, und ich realisiere dies nicht einmal kurzfristig. Aber wie gesagt, es scheint auszureichen, wenn wir mindestens zu 35 % positiv denken, und ich glaube, diese Zahl habe ich deutlich überschritten.

Was in mein Leben eintreten sollte, ist schon lange eingetreten, und zwar mehr als einmal.

Und all die Punkte, die ich damals aufschrieb, für die ich dankbar bin, haben sich immer und immer wieder wiederholt.

Ich habe also im Laufe der Zeit die Erfahrung gemacht, daß Dankbarkeit der stärkste Magnet ist, um das in unser Leben zu bringen, was wir in unserem Leben haben wollen.

Ich bin dankbar, nun schon seit über 50 Jahren im Frieden leben zu dürfen.

Ich bin dankbar, mit meiner Familie ein traumhaft freies Leben führen zu dürfen.

Ich bin dankbar, eine wunderbare Frau zu haben.

Ich bin dankbar, einen Sohn zu haben, der Freude am Leben hat und voller Begeisterung in die Zukunft blickt.

Ich bin dankbar für unsere Gesundheit.

Ich bin dankbar für meine Aufgabe und die positive Resonanz von allen Seiten.

Ich bin dankbar, diesen wunderbaren Planeten entdecken und genießen zu dürfen.

Ich bin dankbar, in der Natur so viel Harmonie, Kraft und Frieden zu finden.

Ich bin dankbar, daß ich Tausenden von Menschen Mut, Hoffnung und Zuversicht vermitteln durfte und darf.

Ich bin dankbar für jeden neuen Tag.

Ich bin dankbar, daß ich Dir diese Zeilen schreiben darf.

Sag Deinem „Ja, aber ..." also, wofür Du dankbar bist.

Mit meiner Dankbarkeit
sage ich meinem Unterbewußtsein genau,
was vermehrt in mein Leben eintreten soll.
Mit meiner Undankbarkeit jedoch auch ...

Lieber Alfred,

in dieser Woche sind mir die Kraft und Bedeutung der Gedanken sehr klar geworden. Ich habe durch das Beispiel mit dem Zen-Meister gesehen, daß innere Harmonie nicht heißt, daß man sich zusammenreißen muß, und auch nicht, daß man etwas unterdrücken soll. Für mich heißt die Antwort, daß ich nicht meinen Gedanken **unter**liegen will, sondern, daß ich meinen Gedanken gegenüber **über**legen sein will.

Dein Hinweis, den Satz „Jetzt habe ich aber die Nase voll", mit den Worten zu verlängern „für die kommende Stunde", ist ein guter erster und vor allen Dingen praktischer Schritt dafür.

Ich nehme mir für Sonntag vor, eine ausführliche Dankbarkeits-Liste zu schreiben und somit auch festzulegen, was mir wirklich wichtig ist in diesem Leben. Natürlich habe ich Spaß an meinem Auto und freue mich über mein Haus und meinen Swimmingpool. Dennoch spüre ich, daß auf meiner Dankbarkeits-Liste ganz andere Werte auf den ersten Plätzen stehen werden.

Allein schon die Idee, daß ich dankbar sein kann, in einem Universum leben zu dürfen, in dem ich nicht nur der Spielball einer willkürlichen Macht bin, sondern mit meinen Gedanken einen Unterschied in meinem Leben ausmachen darf, ist überwältigend für mich.

Ich merke, daß ich bisher so viel - ich möchte ruhig mal sagen „Gnade" - in meinem Leben als normal hingenommen habe, um dann den nicht so wünschenswerten Dingen einen viel zu großen Stellenwert einzuräumen.

An dieser Stelle wird mir auch bewußt, daß ich deshalb zu einer völlig falschen und viel zu negativen Bewertung der Welt gekommen bin, weil ich so viel Wünschenswertes als selbstverständlich angesehen habe und jedes bißchen Nicht-Wünschenswertes gleich auf die Waagschale warf.

Ich glaube, daß es höchste Zeit für mich wird, alle Selbstverständlichkeiten auf diesem Planeten nicht mehr als Selbstverständlichkeiten zu sehen, sondern für alles dankbar zu sein, was mir gegeben ist, um das Beste für mich daraus zu machen.

Auf diese Art und Weise werden all‘ die Dinge, über die ich mich täglich geärgert habe, wirklich zu Unwichtigkeiten, und ich sollte lernen, ihnen den Stellenwert zu geben, der ihnen zusteht.

Ich meine zu erahnen, was Du mir mit Deiner Idee von der „Kraft der Dankbarkeit“ vermitteln willst. Ich freue mich diesmal nicht nur schon auf Montag, sondern vor allen Dingen erst einmal auf Sonntag und auf meine Dankbarkeits-Liste.

Mein „Ja, aber ...“ heißt diesmal, wie kann ich mich noch viel mehr darauf konzentrieren, anstatt mich immer wieder von allem Möglichen und noch viel mehr Unmöglichen davon abbringen zu lassen?

7. Woche, Montag

Laß mich am besten ein Beispiel vom Segeln bringen. Bevor ich zu windsurfen und zu segeln begann, dachte ich immer, daß Segelschiffe nur fahren können, wenn sie den Wind mehr oder weniger im Rücken haben. Ich kann mich an alte Geschichten erinnern, in denen es immer hieß: „Wir warteten, bis wir günstigen Wind hatten."

Als ich die Grundbegriffe des Segelns lernte, wurde mir vieles klar, was auch generell fürs Leben gilt.

An erster Stelle, daß es zwar günstigen und ungünstigen Wind gibt, aber jeder Wind - mit Ausnahme eines Orkans - ist besser als gar kein Wind. Das, was ein Seefahrer am meisten fürchtet, ist also kein Sturm, sondern Windstille oder absolute Flaute; denn das heißt absolute Langeweile. Ein Segelfahrzeug ohne Wind kann sich nicht nur nicht bewegen, es kann auch nicht steuern, es kann sich nicht einmal in eine bestimmte Richtung ausrichten.

Wenn Du Dich daran erinnerst, daß Dir drei Möglichkeiten angeboten wurden, Dein Leben zu verbringen, dann war die Wahrscheinlichkeit, daß Du Dich für „Wind bis Sturm" entscheiden würdest, etwa 98 % groß. Du wolltest zusätzlich die Möglichkeit haben, in einen Hafen fahren zu können, wenn es Dir zu unsicher wird (erste Woche, Dienstag). Mit anderen Worten, auch Dir wäre eine Flaute zu langweilig und eine Dauerflaute erst recht.

Eine Flaute hat noch einen entscheidenden Nachteil: Sie ist zum Lernen völlig ungeeignet.

Um segeln zu lernen, ist ein leichter beständiger Wind von 2 - 3 Windstärken ideal, genauso wie es im Leben ideal und angenehm ist, eine recht fröhliche und unbeschwerte Kindheit zu haben, in der man aber dennoch aufgezeigt bekommt, „von wo der Wind weht“ und „wo‘s langgeht“.

Wenn Du Dir vorstellst, aus Papier ein kleines Schiffchen zu falten und es bei wenig Wind auf Wasser zu setzen (ich würde mich freuen, wenn Du dies in den kommenden Tagen einmal tun würdest, damit Du diese Erfahrung wirklich erlebst und nicht nur liest), dann wirst Du sehen können, daß dieses Schiffchen immer in die Richtung getrieben wird, in die der Wind es bläst. Und wenn es sich um einen ruhigen Tag handelt, an dem der Wind mal aus der und mal aus der anderen Richtung kommt, dann kann es passieren, daß Dein Schiffchen stundenlang auf dem Wasser treibt, ohne auch nur jemals wieder Land zu erreichen. Es kann auch genau dort ankommen, von wo es gestartet ist oder an jeder anderen beliebigen Stelle. Jedenfalls ist es völlig der Windrichtung ausgesetzt und treibt wie ein Blatt auf dem Wasser dahin. Sollte es sich nicht um ein stehendes Gewässer handeln, wie zum Beispiel einen Teich, sondern um ein fließendes, dann wird es mit der Strömung fließen. Selbst der Wind wird wenig Chance haben, es letztendlich davon abzuhalten, dorthin zu treiben, wohin die Strömung fließt.

Wenn Du Dir jetzt einmal klarmachst, was das für Dich in Deinem Leben bedeutet, dann bekommst Du bestimmt schon einige interessante Antworten auf Deine letzte „Ja, aber ...-Frage.“

Ich würde Dir übrigens empfehlen, daß Du Dir an dieser Stelle ein paar schriftliche Notizen machen würdest, anstatt weiterzulesen. Schließlich möchte ich, daß meine

Briefe eine Verbesserung in Dein Leben bringen und nicht nur eine vorübergehende aufbauende Lektüre sind.

Na, ist Dir einiges klar geworden?

Die nächste Frage ist nun: Wie können wir das Schiff in die Richtung bekommen, in die wir es haben wollen?

An erster Stelle müssen wir dem Schiff einen Kiel geben. Der Kiel ist nicht nur dafür da, damit unser Schiff nicht umkippen kann, sondern er bietet dem Wind einen Widerstand, damit es nicht so leicht abgetrieben wird. Dieser Kiel wird bei kleineren Booten übrigens Schwert genannt und ist auch wirklich dazu da, um gegen den Wind zu kämpfen.

Ein solches Schwert hast Du bereits kennengelernt. Es ist die Fähigkeit, „nein" sagen zu können. Denn wenn wir nicht „nein" sagen können, werden wir schnell vom Wind oder von der allgemeinen Strömung in eine Richtung getrieben, die wir in keinster Weise selbst beeinflussen.

Aber sich lediglich nicht abtreiben oder nicht mitreißen zu lassen, heißt noch lange nicht, daß wir irgendwo ankommen, wo es uns gefällt.

Damit der Kiel oder das Schwert auch funktionieren kann, brauchen wir noch ein Ruder; denn nur damit können wir das Schiff auch lenken. Das Schwert hilft uns also, nicht allzusehr abzutreiben, und mit dem Ruder können wir die Fahrtrichtung bestimmen - vorausgesetzt natürlich, daß wir Wind haben; denn ohne Wind funktioniert auch kein Ruder! Ich möchte also, daß Du heute klar erkennst, daß wir einen gewissen Wind brauchen und daß kein Wind absolute Langeweile bringt.

Sag Deinem „Ja, aber ...“ also:

„Mein liebes ‚Ja, aber ...‘, bevor ich mich darüber ärgere, daß ich immer wieder abgelenkt werde, möchte ich mir darüber klar werden, daß alle meine Mitmenschen Wind für mich bedeuten. Wenn es keine Mitmenschen geben würde, würde ich für mein Lebensschiff auch keinerlei Wind haben, und es wäre mir schon nach wenigen Tagen absolut langweilig.

Natürlich kann ich mir den Wind nicht aussuchen, aber ich kann lernen, damit umzugehen. Ja, ich kann sogar lernen, den Wind für mich zu nutzen.

Heute will ich also dankbar für meine Mitmenschen sein und will von nun ab immer besser lernen, sie richtig einzuschätzen, damit ich von vornherein weiß, ob ein Sturm oder eine Flaute auf mich zukommt.“

Kannst Du nicht im Nachhinein sagen, daß es für jeden Menschen viel Grund zur Dankbarkeit gibt, der bisher für Wind in Deinem Leben gesorgt hat?

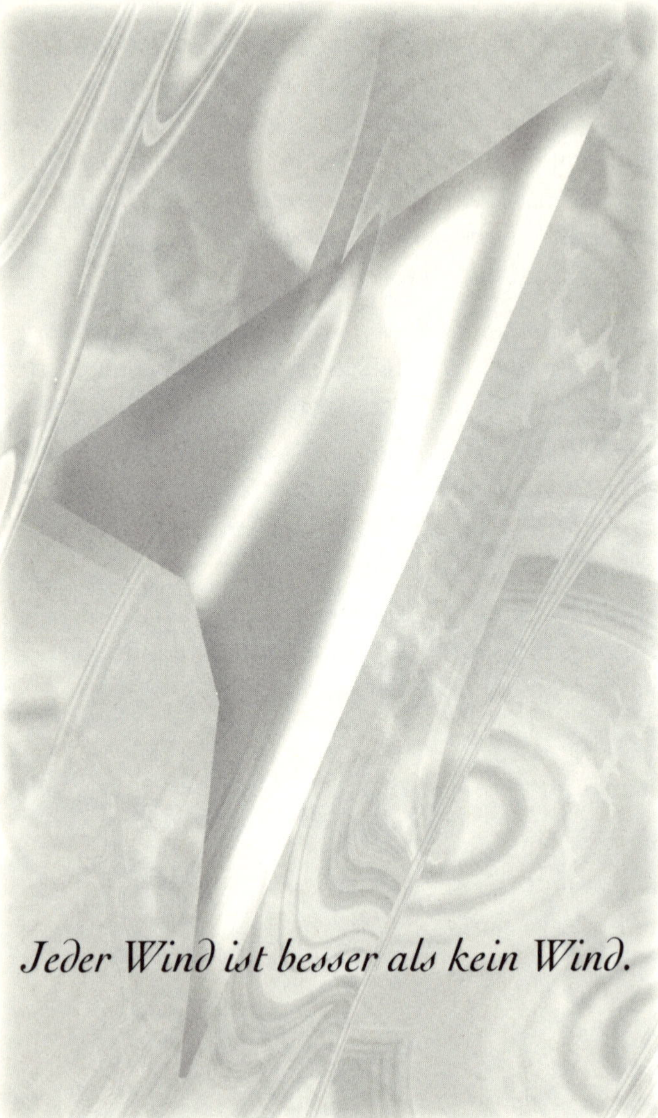
Jeder Wind ist besser als kein Wind.

7. Woche, Dienstag

Als ich im April 1982 bei 4 Grad Ostsee-Wasser-Temperatur windsurfen lernte, war ich natürlich hochmotiviert, nicht ins Wasser zu fallen. Somit war ich ebenfalls hochmotiviert, soviel wie möglich zu lernen, bevor ich überhaupt aufs Wasser ging.

Ich saugte also jeden kleinen Hinweis meines Windsurflehrers in mich auf.

„Schau nicht in das Segel und auch nicht darauf, wie Du es hältst, sondern einzig und allein auf das Ziel nach vorn.“

Vorab hat er mir erklärt, auf welches Ziel ich mich aufgrund der herrschenden Windrichtung ausrichten kann. Denn direkt gegen den Wind zu fahren, ist auch im Zeitalter der computer-berechneten Segel nicht möglich.

Ich sollte also auf mein Ziel schauen und mich in keinster Weise davon ablenken lassen.

Nachdem ein Windsurfbrett kein Ruder hat, wird hier mit der Position des Segels gelenkt - Segel nach vorn, und schon dreht die Brettspitze weg vom Wind - Segel nach hinten, und schon dreht das Brett mit der Spitze in den Wind - kein Problem. Natürlich war ich mehr als einmal versucht, mein Auge vom Ziel zu nehmen und stattdessen auf meine Hände, auf das Segel, auf das Brett oder sogar ängstlich ins Wasser zu schauen, wo mich ein kaltes Vollbad erwartet hätte.

„Nach vorn!“ hörte ich ihn rufen, und irgendwann hatte ich es auch begriffen. Ich brauchte also nur nach vorn aufs Ziel zu schauen, und meine Arme bewegten das

Segel bei jeder kleinen Kursabweichung fast automatisch in die richtige Richtung, um das Segel in die Position zu bringen, die mich wieder auf den Kurs brachte.

Der Wind flaute ab, und ich merkte, daß es unmöglich wurde, die Richtung zu halten, überhaupt Fahrt zu machen und mich zu orientieren; denn ohne Wind kann kein Segel richtig gesetzt werden.

Wenn Babies kaum Kontakt zu anderen Menschen haben, wie zum Beispiel in überfüllten Waisenhäusern in Dritte-Welt-Ländern, wenn diese Babies also so gut wie keine Resonanz von anderen bekommen, dann steigt die Sterblichkeitsrate auf über 85 %!

Damit wir wissen, wie wir bei anderen ankommen, was richtig und falsch, erwünscht und unerwünscht ist, brauchen wir besonders im Babyalter die Reaktion von anderen.

Wir brauchen also Wind vom ersten Tag an, ansonsten können wir uns nicht ausrichten und wissen nicht, wohin es gehen soll. Mit anderen Worten also: Das Leben hätte keinen Sinn, und der Überlebens-Trieb würde abschalten.

Ich möchte also, daß Du Dir dies noch einmal deutlich machst. Wir können sogar stürmische Zeiten von Beginn an überleben, aber wir kommen nicht ohne Wind aus.

Beim Windsurfen müssen wir also darauf achten, daß wir das Ziel im Auge behalten und nicht stattdessen zu sehr auf das schauen, was zu tun ist.

Vielleicht verstehst Du nun besser, wenn ich manchmal sage: „Wer acht Stunden am Tag arbeitet, hat keine Zeit mehr zum Geld-Verdienen.“

Ich könnte auch sagen: „Wer seine Ziele aus den Augen verliert, dem nützt das ganze Arbeiten nicht viel.“

Was ist also an erster Stelle zu tun, wenn wir uns nicht ablenken lassen wollen?

Machen wir es am besten wie beim Windsurfen: Fassen wir ein erreichbares Ziel ins Auge, und lassen wir uns nicht davon ablenken.

Also erstens muß es ein erreichbares Ziel sein. Beim Segeln kann man nicht direkt in den Wind fahren, sondern man muß, um ein Ziel zu erreichen, das voll im Gegenwind liegt, schräg in Richtung Ziel fahren, um dann irgendwann zu drehen und in entgegengesetzter Richtung wieder schräg auf das Ziel zuzufahren.

Genauso ist es im Leben.

Wenn wir uns nur Ziele stecken, die mit Rückenwind zu erreichen sind, dann werden wir erstens nie lernen, wie man mit Gegenwind klarkommt, und zweitens brauchen wir uns nicht zu wundern, wenn außer uns die große breite Masse ebenfalls in dieselbe Richtung fährt. Dagegen ist im Grunde genommen nichts einzuwenden, aber sich ein Ziel zu stecken, nur weil es leicht zu erreichen ist, hat einen Nachteil: Es bringt uns keinerlei Erfolgserlebnisse und somit auch kein Selbstvertrauen; denn wir werden dann nur an die Ziele glauben können, die in Windrichtung liegen.

Wenn ich gefragt werde, was der auffallendste Unterschied zwischen einem erfolglosen und einem erfolgreichen Menschen ist, dann meine ich, sind es die beiden Einstellungen: „Das schaffe ich sowieso nicht“, und „Das kriege ich auch noch geregelt.“

Und um sich diese gewinnbringende Einstellung „Das kriege ich auch noch geregelt“, anzueignen, brauchen wir ab und zu Wind - viel Wind.

Denn wenn ich schon des öfteren einen Sturm überstanden habe, dann kann ich auch daran glauben, daß mir der nächste Sturm ebenfalls nichts anhaben wird.

Ich weiß, daß ich überleben und überstehen werde, und ich weiß, daß mich meine Erfahrung vorbereitet hat und die kommende Erfahrung noch fähiger machen wird.

Sag Deinem „Ja, aber ...“ also:

„Mein liebes ‚Ja, aber ...‘, ich möchte nicht, daß ich mir keinen Wind wünsche. Stattdessen möchte ich, daß ich mir nicht nur Wind wünsche, sondern vor allen Dingen hinzulerne, damit ich für jede Art von Wind immer fähiger werde.

Ich möchte, daß ich den Wind immer besser einschätzen kann. Und vor allen Dingen möchte ich, daß ich den Wind für mich nutzen kann.

Somit werde ich mehr und mehr Selbstvertrauen aufbauen und immer mehr zu der inneren festen Überzeugung kommen, daß ich alles geregelt bekommen werde, was auf mich zukommt.

Es geht mir nicht darum, den Sturm herauszufordern, sondern darum, meine Ziele zu erreichen. Wenn ich zu oft im Hafen bleibe, werde ich nicht fähiger, und wenn ich mich zu weit auf das Meer wage, ohne vorher die entsprechenden Erfahrungen gesammelt zu haben, wird es zu unberechenbar und gefährlich für mich.“

Wenn Du Dir Dein bisheriges Leben anschaust und feststellst, daß Du bisher nicht im Sturm des Lebens umgekommen bist, kannst Du dann nicht aus tiefer Dankbarkeit sagen, daß es irgend jemanden gegeben haben muß, der Dich stets auf sicheren Wegen geführt hat?

Egal, was kommt,
das kriege ich auch noch geregelt!

7. Woche, Mittwoch

Was für Dich ein erreichbares Ziel ist, das mußt Du natürlich selbst für Dich herausfinden, am besten aufgrund von diesen zwei Fakten:

Schau Dir als erstes an, was Du bereits alles erreicht hast. Und nun wird Dir klar, wie Dir die Dankbarkeit wieder zu Hilfe kommt. Wenn Du Dir nämlich Deine Erfolge in der Vergangenheit dankbar bewußt gemacht hast, dann hat dies auch Dein gesundes Selbstvertrauen gestärkt, und Du kannst an ganz andere realistische Ziele glauben, als wenn Du Deine Erfolge immer nur unter den Teppich gekehrt hättest.

Und zweitens solltest Du in Betracht ziehen, daß Du Deine zukünftigen Ziele nicht nur mit Hilfe Deiner vergangenen Erfahrungen erreichen kannst, sondern auch mit den Erfahrungen, die Du ab heute noch machen wirst.

Zusätzlich kannst Du noch Deine Motivation in die Waagschale werfen. Je motivierender das Ziel für Dich ist, umso mehr geistige Kräfte kannst Du auch mobilisieren.

Vielleicht hast Du zufällig auch den um die ganze Welt gehenden Bericht im Fernsehen mitverfolgt, als ein Hubschrauber in einen Graben abstürzte und der Pilot mit dem Kopf unter Wasser eingeklemmt war. Sein Freund kam unverzüglich zur Rettung und hob den über eine Tonne wiegenden Hubschrauber zumindest so weit an, daß er den Piloten befreien und retten konnte. Hätte ihn irgend jemand mit einer weniger wichtigen Sache ablenken können? Ich glaube, daß es sich nicht einmal jemand gewagt hätte!

Es gibt übrigens zig ähnliche Berichte, die uns aufzeigen, was Motivation und Entschlossenheit ausmachen können, aber darauf komme ich später noch.

Heute geht es mir darum, Dir aufzuzeigen, was Du zu tun hast, damit Du Dich nicht ablenken läßt.

Also, ein Ziel zu haben und das Ziel nicht aus den Augen zu verlieren, sind die besten Grundvoraussetzungen.

Nichts Neues?

Aber tust Du es auch?

Hast Du ein Ziel, für das es sich lohnt?

Hast Du Dein Ziel im Auge?

Motiviert es Dich nach wie vor?

Kannst Du daran glauben, daß Du es innerhalb eines bestimmten Zeitraumes auch erreicht haben wirst?

Der Grund, warum bei so vielen Menschen der Zufall eine große Rolle in ihrem Leben spielt, ist der, daß sie keine lohnenswerten Ziele haben. Anstatt selbst Ziele erreichen zu wollen, werden sie stattdessen vom Zufall erreicht.

Je mehr wir uns auf unsere Ziele ausrichten, umso weniger sind wir vom Zufall abhängig. Kannst Du Dir vorstellen, mitten im Fußballspiel auf einen Spieler zuzugehen, der gerade mit dem Ball aufs gegnerische Tor stürmt, und ihm ein Sonderangebot für eine Wohnzimmereinrichtung anzubieten?

Er ist so mit seinem Ziel - ein Tor zu schießen - beschäftigt, daß keiner auch nur im entferntesten auf die Idee kommen würde.

Nochmal, keiner würde auch nur auf die Idee kommen, ihn mit irgend etwas abzulenken!

Wieviele Leute kommen auf die Idee, Dich abzulenken?

Könnte die Antwort nicht darin zu suchen sein, daß Du nicht genug „Zielerreichungs-Energie“ ausstrahlst?

Oder würde sich unser Stürmer davon ablenken lassen, wenn jemand einen 10-Mark-Schein auf den Rasen werfen würde?

Wie oft läßt Du Dich von Dingen ablenken, die nicht in Dein Konzept, in Deine Zielerreichung passen?

Wenn jemand verliebt ist und es auf einen bestimmten Menschen abgesehen hat, dann könntest Du ihm 20 andere anbieten, die er leichter haben könnte, wäre er daran interessiert?

Ablenkung hat etwas damit zu tun, wie wichtig die Angelegenheit für uns ist, mit der wir uns gerade beschäftigen. Und wenn wir keine Ziele haben, die uns wichtig sind, dann kommt Herr Zufall und lenkt uns mit allen möglichen und unmöglichen Dingen ab.

Das funktioniert übrigens auch, wenn Du nicht mehr wirklich an Deine Ziele glauben kannst.

Wir haben einen Nachbarn, der für uns alle kleinen Reparaturen und Aufräumarbeiten erledigt. Er ist in den 60ern und träumt immer noch davon, auf die schnelle Art und Weise Millionär zu werden. Es vergeht kaum ein Monat, in dem er mir nicht von irgendeiner neuen Möglichkeit erzählt, wie er endlich reich werden kann. Er ist ein zuverlässiger und ausgezeichneter Arbeiter, sympathisch und immer gut drauf. Er hat im Laufe seines

Lebens „gutes Geld“ verdient und ist es immer wieder losgeworden, weil er es in irgendwelche seltsamen Investitionen gesteckt hat, die nach kurzer Zeit wieder in die Hose gegangen sind.

Sobald wir nicht mehr an unsere Zielerreichung glauben, suchen wir Strohhalme, Abkürzungen und sind somit für den Zufall offen. Natürlich ziehen wir damit Leute an, die ein Gespür dafür haben, wer bereit ist, ein hohes Risiko einzugehen, vorausgesetzt, die Versprechungen sind auch hoch genug.

Unsere Mitarbeiter haben es deshalb nicht gerade leicht, unsere Seminare zu verkaufen, weil sie keinerlei Versprechungen machen dürfen. Wir können und wollen keinem etwas versprechen.

Sag Deinem „Ja, aber ...“ also:

„Mein liebes ‚Ja, aber ...‘, *ich möchte mir heute klar darüber werden, was mir für heute wirklich wichtig ist, und mir jeden Tag einige kleine Ziele stecken, damit ich wenigstens jeden Tag das erreiche, was wirklich wichtig ist. Es geht nicht darum, mir vorzunehmen, daß ich mich nicht mehr ablenken lassen will, sondern darum, daß ich so viel ‚Zielerreichungs-Energie‘ ausstrahle, daß schon in kurzer Zeit keiner mehr auf die Idee kommt, mich unterbrechen oder ablenken zu wollen! Heute will ich mich und meine Ziele wichtig nehmen.“*

Willst Du Dich von nun an weiterhin in Deinem Leben von Kleinigkeiten und Unwichtigkeiten ablenken lassen, oder willst Du Dir Ziele stecken, die Dich mit Dankbarkeit erfüllen werden, sobald Du sie erreicht hast?

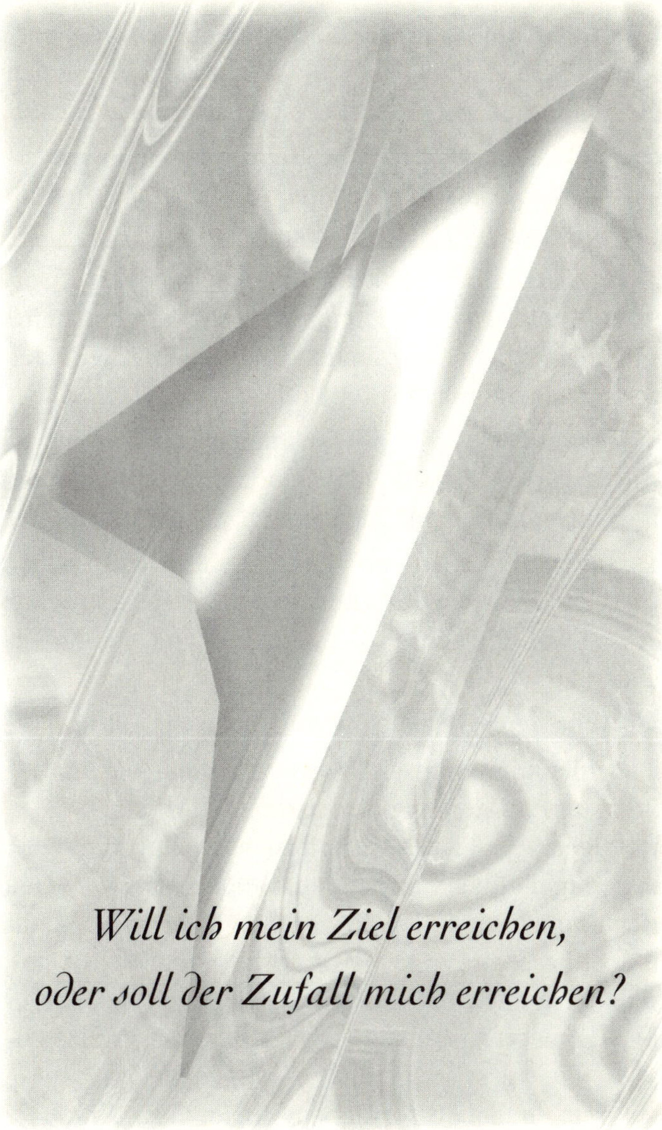

Will ich mein Ziel erreichen,
oder soll der Zufall mich erreichen?

7. Woche, Donnerstag

Ich möchte Deine Aufmerksamkeit heute nochmal auf das größte Geheimnis der Dankbarkeit lenken, nämlich selbst dafür zu sorgen, daß Du dankbar sein kannst.

Wenn sich jemand für eine bestimmte Meinung entschlossen hat, dann wird er seine Aufmerksamkeit auf all das lenken, was ihm seine Meinung bestätigt.

Ein Raucher, der das Rauchen nicht aufgeben will, wird sich an Menschen orientieren, die noch mehr rauchen als er und dennoch einen gesunden Eindruck machen oder bereits in einem hohen Alter sind.

Ein Nichtraucher, der das Rauchen haßt, wird seine Aufmerksamkeit auf alle lenken, die ihre Gesundheit mit dem Rauchen ruinieren oder ruiniert haben.

Ich kann mich noch gut an meinen Lehrmeister erinnern, der so sehr von seinem Kleinwagen begeistert, ja schon besessen war und kein Problem damit hatte, persönlich kritisiert zu werden.

Aber wehe, jemand sagte etwas gegen sein Auto ...

Wir werden immer unsere Meinung haben, und wir werden unsere Meinung bis zu einem gewissen Grad verteidigen. Aus diesem Grund ist es wichtig, daß wir uns früh genug darüber klar werden, welche Art von Meinungen wir vertreten wollen. Wir sollten uns also zu Meinungen oder besser gesagt zu Werten entschließen, die uns und der Gemeinschaft dienen und die in unsere Zielsetzung oder noch besser: in unsere Vorstellung vom Leben passen, wie wir unser Leben verbringen wollen. Auf der einen Seite brauchen wir Lebens-Ziele, die uns motivieren, Spaß machen und uns Sinn geben, und auf der anderen Seite müssen wir uns zu einem Stil entscheiden, wie wir diese Ziele erreichen wollen - aber darüber später.

Es geht also darum, uns Ziele zu stecken, die uns mit Dankbarkeit erfüllen, wenn wir sie erreicht haben. Nachdem unser Leben keine 600 Jahre dauert und wir nicht alles im Leben tun und erreichen können, sollten wir uns ein wenig Zeit nehmen und in uns hineinhören, um die Ziele für uns herauszukristallisieren, die uns erfüllen, uns Sinn geben und somit aus unserer Sicht lohnenswert sind.

Wenn wir es mit der Dankbarkeit zur Meisterschaft bringen wollen, dann sollte es uns gelingen, am Ende unseres Lebens mit tiefer Dankbarkeit und Erfüllung auf unser Leben zurückblicken zu können.

Damit uns dies gelingt, müssen wir dies vorher jeweils am Ende eines Jahres und wiederum vorher jeweils am Ende eines Monats und wiederum vorher jeweils am Ende einer Woche und wiederum vorher jeweils am Ende eines Tages erreichen.

Und damit wir das tatsächlich erreichen und nicht nur dem Zufall überlassen, brauchen wir lohnenswerte Ziele, für deren Erreichung wir dankbar sein werden.

Ich habe mir dafür einmal eine Aufstellung gemacht, was ich am Ende meines Lebens erreicht haben will. Nach 10 Jahren, nach 5 Jahren, nach 2 Jahren und nach 6 Monaten.

Unsere erste Liste hat sich lange vorher erfüllt, und viele Ziele sind heute zum Lebens-Stil geworden. So freuen wir uns nach wie vor darüber, daß wir es geschafft haben, zweimal im Jahr Sommer haben zu können - einmal in

Neuseeland und einmal in Kanada. Das erfüllt uns ganz besonders immer dann mit Dankbarkeit, wenn die Tage kürzer und grauer werden.

Ich möchte also, daß Du Dir am kommenden Wochenende einmal klar darüber wirst, was Deine Ziele sind.

Wie wichtig ist Gesundheit?

Was kannst Du täglich dafür tun?

Wie wichtig ist Dir Partnerschaft?

Was kannst Du täglich dafür tun?

Wie wichtig ist Dir Deine Aufgabe?

Was kannst Du täglich dafür tun?

Wie wichtig ist Dir Deine finanzielle Situation?

Was kannst Du täglich dafür tun?

Wie wichtig ist Dir die Umgebung, wo Du wohnst?

Was kannst Du täglich dafür tun, das Ideal zu erreichen?

Wie wichtig ist es Dir, die Welt kennenzulernen?

Wo möchtest Du auf jeden Fall gewesen sein?

Was möchtest Du auf jeden Fall noch erlebt haben?

Und nachdem Du Dir darüber klar geworden bist, was Du in einigen Jahren erreicht oder erlebt haben willst, möchte ich, daß Du Dir auch schriftlich festhältst, wie Deine Zwischen-Ziele auszusehen haben, damit dies alles Realität werden kann.

Und schreib vor allen Dingen auch auf, wie Deine täglichen Schritte dafür auszusehen haben; denn schließlich geht es darum, täglich dankbar sein zu können. Nur wenn wir tägliche Erfolgserlebnisse haben, werden wir daran glauben können, unsere Wochen- und Monatsziele zu erreichen, und nur wenn wir monatliche Erfolgserlebnisse haben, werden wir auch an unsere langfristigen Ziele glauben können.

Also noch einmal: Das Geheimnis der Dankbarkeit besteht darin, selbst alles zu tun, was dazu beiträgt, daß wir unsere Ziele auch erreichen, für die wir dankbar sein werden!

Nur dankbar für das zu sein, was uns in den Schoß fällt, und darauf zu hoffen, daß dies so bleibt, heißt, unser Leben dem Zufall zu überlassen.

Sag Deinem „Ja, aber ...“ also:

„Mein liebes ‚Ja, aber ...‘, ich möchte ab heute mein Leben nicht länger dem Zufall überlassen und mir stattdessen Ziele stecken, die mich bei Erreichung mit Dankbarkeit erfüllen werden. Ich möchte bei meinen Zielen deshalb das in den Mittelpunkt stellen, was wirklich zu mir paßt, und will mich nicht von dem ablenken lassen, was andere für erstrebenswert finden. Ich finde das am besten heraus, indem ich mir darüber klar werde, was mich auch in der Vergangenheit mit Dankbarkeit erfüllt hat.“

Mach Dir einmal in der Tiefe Deines Herzens bewußt, daß Du in einem Universum leben darfst, in dem Du die Freiheit hast, Dir Ziele stecken zu dürfen, die zu Dir passen und die Dich mit Dankbarkeit erfüllen werden. Ist es nicht wunderbar, ein freies Geschöpf in diesem Universum sein zu dürfen?

Wenn ich täglich dankbar sein will,
dann muß ich mir Ziele stecken,
deren Erreichung
mich mit Dankbarkeit erfüllen.

7. Woche, Freitag

Ich möchte noch einmal auf das Beispiel vom Segeln zurückkommen und einiges zusammenfassen.

Damit Leben Spaß macht und wir dennoch voran kommen, ist es wichtig, daß wir Wind haben, und das sind Situationen, an denen wir lernen können, die uns fähiger machen und deren Meisterung uns Selbstvertrauen geben, damit wir auch mit stürmischen Situationen klarkommen.

Wir können jedoch nicht direkt gegen den Wind segeln. Das heißt, daß es Situationen gibt, die schlicht und einfach unmöglich auf dem direkten Weg zu erreichen sind - genauso, wie es unmöglich war, direkt zum Mond zu fliegen und auf ihm zu landen. Stattdessen blieb ein Raumschiff in einem Mond-Orbit, und das andere koppelte ab, um auf dem Mond zu landen. Beim Segeln heißt dies, schräg gegen den Wind aufzukreuzen. Es ist zwar nicht immer auf dem direkten Weg möglich, aber mit Hartnäckigkeit, Entschlossenheit und dem „Gewußt Wie“ kein wirkliches Problem. Außerdem macht es Spaß, sobald man es beherrscht - es gehört einfach dazu.

Mit anderen Worten, wenn ich ein sinnvolles und lohnenswertes Ziel habe, dann werde ich mich kaum ablenken lassen.

Ich sehe also das beste Mittel gegen Ablenkung darin, daß ich von mir sagen kann: „Ich weiß genau, was ich will!“ Solange ich nicht genau weiß, was ich will, darf ich mich nicht wundern, daß ich nicht genügend „Ziel-Erreichungs-Energie“ ausstrahle (ich habe dieses Wort in dieser Woche erst erfunden und möchte es noch mit dem Wort „Ziel-Anziehungs-Energie“ ergänzen) und somit stattdessen ausstrahle, daß ich für Ablenkung empfänglich bin. Ich habe diese Ziel-Erreichungs-Energie mit dem Schwert oder Kiel verglichen, das ebenfalls dafür gebaut ist, um nicht allzusehr vom Kurs abzutreiben. Zusätzlich habe ich vom Ruder gesprochen, das erst funktioniert, wenn Strömung anliegt, und das ist nur bei Wind der Fall. Ohne Wind keine Bewegung und keine Steuermöglichkeit. Um auch ins Ziel zu kommen, muß ich es bei kurzen Strecken direkt im Auge behalten oder bei längeren Fahrten einen Kompaß benutzen, damit ich sehe, wo es langgeht.

Natürlich brauchen wir auch ein Segel; denn das ist der Motor. Und nur wenn ich weiß, von wo der Wind weht und wo ich hinfahren will, weiß ich auch, wie ich meine Segel zu setzen habe. Mit anderen Worten, wir brauchen Erfahrung, und Erfahrung bekommen wir nur, wenn wir segeln und nicht wenn wir nur im Hafen liegen bleiben und schlaue Bücher lesen.

Bei Rückenwind ist das eine ganz einfache Sache. Ich kann die Leine loslassen, das Segel bläst sich im Wind auf, und das Boot treibt geräuschlos mit guter Fahrt voran. Kommt der Wind von der Seite, müssen wir die Segel schon zur Hälfte dicht holen, und das bedeutet Arbeit und Anstrengung. Aber es bringt uns auch schneller vorwärts, wir können sogar schneller als der Wind segeln. Wollen wir jedoch gegen den Wind „aufkreuzen", dann müssen wir unsere Segel so dicht wie möglich holen, und das bedeutet Anstrengung und Konzentration. Sobald wir zu dicht gegen den Wind fahren wollen, bleiben wir stehen und fahren evtl. sogar rückwärts.

Die Fragen, die ich Dir nun also zum Wochenende überlassen möchte, sind die, was dies für Dich in Deinem Leben bedeutet. Herauszufinden, was Du noch alles erreichen und erlebt haben willst, steht schon auf dem Plan.

Frag Dich zusätzlich, ob Du es auch als sinnvoll empfindest, ob Du daran glauben kannst, wann Du es erreicht haben willst, ob Du bereit bist, den Preis zu zahlen (in Form von Zeit, Energie und Geld), ob Du es ethisch vertreten kannst, ob es anderen nützt und vor allen Dingen, ob es Dir Spaß macht. Der beste Test dafür ist der, daß Du es auch dann tun würdest, wenn Du bereits eine oder mehrere Millionen auf dem Konto hättest.

Ich weiß, daß ich mich wiederhole, aber ich möchte Dir das wichtigste Geheimnis der Dankbarkeit noch einmal klar vor Augen führen.

Wenn Du Dir am Wochenende aufschreibst, was Du noch alles erreichen und erlebt haben willst, dann schreib nur auf, was Dich mit Dankbarkeit erfüllen wird, wenn Du es erreicht oder erlebt hast, und dann tu alles dafür, damit Du diese Dankbarkeit verwirklichen kannst.

Ich höre immer wieder Menschen zu mir sagen: „Ich habe nichts, wofür ich dankbar sein könnte.“

Bring die Selbstverständlichkeiten in Relation zu allem anderen in Deinem Leben, und dann sorge selbst dafür, daß Du das erreichst und erlebst, was Dich anschließend mit Dankbarkeit erfüllen wird!

Sag Deinem „Ja, aber ...“ also:

„Mein liebes ‚Ja, aber ...‘, ich möchte nicht nur Wind in meinem Leben haben, sondern ich möchte den Wind auch immer besser verstehen. Ich möchte erkennen, von wo er kommt, ich möchte rechtzeitig erkennen, wie stark er ist, ich möchte an der Oberfläche des Wassers schon in der Ferne ablesen können, wo eine Bö zu erwarten ist, und ich möchte lernen, den Wind für mich zu nutzen.

Ich möchte auch lernen, die Segel richtig zu setzen, und vor allen Dingen werde ich ab heute mein Ziel im Auge behalten. Ich will mich nicht mehr von Kleinigkeiten und auch nicht von ‚Bangemachern‘ und ‚Dünnbrettbohrern‘ ablenken lassen. Ich will das tun, was mich mit Dankbarkeit erfüllt, ich will mein Bestes geben, damit ich für mich der Beste sein kann. Ich will mit meiner Meisterschaft mir und anderen eine Freude sein.

Ab heute werde ich mehr und mehr mein eigenes Leben leben und werde meine Lebensgefährten rechtzeitig in meine Zielsetzung integrieren, damit meine Energie nicht geteilt, sondern vervielfacht wird.“

Wenn Du Dir nun vorstellst, daß Du von heute an Kurs auf das nimmst, was Dir Freude macht, erfüllt Dich dies nicht mit tiefer Dankbarkeit?

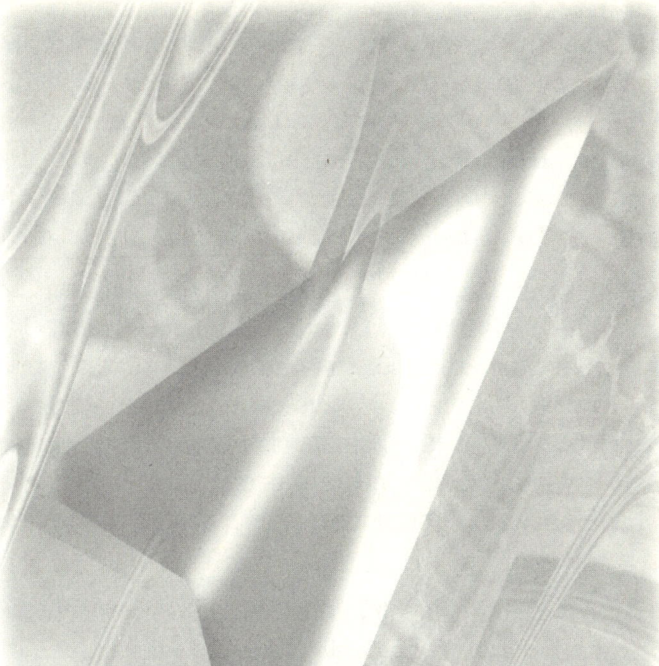

Ich werde meine Ziele mit denen abstimmen,
mit denen ich mein Leben gemeinsam verbringen will;
denn ein gemeinsames Ziel verdoppelt die Energie, es zu erreichen.

Lieber Alfred,

Du hast mir mein „Ja, aber ..." sehr klar beantwortet, und ich ahne schon, daß es noch einige Zeit dauern wird, bis ich die Tragweite Deiner Antwort verstehe. Jeder spricht zwar von Zielsetzung, aber ich habe bisher nur wenige, um nicht zu sagen, noch keinen Menschen kennengelernt, der dies so konsequent wie Du und Gisela umgesetzt hat.

Aber ich kann daran auch erkennen, wie lohnenswert es sein muß; denn nachdem Dein Leben in den ersten 30 Jahren ja nicht so rosig aussah und Du in keinster Weise irgendwelche sichtbaren Voraussetzungen hattest, Dir das Traumleben aufzubauen, um das Du heute von vielen beneidet wirst, hast Du mir Mut gemacht, daß ich auch noch viel mehr aus und mit meinem Leben machen kann und werde.

Ich habe hoffentlich auch in dieser Woche begriffen, daß es nicht nur darum geht, dankbar für das zu sein, was mir in den Schoß fiel, sondern selbst mein Bestes zu geben, damit ich das erreiche und erlebe, was mich mit Dankbarkeit erfüllen wird. Du hast damit mit einem einfachen Satz Erfolg und Erfüllung unter einen Hut gebracht und somit vereint, was viele bisher als nicht vereinbar angesehen haben, nämlich Spiritualität und ein handfestes Leben in der Materie.

Mein „Ja, aber ..." bezieht sich in dieser Woche auf die Leute, die sehr zielstrebig sind, auch viel erreichen, aber dennoch kein erfülltes Leben finden. Es scheint also etwas zu fehlen, was ist es?

8. Woche, Montag

Anstatt Dir meine Meinung dazu zu sagen, möchte ich heute einmal große geistige Lehrer dazu zitieren, was sie uns an erster Stelle vermitteln wollten. Natürlich haben sie uns an erster Stelle, vor allen Dingen in den warmen Ländern, einige Gebote auferlegt, die der Hygiene und der gesunden Nahrung dienen, damit wir gesund und möglichst lange am Leben bleiben. Aber was die geistige Botschaft angeht, so können wir die Hauptlehre aller geistigen Lehrer etwa so zusammenfassen:

Handle so, wie Du behandelt werden möchtest.
Unabhängig davon, wie andere handeln.

Jesus sagte:
„Liebe Deinen Nächsten wie Dich selbst.“

Im Judentum heißt es:
„Was Du nicht willst, daß man Dir tu, das füg auch keinem anderen zu.“

Mohammed sagte:
„Der ist kein wahrhaft Gläubiger, der seinem Bruder nicht das Gleiche zudenkt und erweist, was er sich selbst zuliebe täte.“

Im Hinduismus heißt es:
„Füge Deinem Nachbarn nichts zu, was Du nicht von ihm erdulden möchtest.“

Im Buddhismus heißt es:
„Erweise anderen die gleiche Liebe, Güte und Barmherzigkeit, von der Du wünschst, daß sie Dir entgegengebracht werde.“

Im Taoismus heißt es:
„Betrachte Deines Nächsten Glück und Leid als Dein eigenes Glück und Leid, und trachte danach, sein Wohl wie Dein eigenes zu mehren."

Konfuzius sagte:
„Verhalte Dich anderen gegenüber so, wie Du von ihnen behandelt werden möchtest."
Und jetzt hör erst einmal tief in Dich. Spürst Du, daß dies auch als „Goldene Regel" in Dir selbst geschrieben steht?

Es gibt auch noch eine andere Quelle.

Inzwischen liegen viele Berichte von Menschen vor, die bereits „klinisch tot" waren. Diese Menschen hatten ihren Körper schon verlassen und berichten davon, daß sie auch ohne ihren Körper sehen und hören konnten. Einige dieser Berichte sind so überzeugend, daß auch Skeptiker keine „natürliche" Erklärung dafür finden, zumal das EEG absolut flach war und bei Halluzinationen oder Träumen stets ein Ausschlag zu sehen wäre.

Eines haben diese Menschen wiederum alle gemeinsam. Sie haben ihr Leben nach dieser Erfahrung geändert - entscheidend geändert!

Sie haben erfahren, daß sie nicht der Körper sind, sondern einen Körper haben, und sie haben „am eigenen Leib" erlebt, daß es auch ohne Leib geht, daß der Körper also nur ein Hilfsmittel ist, um sich in der materiellen Welt verständlich machen zu können. Sie konnten zwar hören und sehen, was in der materiellen Welt vorgeht, aber sie konnten nicht gehört werden.

Mir geht es nicht darum, ob diese Menschen nun wirklich tot waren oder nicht, sondern darum, daß sie auf jeden Fall eine tiefe spirituelle Erfahrung hatten, aufgrund derer sie ihr Leben anschließend völlig anders gesehen haben.

Und sie haben erfahren, daß der Sinn des Lebens nicht darin besteht, nur irgendetwas „auf die Beine zu stellen“, und auch nicht darin, nur etwas Großes zu leisten oder viel Geld zu verdienen.

Sie haben den Sinn des Lebens darin erkannt, sich auch in der Materie als liebevolle „Energiewesen“ ausdrücken zu wollen.

Aber nicht, indem sie „die Welt verbessern“ wollten, sondern indem sie täglich in kleinen Dingen liebevoller wurden. „Liebe Deinen Nächsten wie Dich selbst.“

Wir können durchaus im Reichtum leben und dennoch liebevoll sein.

Wir können also reich *und* liebevoll sein.
Wir können erfolgreich *und* liebevoll sein.
Wir können gesund *und* liebevoll sein.

Liebevoll zu sein, heißt auch: Zeit für den anderen haben; denn Zeit ist wertvoller als Geld.

Liebevoll zu sein, heißt auch: Verständnis für den anderen haben. Verständnis zu haben, erfordert nicht, daß Du Dir alles gefallen läßt, aber daß Du zumindest verstehst, daß der andere eine ganz andere Geschichte hinter sich hat, und daß, wenn Du diese Geschichte hinter Dir hättest, Du ihn auf jeden Fall verstehen würdest.

Höre und fühle jetzt einmal tief in Dich hinein, ob Du nicht schon immer geahnt hast, daß es so sein muß.

Es geht also nicht darum, lieb zu sein, sondern darum liebevoll zu sein.
Es geht nicht darum, sich anzupassen, sondern darum, den eigenen Weg zu gehen.
Es geht nicht darum, es anderen recht zu machen, sondern das zu tun, womit Du leben kannst.
Es geht nicht darum, der richtigen Glaubensgemeinschaft anzugehören, sondern darum, an Dich selbst (an Dein SELBST) zu glauben.
Es geht nicht darum, einen guten Eindruck zu machen, sondern darum, das zu tun, was Dich erfüllt und Deine Talente hervorbringt.
Es geht nicht darum, Dich möglichst leicht durchzuschlagen, sondern darum, Dich mit Deinen Talenten und Fähigkeiten einzubringen, um anderen einen Dienst zu erweisen, eine Freude zu bereiten oder das zu geben, was ihnen weiterhilft.

Wir sind mit unseren Mitmenschen auf einer Reise - auf einer Reise, die erst vorbei ist, wenn wir alle angekommen sind. Und so sind manche von uns - wir nennen sie meist Propheten oder Heilige - schon einige Schritte voraus und kommen zurück, um uns an den Stellen zu helfen, die für uns besonders beschwerlich sind. Sie wollen uns helfen und aufzeigen, wo die Brücken sind. Und es ist ein Teil unserer Aufgabe, denjenigen zu helfen, die jetzt noch die Brücken suchen, die wir bereits gefunden haben.

Aber noch einmal: Die Reise ist erst zu Ende, wenn wir alle angekommen sind. Kannst Du Dir vorstellen, daß auch Du das Bedürfnis hättest, den anderen entgegenzugehen, wenn Du angekommen bist?

Mach Dir heute klar, daß es den anderen am meisten hilft, wenn sie sehen können, daß Du Dich bereits auskennst und weißt, wo es langgeht. Aber sage Ihnen nicht, Du kennst den Weg, wenn Du ihn nicht schon selbst gegangen bist.

Sag Deinem „Ja, aber ...“ also:

„Mein liebes ‚Ja, aber ...‘, ich möchte nicht nur meine Ziele erreichen, sondern ich möchte meine Ziele so erreichen, daß ich dennoch jeden Abend in den Spiegel schauen und mir selbst ins Gesicht sehen kann.

Ich möchte nicht anderen heimzahlen, was sie mir angetan haben, sondern erkennen, daß sie mir etwas gegeben haben, was ich auch als konstruktiven Wert erkennen und nutzen kann. Ich möchte mich von nun an immer konsequenter an die ‚Goldene Regel‘ halten; denn mir wird immer klarer, daß ich nur das erhalten kann, was ich auch bereit bin zu geben. Und mir wird auch immer klarer, daß mir nur das wirklich gehört, was ich mir ethisch und zum Nutzen anderer verdient habe.“

Ist es nicht wundervoll, daß wir nicht zu vergelten brauchen, sondern uns ganz und gar darauf einstellen können, uns ethisch zu verhalten?

Kannst Du nicht dankbar sein, unter der Obhut solch wunderbarer geistiger Gesetzmäßigkeiten leben zu dürfen?

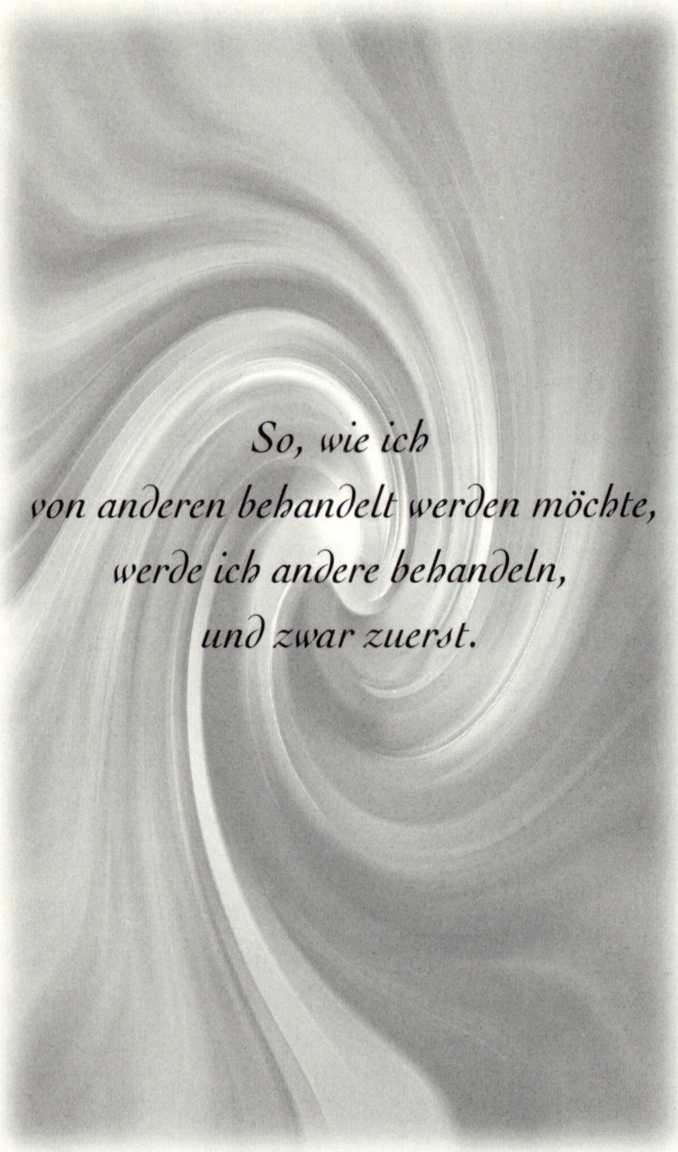

So, wie ich
von anderen behandelt werden möchte,
werde ich andere behandeln,
und zwar zuerst.

8. Woche, Dienstag

Mit Deinem letzten „Ja, aber ..." wolltest Du, daß ich Dir erkläre, warum manche Menschen trotz Zielstrebigkeit dennoch nichts erreichen oder wieder alles verlieren. Ich habe für mich in meinem Leben folgende Erfahrungen gemacht. Die Grundvoraussetzung, um an das zu kommen, was wir für uns als Erfolg und Erfüllung empfinden, ist, daß wir uns nur das als Ziel stecken, was zu uns paßt. Die meisten Menschen machen heute den Fehler, sich nach der Masse zu richten, nach dem was Mode ist, nach dem, was der Nachbar hat und vor allen Dingen, was die Medien als erstrebenswert hinstellen. Nach wie vor haben Kinder, die eine Brille oder eine Zahnspange tragen, ihre Schwierigkeiten damit. Und wer will schon Schuhe tragen, auf denen nicht ein bekannter Markenname zu sehen ist?

Der Kernpunkt ist also, für sich zu entscheiden, was einem wichtig ist, und das finden wir am besten heraus, wenn wir uns immer wieder anschauen, was uns in der Vergangenheit mit Dankbarkeit erfüllt hat. Dafür ist es notwendig, daß wir mit unseren Gefühlen nicht nur an der Oberfläche bleiben, sondern uns Zeit nehmen, regelmäßig tief in uns zu hören, bis wir spüren, was uns wirklich erfüllt.

Für uns ist dies nach wie vor ein täglicher Spaziergang am Strand, in einem Haus mit Blick in die Natur zu leben, viel Zeit miteinander zu verbringen und an einer sinnvollen gemeinsamen Aufgabe zu arbeiten. Natürlich mußten wir einen Preis dafür zahlen. Wir mußten das sichere Einkommen in Deutschland aufgeben und mit völlig neuen Voraussetzungen anfangen. Wir mußten auf vieles verzichten, was andere als unverzichtbar ansahen. Wir haben schon Anfang der 70er Jahre Zehntausende von Mark in unsere Persönlichkeits-Entwicklung investiert, als uns viele auslachten, die ihr Geld lieber für neue Möbel und Kleidung ausgaben und heute merken, daß sie absolut nicht besser mit ihrem Leben zurechtkommen.

Also, zusammengefaßt ist die wichtigste Voraussetzung die, daß wir für uns selbst herausfinden, was wir wirklich mit unserem Leben anfangen wollen. Stell Dir also immer wieder die Fragen: „Was will ich wirklich?“, „Was ist mir wirklich wichtig?“ und vor allen Dingen auch „Muß das (jetzt) sein?“ Mit der letzten Frage ist es uns gelungen, meinen Schuldenberg abzubauen und vor allen Dingen, uns immer wieder auf das Wesentliche zu konzentrieren.

Die zweite Voraussetzung ist die Einhaltung der „Goldenen Regel“.

Ich brauche eine etwas längere Erklärung dafür.

Also, unser Unterbewußtsein ist wie eine Videokamera. Es kann nur das wiedergeben, was es vorher wahrgenommen hat, und somit bekommen wir nur das zu sehen, was wir vorher aufgenommen haben. Außerdem ist diese Videokamera unsere ganz persönliche Videokamera. Sie nimmt die Welt so auf, wie wir sie aufnehmen wollen. Mit anderen Worten, wir bestimmen, auf was wir sie richten. Und wenn wir durch den Sucher schauen, dann bekommen wir nur genau diesen Ausschnitt aufs Bild. Weder das, was neben uns abläuft, noch das, was hinter uns abläuft, kommt aufs Bild, und wir werden es auch später beim Abspielen nie zu sehen bekommen - selbst wenn wir es hundertmal abspielen. Das, was sich nur in unseren Gedanken abspielt, wird von dieser Kamera aber ebenso aufgenommen, als wäre es Realität. Und je stärker ein Gedanke mit Gefühl „aufgeladen“ ist, umso klarer ist das Bild, das von der Kamera aufgezeichnet wird.

Unser Unterbewußtsein zeichnet aber nicht nur wie eine Videokamera auf, sondern fragt auch ständig, welche Art von Film wir zu sehen bekommen wollen! Und mit unseren gefühlsgeladenen Gedanken und Vorstellungsbildern sowie mit dem, worauf wir im Leben unsere Aufmerksamkeit richten, geben wir die Antwort darauf.

Aus diesem Grund ist die konsequente Zielsetzung von so großer Bedeutung; denn nur wenn wir wissen, was wir wollen, können wir davon ausgehen, daß wir unser Unterbewußtsein auf unsere Seite bekommen. In diesem Zusammanhang ist es übrigens interessant zu wissen, daß Menschen, die bereits im „Jenseits“ waren, erkannt haben, daß sie zwei Arten von Situationen bereuen. Erstens bereuen sie alle Situationen, in denen sie anderen Menschen Leid zugefügt haben, und zweitens bereuen sie, wenn sie nicht das erreicht und erlebt haben, was sie eigentlicht erlebt oder erreicht haben wollten.

Warum schaffen es viele Menschen nicht, ihr Traumleben zu führen?

Angenommen, ich will andere ausnutzen und denke mir, ich bin es wert, andere nicht. Dies wird von unserem Unterbewußtsein - das keinen anderen außer uns selbst kennt - folgendermaßen interpretiert: Ich bin es wert - ich bin es nicht wert. Das Ergebnis ist also gleich Null. Um das besser vorstellbar zu machen, wurde das Märchen von Aladin und der Wunderlampe erfunden, ebenso wie die vielen Märchen, in denen eine Märchenfee vorkommt. Es geht immer darum, daß jemand sich etwas wünschen kann. Wenn derjenige kein „guter" Mensch ist, dann vergeudet er seine Wünsche für Belanglosigkeiten, weil sie töricht sind, und wenn jemand ein „guter" Mensch ist, dann geht er sorgfältig damit um. Der Begriff „guter" Mensch stimmt übrigens interessanterweise immer damit überein, ob sich jemand weise oder töricht verhält.

Unser Unterbewußtsein ist eine solche „Wunderlampe", und damit wird noch klarer, was ich Dir über Zielsetzung vermitteln wollte.

Wer ist also töricht? Jemand, der nur an seinen eigenen kurzfristigen Vorteil denkt.

Er begreift nicht, daß ihm eines Tages wieder genommen wird, was er sich nicht wirklich verdient, sondern nur genommen hat.

Er begreift nicht, daß alles im Leben irgendwie bezahlt werden muß.

Er begreift nicht, daß er die Menschen, die er einst ausnutzte, eines Tages mit umgekehrten Vorzeichen in sein Leben geführt bekommt oder zumindest Menschen in seinem Leben eine Rolle spielen werden, die ihm das antun, was er anderen antat.

Alles in diesem Leben wird ausgeglichen, und niemand kann dem entrinnen.

Ein „guter“ Mensch hingegen weiß, daß alles im Leben „SEINEN“ Preis hat und daß das, was wir unseren Mitmenschen antun, wir uns an erster Stelle selbst antun. Ein „guter“ Mensch ist weise und vorausschauend genug, um seinem Leben damit Gehalt zu geben, seine Lebensaufgabe auch seinen Mitmenschen zu widmen; denn er weiß, daß das, was er anderen gibt, er sich an erster Stelle selbst gibt.

Ich sage nicht, daß jeder „gute“ Mensch automatisch reich ist, und ich sage nicht, daß jeder reiche Mensch automatisch „gut“ ist.

Sag Deinem „Ja, aber ...“ also:

„Mein liebes ‚Ja, aber ...‘, ich möchte, daß wir uns ab heute noch viel mehr darauf konzentrieren, was in unser Leben eintreten soll. Ich möchte, daß wir nicht länger Zeit und Energie verschwenden, uns mit den Dingen zu beschäftigen, die nicht sein sollen, sondern nur mit denen, die sein sollen. Die gesamte Energie, die ich verschwendet habe, mich mit nichtwünschenswerten Dingen zu beschäftigen, kann ich nun dafür verwenden, den Preis zu zahlen, den der Erfolg nun einmal kostet.

Ich möchte heute wieder selbst ein Mensch sein, dem ich am liebsten begegnen möchte.“

Ist das nicht wieder ein Grund mehr, dankbar für die Gerechtigkeit des Universums zu sein?

Heute will ich nicht töricht,
sondern weise sein,
und das wird sich in meinen
Entscheidungen wiederspiegeln,
die ich heute zu treffen habe.

8. Woche, Mittwoch

Du siehst also, daß wir bereits in vielen Märchen eine Antwort auf Deine Frage finden, und ich glaube nicht, daß wir unseren Kindern dasselbe mit auf den Weg geben, wenn wir sie nur dem Fernseher oder Comic-Heften überlassen.

Es geht also darum, daß wir andere so behandeln sollten, wie wir selbst behandelt werden möchten, und zwar - und das ist der schwierige Teil - völlig unabhängig davon, wie wir von anderen behandelt werden. Nein, ich sage es nochmal, Du brauchst Dir nicht alles gefallen zu lassen, und ich habe bereits zweimal darüber geschrieben, lies also gern noch einmal zurück (4. Woche, Mittwoch und 5. Woche, Freitag).

Unser Unterbewußtsein wird nicht daran glauben können, daß uns das Beste zusteht, wenn wir nicht das Beste geben. Es wird nicht daran glauben können, daß uns Freundlichkeit entgegengebracht wird, wenn wir nicht freundlich sind, und es wird nicht daran glauben können, daß uns Reichtum zusteht, wenn wir anderen keinen Reichtum gönnen. Du kannst diese Liste gern weiterführen und auf alle Bereiche des Lebens ausdehnen.

Ich habe nicht gesagt, daß die Umsetzung der Dankbarkeit einfach sein wird, aber es lohnt sich. Vor einigen Jahren haben wir uns Gedanken darüber gemacht, was uns noch fehlt, um unser Leben als perfekt anzusehen. Wir hatten bereits alle Ziele erreicht, wir lebten bereits eine Hälfte des Jahres in Kanada und die andere in Neuseeland, hatten also zweimal Sommer. Die Seminare liefen wie von selbst, wir erhielten nur noch begeisternde

Teilnehmerbriefe, und unsere Mitarbeiter waren gut motiviert und vor allen Dingen stets gut drauf. Das einzige, was mich noch wurmte, war, daß ich nicht immer einen ausgezeichneten Service bekam. Ich konnte mir schließlich kein Schild um den Hals hängen, auf dem geschrieben stand: „Ich halte mich an die ‚Goldene Regel', werde zu Ihnen freundlich sein, bezahle prompt und werde Sie weiterempfehlen."

Vor allen Dingen schien es keine Methode zu geben, die in allen Situationen funktionierte. Ich versuchte es immer „auf die Freundliche" und kann sagen, daß ich damit oft auch gut und richtig lag, aber lange nicht immer. Oft hatte ich auch das Problem, daß ich nicht ernst genommen wurde. In vielen Fällen bekam ich einen freundlichen Service, aber dafür keinen guten. Wie gesagt, das wurmte mich. Was mich aber auch wurmte, war, daß meine Frau sehr klar und direkt sagte, was sie wollte, und ebenso oft gut bedient wurde wie ich, aber auch nicht immer. Es gab also Menschen, die mit Glacé-Handschuhen anzufassen waren und andere mit eher ledernen Gartenhandschuhen. Die Frage war: „Wie kann ich sofort herausfinden, wen ich vor mir habe?"

Ich bin, wie gesagt, von Natur aus ein Mensch, der es erst einmal freundlich angeht. Ich möchte am liebsten mit allen Menschen gut auskommen und ging als Kind natürlich stets davon aus, daß andere auch dieses Bedürfnis haben. Natürlich mußte ich schon bald erkennen, daß dies nicht der Fall war, und verstand vor allen Dingen dann die Welt nicht, wenn mich andere Kinder aufzogen, ärgerten und schlagen wollten.

Eine Antwort auf meine Frage, warum das so war, erhielt ich erst beim Besuch meines ersten Klassentreffens im Alter von etwa 47 Jahren. Es gab zwei Jungen in der Klasse, die mich immer „aufs Korn nahmen“. Einer von ihnen war zum Alkoholiker geworden und kam nicht zum Treffen, weil er sich schämte. Der andere, der mir dies übrigens erzählte, erzählte mir auch, daß er mich deshalb nicht leiden konnte, weil er vom Lehrer stets Prügel bekam und ich nie. Er versuchte damals, mich stets in Situationen zu bringen, die mir auch Schläge eingebracht hätten, aber ich ließ mich nie allzusehr provozieren.

Er sah also auch im Alter von 47 noch nicht ein, daß er eine gerechte Strafe bekam und ich deshalb nie Prügel erhielt, weil ich auch nichts angestellt hatte.

Ich kapierte also endgültig, daß nicht jeder dieselbe Einstellung hat wie ich und daß es somit auch nicht funktionieren konnte, daß jeder freundlich reagiert, wenn er freundlich behandelt wird, und somit bekam die „Goldene Regel“ für mich eine erweiterte Bedeutung.

Ich fragte mich: „Wie will ich von anderen behandelt werden?“

Will ich es nur mit Menschen zu tun haben, die immer höflich und freundlich zu mir sind, egal, wie ernst die Situation auch ist?

Will ich Menschen begegnen, die mir zuliebe eine freundliche Miene aufsetzen, aber fachlich gesehen nicht kompetent sind?

Sag Deinem „Ja, aber ..." also:

„Mein liebes ‚Ja, aber ...', ab heute will ich es nicht mehr dem Zufall überlassen, wie ich behandelt werde. Deshalb will ich mir vorab klarmachen, was mir wirklich wichtig ist. Und nur wenn ich selbst weiß, was mir wichtig ist, kann ich auch ausstrahlen, daß ich selbst genau weiß, was ich will. Und nur wenn ich ausstrahle, daß ich weiß, was ich will, kann ich erwarten, daß ich auch ernst genommen werde."

Kannst Du nicht dankbar sein, daß Du selbst die Möglichkeit hast, das auszustrahlen, was Dir wirklich wichtig ist?

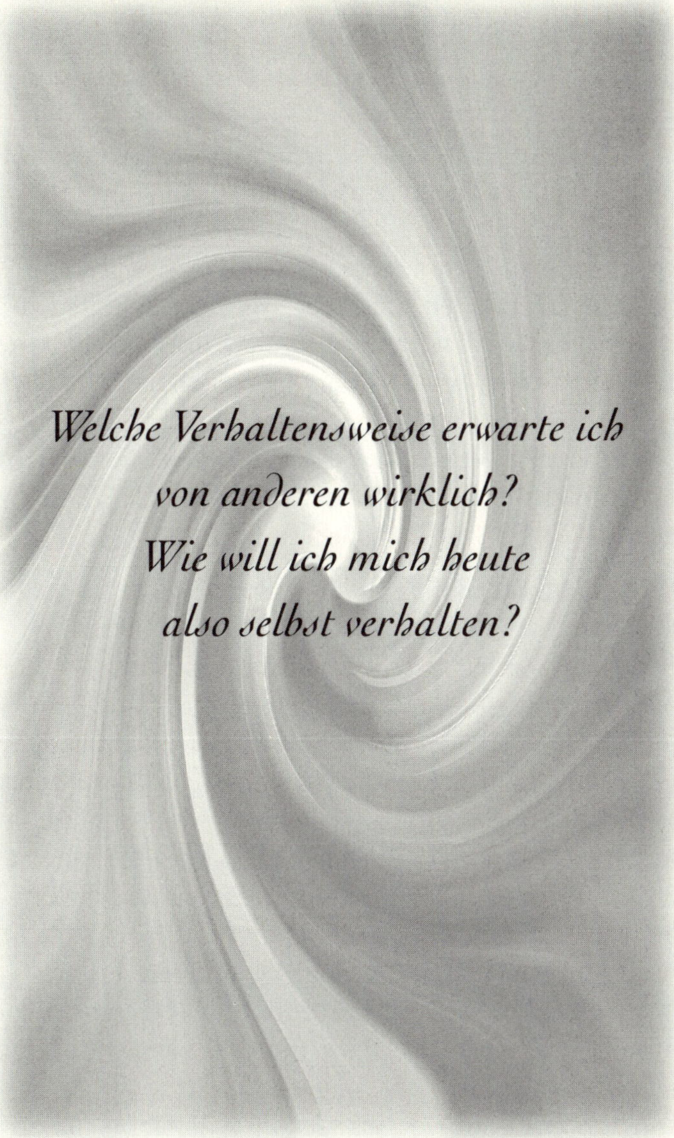
Welche Verhaltensweise erwarte ich
von anderen wirklich?
Wie will ich mich heute
also selbst verhalten?

8. Woche, Donnerstag

Bevor wir also nicht wirklich wissen, wie sich andere uns gegenüber verhalten sollen, haben wir auch keinen Grund, uns darüber aufzuregen, wie diese sich verhalten. Und solange wir uns nicht stets so verhalten, wie wir es von uns und von anderen erwarten, haben wir immer noch keinen Grund, uns über andere zu beschweren. Und sobald wir uns so verhalten, wie wir dies von uns und von anderen erwarten, werden wir genügend Reife entwickelt haben, daß wir uns nicht mehr über andere aufregen, sondern Verständnis dafür haben. Ich hoffe, daß ich Dir mit dieser Erklärung leicht verständlich klarmachen konnte, warum die großen geistigen Lehrer stets sagten, daß die Verhaltensweisen anderer nur ein Spiegelbild unserer eigenen Verhaltensweisen sind.

Das heißt also, daß die „Goldene Regel" nicht für die anderen aufgestellt wurde, nicht dafür, daß wir uns „christlich" verhalten sollen, um dem „lieben Gott" zu gefallen, sondern zu unserem ganz persönlichen Vorteil. Und die Gerechtigkeit auf diesem Planeten besteht darin, daß wir nur dann zu Erfüllung kommen, wenn wir anderen zu Erfüllung verhelfen, daß wir nur dann weiterkommen, wenn wir dazu beitragen, andere weiterzubringen, daß wir nur dann glücklich sind, wenn wir dazu beitragen, daß andere glücklich sein können. Aber es ist nicht unsere Aufgabe und schon lange nicht unsere Pflicht, andere glücklich zu machen; denn „glücklich sein" findet nur in jedem selbst statt. Jeder Einzelne kann entscheiden, ob er heute glücklich oder unglücklich sein will. Jeder kann entscheiden, ob er hinzulernen will oder nicht, ob er sich ausnutzen lassen will oder nicht, ob er sich helfen lassen will oder nicht.

Wichtig ist, daß wir verstehen, daß wir uns deshalb an die „Goldene Regel“ halten sollten, weil es uns selbst weiterbringt - was andere damit anfangen, ist deren Entscheidung. Und ich schreibe dies nicht in einem harten Ton, sondern in liebevoller Güte; denn wir müssen die Freiheit jedes anderen Menschen respektieren. Manche Menschen sind bereit, in der „Ich-darf-Phase“ zu lernen, und manche Menschen brauchen die „Ich-muß-Phase“.

Aus diesem Grund habe ich für mich zum Beispiel entschieden, daß ich nur mit Mitarbeitern zu tun haben will, die von sich aus wollen. Ich will keinen motivieren und will schon lange keinen motivieren müssen! Ich - und ich spreche nur von mir - will mit keinem Menschen enger zu tun haben, der nicht in der Lage ist, im Guten mit mir auszukommen. Doch ich habe gelernt, auch mit den Menschen klarzukommen, die eine „Ich-muß-Phase“ brauchen, um Vereinbarungen einzuhalten.

Unsere Welt war völlig in Ordnung - wir lebten in Harmonie und Frieden, aber ich merkte, daß ich mal wieder Kontakt zur „realen“ Welt haben sollte, um zu sehen, ob ich auch wirklich praktiziere, was wir in unseren Seminaren vermitteln. Aus diesem Grund entschloß ich mich, den Bau unseres neuen Hauses nicht einem Architekten zu übergeben, um dann nach ein paar Monaten „schlüsselfertig“ einzuziehen, sondern alles persönlich in die Hand zu nehmen - bis auf den Hammer selbst. Ich wollte die Planung und Überwachung des Hausbaues völlig selbstverantwortlich durchführen und mit Leuten umgehen, die nicht unbedingt zuverlässig, ehrlich, geschweige denn selbstverantwortlich sind. Ich wollte die Probleme, von denen mir unsere Teilnehmer erzählten, selbst erleben und wollte sehen, wie ich „die Macht der Dankbarkeit" in die Praxis umsetzen und unter Beweis stellen kann.

Ich hatte mir außerdem vorgenommen, daß ich zur selben Zeit zusätzlich dieses Buch schreiben werde und mich selbstverständlich um unsere Mitarbeiter und um diejenigen Teilnehmer kümmern werde, die eine Service-Leistung von mir erwarten.

Und so wie es heute aussieht, werden das Haus und dieses Buch (als Rohmanuskript) in etwa 5 - 6 Wochen fertig sein. Wieder ein Grund mehr, heute für das dankbar zu sein, was bis heute alles gut gelaufen ist.

Natürlich hätte ich auch Grund, mich heute wieder über einige Kleinigkeiten aufzuregen -
aber ich bin nicht dazu verpflichtet ...!
Das Leben ist ein „Ich-tue-es-für-mich-selbst-Projekt"!
Ich brauche mich nicht an die „Goldene Regel" zu halten, weil ich sonst in die Hölle komme.
Ich brauche mich nicht an die „Goldene Regel" zu halten, weil ich sonst die strafende Hand Gottes befürchten muß oder um ein „guter Christ" zu sein.
Aber ich halte mich gern an die „Goldene Regel", weil es zu meinem eigenen Vorteil ist und weil ich nur dann daran glauben kann.

Sag Deinem „Ja, aber ..." also:
„Mein liebes ‚Ja, aber ...', ich brauche mich nicht an die Goldene Regel zu halten, weil ich sonst in die Hölle komme. Ich brauche mich nicht an die ‚Goldene Regel' zu halten, weil ich sonst die strafende Hand Gottes befürchten muß oder um ein ‚guter Christ' zu sein. Aber ich halte mich gern an die ‚Goldene Regel', weil es zu meinem eigenen Vorteil ist und weil ich nur dann daran glauben kann, daß mich andere auch so behandeln, wie ich behandelt werden möchte."

Kannst Du nicht dankbar dafür sein, daß das Leben ein „Ich-tue-es-für-mich-selbst-Projekt" ist und daß Du Dich somit in den Mittelpunkt Deines Lebens stellen kannst?

Das Leben ist ein
„Ich-tue-es-für-mich-selbst-Projekt"!

8. Woche, Freitag

Gestern war ich beim Zahnarzt. Ich mußte automatisch daran denken, was ich früher meinen Kunden als Eingangssatz sagte, wenn es darum ging, erst einmal herauszufinden, was dem Kunden wichtig ist. „Herr Kunde, ich bin in einer ähnlichen Situation wie mein Zahnarzt, er kann erst dann etwas für mich tun, wenn ich meinen Mund für ihn aufmache. Und so möchte ich Sie bitten, mir ein paar Fragen zu beantworten ...“

Ich war also damit beschäftigt, was ich tun kann, damit man mir stets einen exzellenten Service geben kann, und öffnete meinen Mund nicht nur, um mir meine Zähne begutachten zu lassen, sondern erst einmal dafür, um meinem (neuen) Zahnarzt zu sagen, welchen Service ich mir wünsche.

Nachdem er mir sagte, daß eine neue Krone fällig ist, und ich wußte, daß er mir eine Spritze geben wird, sagte ich ihm: „Ich würde mich freuen, wenn Sie mir zuerst die Oberfläche mit Betäubungsmittel einsprühen, mir dann nur ein wenig Betäubungsmittel einspritzen, fünf Minuten warten und mir dann die ganze Spritze geben.“ Er lachte und sagte: „Sie mögen wohl keine Spritzen.“ Dann rieb er mir die Oberflächenbetäubung direkt in die Haut ein, und ich spürte nicht einmal den Einstich, geschweige denn irgendetwas anderes.

Ich war also wieder damit einen Schritt weitergekommen, einen wesentlich besseren Service zu erhalten. Es geht also um zwei wichtige Punkte. Ich muß sagen, was ich erwarte. Und nachdem nur ganz wenige Menschen diese

Fähigkeit besitzen, muß ich auch dafür sorgen, daß andere mir sagen, was sie erwarten, und sie danach fragen. Nochmal, nur ganz wenige Menschen werden mir klipp und klar eine Antwort geben. Ich muß also nicht nur fragen und die Antwort schon selbst kennen, sondern aufmerksam hinhören und vor allen Dingen wiederholen, wie ich es verstanden habe, bis ich nicht nur den Eindruck, sondern die klare Bestätigung habe, daß wir beide ein und dasselbe verstehen.

Viele sind froh, wenn sie spüren, daß der andere es eventuell nicht verstanden haben könnte, denn das läßt ihnen den Freiraum für spätere Schuldvergabe und für eigene Hintertüren.

Die „Goldene Regel" läßt keine Hintertüren offen, die „Goldene Regel" verlangt Selbstverantwortung. Das bedeutet, daß ich aufgerufen bin, mein Leben und meine Beziehungen selbst in die Hand zu nehmen. Die meisten Menschen raffen sich dazu nicht auf und wundern sich auf der anderen Seite, daß ihr Leben nicht funktioniert. Du hattest mich gefragt, warum das Leben vieler Menschen trotz Zielverfolgung nicht funktioniert. Meine Antwort darauf lautet zusammengefaßt: Weil sie keine Selbstverantwortung übernehmen, weil sie sich also nicht so verhalten, wie sie das von anderen erwarten, und weil sie obendrein nicht einmal eine klare Vorstellung davon haben, wie sich denn andere eigentlich ihnen gegenüber verhalten sollen.

Sag Deinem „Ja, aber ..." also:

„Mein liebes ‚Ja, aber ...', ich möchte nicht nur meine Ziele erreichen, sondern sie unter Einhaltung der „Goldenen Regel" erreichen und somit mit der Art und Weise, in der ich durchs Leben gehe und wie ich meine Mitmenschen behandle.

Ja, ich will meine Mitmenschen so behandeln, wie ich mir das von ihnen wünsche. Und ich will damit leben können, wenn diese sich dennoch ganz anders verhalten. Aber ich will von nun an immer mehr Selbstverantwortung übernehmen und somit immer mehr Einfluß darauf bekommen, wie sich andere mir gegenüber verhalten.

Ich werde nicht länger alles mit mir machen lassen. Ich werde mir andere von vornherein besser anschauen und werde vor allen Dingen mehr Selbstverantwortung übernehmen. Das heißt, daß ich selbst mein Bestes geben werde, daß klare Verhältnisse herrschen, Beziehungen funktionieren und Absprachen eingehalten werden."

Kannst Du Dir vorstellen, daß Dein gesamtes Leben viel mehr Sinn und Gehalt erhalten wird, sobald Du dies mehr und mehr in die Praxis umsetzen wirst?

Hast Du nicht Grund genug, schon heute dankbar dafür zu sein?

Nur, wenn ich sage,
was ich erwarte,
kann ich auch bekommen,
was ich mir vorstelle.

Lieber Alfred,

nach dieser Woche wollte ich fast mit einem „Ja, aber ...“ beginnen; denn ich habe mich gefragt, ob es denn den enormen Aufwand überhaupt wert ist, den ich treiben muß, um alle meine Beziehungen so zu führen, daß stets vorab alles geklärt ist.

Aber ich weiß, daß ich eine Antwort von Dir bekommen werde, die mir meine Zweifel zerstreuen, und dann hätte ich ein kostbares „Ja, aber ...“ vergeudet, was ich wahrscheinlich für eine viel bessere Frage noch gut gebrauchen kann.

Ich habe mir also Gedanken darüber gemacht und bin zu folgendem Schluß gekommen.

Der Aufwand erscheint mir nicht deshalb so groß, weil etwa viel Zeit damit verbunden wäre, sondern weil es mir peinlich und unangenehm ist. Vielleicht auch, weil ich Angst davor haben könnte, daß der andere „nein“ sagt und ich mich abgelehnt fühlen werde.

Wenn ich mir nämlich zurückblickend anschaue, was mir alles erspart geblieben wäre, dann hätte ich plötzlich fünf Jahre Zeit! Stell Dir vor, ich hätte jetzt fünf Jahre Zeit! Ich habe dermaßen viel Zeit damit verbracht, Dinge in Ordnung zu bringen, die ich vorab in wenigen Minuten hätte klären können! Ich hätte auf so vieles verzichten können, hätte so oft „nein“ sagen können, besser „nein“ sagen sollen, besser sogar „nein“ sagen müssen!

Ich glaube zu erahnen, daß mein Leben in Zukunft viel mehr Leben beinhalten wird, daß ich viel mehr leben werde, anstatt nur heiße Luft zu bewegen und zu meinen, ich würde die Welt aus den Angeln heben können. Ich kann Dir gar nicht sagen, was das für mich bedeutet, zu erkennen, daß ich jetzt fünf Jahre Zeit hätte haben können! Kannst Du verstehen, was ich meine?

Also ich werde mich am Sonntag daran machen und mir klar darüber werden, was ich von anderen erwarte, und dann werde ich Schritt für Schritt daran gehen, dies für mich selbst umzusetzen. Ab heute ist mein Leben ein „Ich-tue-es-für-mich-selbst-Projekt“!

Also mein „Ja, aber ...“ bezieht sich nun auf die Gesundheit. Wie hilft mir die Dankbarkeit, gesund zu bleiben?

9. Woche, Montag

Ich kann Dir nicht viel aus meiner Erfahrung darüber sagen, wie man eine Krankheit los wird, aber ich habe Erfahrung damit, wie man gesund bleibt.

Als Arzt hast Du sicher mehr als einmal erlebt, daß Dir Deine Patienten gesagt haben: „Wenn ich nur wieder laufen könnte“ oder „wenn ich nur wieder meinen Arm bewegen könnte“ usw.

Ich glaube, wir haben es alle schon erlebt, daß wir einen Körperteil erst dann das erste Mal spürten, als er schmerzte.

In solchen Situationen wird so mancher Schwur abgegeben, was wir alles tun und ändern werden, wenn wir wieder gesund sind - aber wer hält sich schon daran?

Ich bin deshalb auch sicher, daß ich Dir hier absolut nichts Neues mitteilen kann, und will Dir deshalb ganz klar sagen: Es hilft Dir nicht, zu wissen, was Du tun solltest. Dein gesamtes Wissen nützt Dir absolut nichts, wenn Du es nicht umsetzt. Ich schreibe in den kommenden fünf Tagen nichts Neues, Du kannst diese Seiten also gern auslassen. Warte am besten, bis es Dich selbst zwackt, bis es fast zu spät ist, bis Du also einen Schwur abgibst, was Du alles tun und lassen wirst, und dann häng Deinen Schwur wieder an den Nagel, bis es ernster wird.

Ich selbst bin allerdings ein Freund davon, dann etwas zu tun, wenn alles in Ordnung ist. Teilnehmer kommen selten dann in unsere Seminare, wenn ihr Leben großartig funktioniert. Sie kommen meist dann, wenn etwas nicht mehr so richtig funktioniert, sei es die Ehe, die Finanzen, die Gesundheit oder was auch immer.

Ich möchte Dir also aufzeigen, wie wir mit Dankbarkeit unsere Gesundheit beeinflussen können und überlasse Dir Deine persönliche Freiheit, ob Du weiterlesen oder dieses Kapitel überspringen willst. Also bleiben wir bei dem Beispiel: „Wenn ich doch nur wieder laufen könnte.“

Warum wollen wir darauf warten, bis wir uns nicht mehr so bewegen können, wie wir dies gewohnt sind, bevor wir uns aufraffen, etwas für unsere Bewegungsfreiheit zu tun? Ich bin bestimmt kein Jogger und mache mir nichts daraus, wenn ich ein paar Kilo mehr wiege als vor 20 Jahren. Aber was mir etwas ausmachen würde, wäre, wenn ich spüren würde, daß ich nicht mehr fit bin. Ich sage nicht fit für großartige Leistungen, aber zumindest fit für 30 Minuten Schwimmen, Gehen und/oder Radfahren.

Wir haben also zwei Möglichkeiten. Die eine ist die, darauf zu warten, bis wir ein Problem bekommen, und die andere ist die, rechtzeitig etwas zu tun.

Anstatt also zu warten, bis wir ein Problem haben, um dann zu stöhnen, können wir heute voller Dankbarkeit anerkennen, daß wir zumindest fit genug sind, etwas für unseren Körper zu tun.

Nachdem ich seit Anfang der 70er Jahre über Hunderte von „neuesten wissenschaftlichen Erkenntnissen“ über die beste Sportart gelesen und gehört habe, bin ich im

Nachhinein froh, daß ich mich stets auf meinen gesunden Menschenverstand verlassen habe und nie einem Trend gefolgt bin.

Ich möchte Dir keine Bewegungsart vorschreiben oder empfehlen. Doch ich kann Dir aus meiner Erfahrung sagen, daß ich mich mit 30 Minuten Zügig-Gehen und/oder Radfahren und/oder Schwimmen recht wohlfühle.

Das, was ich Dir in dieser Woche zu schreiben habe, wird also nicht viel sein; denn ich habe Dir absolut nichts Neues mitzuteilen.

Ich werde Dir also nur ein paar Blickpunkte geben und von Dir erwarten, daß Du eine Entscheidung triffst - eine Entscheidung, die Du eigentlich schon lange treffen wolltest. Und daß Du dann auch dabei bleibst. Mit anderen Worten, wenn Du eine ernsthafte Antwort auf Deine Frage haben willst, dann triff eine ernsthafte Entscheidung. Meine Worte sind absolut nutzlos - es geht einzig und allein um Deine Taten.

Sag Deinem „Ja, aber ...", was Du ihm sagen willst, aber sei ehrlich.

Wie würdest Du Dich fühlen, wenn Du abends dankbar dafür sein könntest, daß Du Dir heute Bewegung in der freien Natur verschafft hast?

Heute verschaffe ich mir
eine halbe Stunde Bewegung im Freien.

9. Woche, Dienstag

Auch heute wieder nichts Neues. Gerade letzte Woche wurde in den Nachrichten zugegeben, daß Untersuchungen ergaben, daß mehr als 40 Gramm Fleischkonsum pro Tag nachweislich eine höhere Chance für Krebserkrankung bringen. Nun, wenn 40 Gramm bereits zugegeben werden, dann kannst Du davon ausgehen, daß Fleisch generell nicht gerade gesundheitsförderlich ist.

Wenn Du eine Starthilfe brauchst, um Fleischessen aufzugeben, dann arbeite für einen Tag im Schlachthof. Schau Dir an, wie Zuchttiere gehalten werden. Nimm das Quieken der Schweine auf Cassette auf und spiele es ab, wenn Du einen Schweinebraten essen willst. Geh in eine Hühnerzucht. Oder halte Dir vor Augen, wie die vom Rinderwahn befallenen Rinder aussehen, die eigentlich für Deinen Verzehr gedacht waren.

Aber - jeder Mensch und jeder Körper sind verschieden. Das weißt Du als Arzt besser als jeder andere.

Wußtest Du, daß die gesamten römischen Legionen Vegetarier waren und gestreikt haben, als sie zwischendurch wegen Versorgungsmangel Fleisch essen mußten?

Swami Muktananda brachte folgendes einfache Beispiel: Gib einem Kleinkind einen Hasen und einen Apfel. Ohne, daß Du etwas sagen mußt, wird es mit dem Hasen spielen und den Apfel essen. Es wird nie auf den Gedanken kommen, mit dem Apfel zu spielen und den Hasen zu schlachten, um ihn essen zu können.

Der menschliche Körper ist aus folgenden Gründen nicht zum Fleischverzehr bestimmt: Der Darm ist zu lang, die entsprechenden Eckzähne fehlen, und es gibt keinen Grund, Fleisch zu essen. Natürlich wird von der Fleischindustrie das Gegenteil behauptet, und wie Du weißt, wurde auch nach Ausbruch der Rinderwahnseuche nach wie vor Fleisch von verseuchten englischen Rindern verkauft.

Wir werden uns innerhalb des kommenden Jahrhunderts alle vegetarisch ernähren, werden ausreichend viel Bewegung haben und unsere Gesundheit in den Mittelpunkt stellen. Aus dem ganz einfachen Grund, weil kein Land mehr in der Lage sein wird, die steigenden Krankenkosten zu tragen.

Es wird für jeden das Normalste sein, voller Dankbarkeit selbst etwas für seine Gesundheit tun zu dürfen, anstatt etwas gegen seine Krankheit tun zu müssen. Und Ernährung wird an erster Stelle stehen. Schau Dir die Entwicklung der letzten 20 Jahre an, und Du wirst eine generelle positive Entwicklung erkennen, für die wir alle dankbar sein können.

Das Ende des Sozialstaates ist gekommen - nicht nur in Deutschland oder Neuseeland, sondern in allen sogenannten Industrieländern.

Was ist sozial daran, wenn Menschen, die selbstverantwortlich leben, sich gesund ernähren, bis zum Rentenalter arbeiten und Steuern bezahlen, diejenigen mitversorgen müssen, die ihren Körper nachlässig selbst zerstören und sich auf Kosten anderer durchschlagen?

Sozial ist in meinen Augen, wenn alle Arbeitsfähigen einen Beitrag leisten, jeder aktiv etwas für seine Gesundheit tut, alle Politiker so mit dem Geld umgehen, als wäre es ihr eigenes, und wenn denjenigen optimal geholfen wird, die wirklich Hilfe brauchen und wollen.

Finde also selbst heraus, was gesunde Ernährung für Dich heißt. Nicht indem Du auf andere, sondern indem Du auf Deinen eigenen Körper hörst.

Nach welchem Essen fühlst Du Dich müde?

Welche Art von Nahrung lehnt Dein Körper innerlich ab?

Was wolltest Du schon lange aufgegeben haben?

Was ißt Du gern und ohne jegliches Schuldgefühl?

Wärest Du in der Lage, ein Tier einzufangen, es zu schlachten und zuzubereiten?

Die Antwort wird für jeden unterschiedlich ausfallen, genauso unterschiedlich, wie wir Menschen sind. Für jeden ist etwas anderes richtig. Tu das, was für Dich richtig ist!

Und übrigens, was trinkst Du? Ich meine nicht Alkohol, darauf komme ich später noch. Trinkst Du künstliche Getränke oder Wasser? Ich konnte früher auch kein Wasser trinken - dachte ich jedenfalls. Heute trinke ich selbst destilliertes Wasser manchmal mit einem kleinen Stück Zitrone. Ich sage nicht, daß ich perfekt bin. Ich habe genauso meine „schwachen“ Tage oder meine „schwachen“ Seiten, und ich bin mir darüber im klaren.

Triff also heute eine Entscheidung - nicht fürs Leben, aber zumindest für den kommenden Monat, und dann triff eine neue Entscheidung.

Sag Deinem „Ja, aber ..." was Du ihm sagen willst, aber sei ehrlich.

Wie würdest Du Dich fühlen, wenn Du abends dankbar dafür sein könntest, daß Du heute nur das gegessen hast, was Dir wirkliche Lebensenergie bringt und womit Du Dich wohlfühlst?

Wo meinst Du, Lebensenergie zu finden - in totem Fleisch oder in lebendigem Obst, Gemüse und Getreide?

Heute versorge ich meinen Körper
mit lebender Energie!

9. Woche, Mittwoch

Wieder nichts Neues.

Du hast mir erzählt, daß Du ab und zu mehr Alkohol trinkst, als Du solltest. Eigentlich hatte ich nicht vor, über Alkohol, Tabletten, Tabak und andere Süchte zu schreiben, aber nun gut.

Es gibt viele Hinweise darauf, daß **ein** Glas Wein, **ein** Schnaps oder was auch immer eher gesundheitszuträglich als abträglich zu sein scheint, und ich komme später auf das „Warum“ zurück. Und es scheint auch so zu sein, daß drei Zigaretten am Tag keine negative Auswirkung haben. Vielleicht ist es auch in Ordnung, ein paarmal im Jahr Kopfschmerztabletten zu nehmen, und ich meine, wir können dankbar sein, daß es moderne Medizin gibt, wenn wir diese wirklich brauchen.

Aber das Thema des heutigen Tages ist der Mißbrauch. Es geht also wieder einmal darum, daß wir dankbar sein können, daß es Mittel gibt, die unserer Gesundheit dienen und mit denen wir unsere Krankheit loswerden können.

Und es geht auch heute wieder darum, daß ich nichts Neues zu schreiben habe.

Aber es geht auch wieder darum, daß Du heute für Dich eine Entscheidung triffst.

Du wirst tief in Dir spüren, ob diese Entscheidung halbherzig oder klar und ehrlich ist, und ich werde Dir morgen aufzeigen, woran Du dies erkennen kannst, obwohl ich davon ausgehe, daß Du es auch selbst spürst.

Sag Deinem „Ja, aber ...“ was Du ihm sagen willst, aber sei ehrlich.

Wie würdest Du Dich fühlen, wenn Du abends dankbar dafür sein könntest, daß Du Deinem Körper geholfen hast, sich mit geringstem Aufwand selbst gesund zu erhalten, und ihm zeigst, daß Du daran glaubst, daß er Dir 80, 90 oder noch mehr Jahre dienlich sein wird?

*Heute werde ich absolut nichts tun,
um meinen Körper daran zu hindern,
sich mit geringstmöglichem Aufwand
selbst gesund zu erhalten!*

9. Woche, Donnerstag

Der entscheidende Punkt, wenn es um Gesundheit geht, ist der, ob Du gesund sein willst.
Wie und was sprichst Du mit Dir selbst?

Es hat mich Jahre gekostet herauszufinden, daß ich mich selbst systematisch krank und kaputt rede, und bin zutiefst dankbar, daß ich dennoch nie ernsthaft krank wurde! Immer wenn es bergab ging, wenn ich spürte, daß ich in irgendeiner Situation keine Macht und keinen Einfluß hatte, habe ich mir gesagt: „Na ja, über den Deister springen kannst Du immer noch ...“

Ich habe schon als Kind nicht daran glauben können, daß ich alt werde, und ich meinte damals mit „alt“ älter als 20 oder so! Ich weiß nicht, wo ich mir diese Einstellung eingefangen habe. Woran ich mich erinnern kann ist, daß beispielsweise meine Mutter nie Mut, Hoffnung und Zuversicht für die Zukunft ausgestrahlt hat, was meinem Bruder absolut nichts auszumachen schien, mich aber ziemlich getroffen hat. Du kannst daran auch erkennen, daß wir unseren Eltern keine Vorwürfe zu machen brauchen; denn erstens können sie selbst nichts dafür, und zweitens wirkt es auf jedes Kind anders. Vielleicht hat dies auch zu meiner Lebensaufgabe beigetragen, anderen Menschen Mut, Hoffnung und Zuversicht zu machen. Jedenfalls habe ich mir stets eingeredet, daß sowieso bald alles vorbei ist. Als ich das erste Mal mit meiner Frau darüber sprach, war sie völlig „von den Socken“, sie war regelrecht schockiert. Ich konnte gar nicht sehen, was daran so schockierend sein soll, schließlich war dies mein ganz normales (Innen-) Leben! Erst aufgrund ihrer Reaktion wurde mir klar, was ich meinem Unterbewußtsein jahrelang eingeredet hatte.

Am selben Tag traf ich die Entscheidung, daß ich mir absolut keine Hintertür mehr offen lassen wollte. Ich traf die klare Entscheidung, mein Leben zu leben, egal, was kommen würde. Und ich traf die Entscheidung, daß es ab heute nur noch bergauf gehen würde. Nicht finanziell gemeint, aber auf jeden Fall spirituell.

Ich traf die Entscheidung, daß ich dieses Leben auf diesem Planeten nutzen werde, um geistig zu reifen, zu wachsen und meinem Schöpfer näher zu kommen. Ich war mir klar darüber, daß ich in diesem Leben alles wieder verlieren kann, was mir wichtig war. Ich könnte meine Frau verlieren, meinen Sohn verlieren, mein Haus und Grundstück verlieren, meine Firma - einfach alles - bis auf meine geistige Reifeentwicklung. Die würde ich nur dann verlieren, wenn ich sie selbst aufgeben würde. Mir wurde klar, daß es sich dafür zu leben lohnt. Ich hätte nicht damit zu leben gewollt, wenn ich keinerlei Kontrolle gehabt hätte, wenn ich in meinem Leben alles hätte verlieren können, was ich mir so mühsam erworben hatte. Aber nachdem mir klar war, daß mir keiner das Wichtigste je nehmen können wird, erkannte ich meinen Sinn in diesem Leben und entschloß mich, alles zu tun, um diesen Körper gesund und fit am Leben zu erhalten.

Ich möchte also, daß Du ab sofort aufpaßt, wie Du mit Dir selbst redest. Hast Du in jeder Situation Lebensmut, oder redest Du Dir ein, daß es sowieso nichts bringt? Machst Du jeden Tag einen „kleinen geistigen Selbstmord“, oder bist Du voll und ganz auf Gesundheit und ein langes Leben eingestellt und motiviert?

Von einigen meiner Seminar-Teilnehmer erfuhr ich, daß sie sich vorstellen, daß sie tot sind und ihre Verwandten dann trauernd am Grab stehen, begleitet von den Gedanken: „Nun seht ihr, was ihr davon habt.“ Oder: „Nun seht ihr, wohin ihr mich getrieben habt.“

Nun, dieses Bild wird sich deshalb so niemals verwirklichen, weil wir die trauernden Verwandten nie zu sehen bekommen werden; denn dann sind wir tot, und es ist alles zu spät.

Das Leben ist zu schade, um es mit Gedanken von Krankheit, Tod und Teufel zu verseuchen!

Ich wünsche mir, daß auch Du (und jeder Leser) an dieser Stelle hellwach wirst und die Entscheidung triffst, Dein Leben ab heute auf der Sonnenseite zu verbringen.

Nochmal: Das Geheimnis der Dankbarkeit besteht darin, selbst alles in die Hand zu nehmen, was wir selbst in die Hand nehmen können, unser Bestes zu geben und alles zu tun, damit wir heute abend, am Ende der Woche, am Ende des Monats, am Ende des Jahres und am Ende des Lebens Grund genug haben, dankbar sein zu können!

Sag Deinem „Ja, aber ...“ also:

„Mein liebes ‚Ja, aber ...‘, ich habe mich für ein langes und gesundes Leben entschlossen und daran wird sich absolut nichts ändern - egal, was kommt!“

Egal, was kommt,
ich werde meinen Körper
gesund und fit halten,
damit ich meine geistige Reifeentwicklung so
weit wie möglich voranbringen kann.

9. Woche, Freitag

Natürlich konnte ich Deine Frage nicht vom medizinischen Standpunkt beantworten. Ich wollte Dir aber aufzeigen, was wir alles selbst beeinflussen können, bevor wir überhaupt einen Mediziner brauchen.

Ich will auch darauf verzichten, aufzuzählen, welche Krankheiten wir uns einfädeln, wenn wir uns nicht ausreichend und an frischer Luft bewegen, will darauf verzichten, Dir aufzuzeigen, was wir uns mit Fleischgenuß und dem Verzehr von tierischen Produkten alles einhandeln können (immer berücksichtigend, daß jeder einen anderen Körper mit anderen Schwachstellen hat).

Ich werde auch kein weiteres Wort darüber verlieren, wie wichtig es ist, täglich klares Wasser zu trinken, um den Körper zu reinigen.

Ich will Dir auch nicht vor Augen halten, wie sich ein Raucher seinen Körper systematisch zerstört oder wie alle möglichen Medikamente oder Drogen es dem Körper schwermachen, sich selbst gesund zu erhalten.

Und ich will auch auf Beispiele verzichten, wie sich viele Menschen selbst krank reden, nur weil die anderen dann schon sehen, was sie davon haben oder um mit der eigenen Krankheit Macht auf andere auszuüben.

Ich bin mir aber sicher, daß Du Dir in dieser Woche klar darüber geworden bist, wie Du Deinen Körper selbst gesund erhalten kannst. Die steigende Lebenserwartung zeigt, daß immer mehr Menschen „vernünftig" werden.

Immer mehr Menschen erkennen den Sinn einer gesunden körperlichen Bewegung, gesunder Ernährung, den

Unsinn von Tabak und anderen Drogen, und immer mehr Menschen beschäftigen sich mit geistigen Themen, um für sich herauszufinden, wie ihre Gedanken auf ihren Körper wirken.

Natürlich gibt es Unfälle, ansteckende Krankheiten, Unterernährung usw., und wir können wieder einmal dankbar sein für das, was wir haben.

Es geht mir also in dieser Woche nicht darum, eine Antwort auf medizinische Fragen zu haben, sondern darum, daß wir endlich das tun, was wir schon lange wissen.

Wirst Du ab heute das tun, was Du schon lange weißt?

Ich weiß, daß Dich ein Gefühl der inneren Dankbarkeit durchströmen wird, sobald Du damit beginnst, das zu tun, was Du schon lange tun wolltest.

Ich lasse beim Ausatmen
mein Lebenslicht
von Kopf bis Fuß
durch mich fließen.

Lieber Alfred,

natürlich weiß ich auch, daß Bewegung, Ernährung, klares Wasser, Nichtrauchen und eine gesunde Einstellung zu sich selbst und den Mitmenschen die wichtigsten Grundlagen für einen gesunden Körper sind. Leider muß ich Dir auch recht geben, daß ich dies bisher in erster Linie meinen Patienten empfohlen habe, anstatt mich selbst daran zu halten.

Also, ab heute ...

Nicht ab heute alles auf einmal, aber auf jeden Fall ab heute mit einem deutlichen Trend in die gesunde Richtung, und ich habe das Gefühl, daß Du mich mit Deinem eigenen Beispiel wach gemacht hast. Ich habe auch vor allen Dingen dann, wenn es mal nicht so lief, ziemlich den Kopf hängen lassen und mich selbst von der Lebensenergie abgeschnitten, anstatt mich mit zusätzlicher Energie zu versorgen. Es gibt in der Medizin Tausende von Beispielen, wie zwei Patienten mit genau denselben Voraussetzungen zwei völlig verschiedene Ergebnisse erzielen, nur weil der eine sich aufgibt und der andere mit einer „Jetzt-erst-recht-Einstellung" seinen Körper wieder in Schwung bringt.

Ich will mich also genauso kurz fassen wie Du in dieser Woche und lieber etwas in die Praxis umsetzen. Ich freue mich darauf, gesund und fit bei Deiner Beerdigung im Jahre 2077 dabeisein zu dürfen, um dann allen Beistehenden Mut zu machen, daß es sich lohnt, es dem Körper schon jetzt leichtzumachen, sich selbst gesund zu erhalten.

„Ja, aber ...“, wie kann ich mein (finanzielles) Leben in den Griff bekommen, wenn andere nicht immer so mitspielen, wie ich mir das vorstelle?

Und wie und nach welchen Kriterien finde und motiviere ich Mitarbeiter?

Wie kann ich meine Kinder beeinflussen oder erziehen?

Und wie komme ich mit meiner Partnerin klar?

10. Woche, Montag

Lies bitte als erstes meine Broschüre „Nie wieder Schulden - ab heute im Haben!" Es ist für mich immer wieder erstaunlich, wie selbstverständlich gerade diejenigen ihren Lebensstandard hinnehmen, die absolut kein Geld haben. Es ist viel normaler geworden, nach Unterstützung und nach mehr Unterstützung zu verlangen, als auf die Idee zu kommen, Einschränkungen in den Ausgaben zu machen. Und es ist genauso erstaunlich für mich, wie Familien mit einem sehr guten Einkommen lieber immer mehr Schulden machen, anstatt ihren Lebensstil zu ändern.

Wir haben Nachbarn, die nach wie vor über die Feiertage Freunde einladen, ihren Rasen mähen lassen (obwohl sie einen 18jährigen Sohn haben), Magazine und Schnickschnack kaufen, vier Autos unterhalten, zwei Wochenendhäuser haben und dabei tief verschuldet sind.

Vielleicht ist es notwendig (wendet die Not), daß wir Demut lernen sollen, bevor es wirklich mit uns bergauf gehen kann. Ein Mensch, der nicht demütig sein kann, wird nie eine große Persönlichkeit werden, und wer nicht an erster Stelle an seiner Persönlichkeit arbeitet, dem nützt auch kein Geld; denn er wird nicht weise damit umgehen können.

Also, kurz gefaßt, bring alle Ausgaben auf Null, die nicht unbedingt sein müssen. Und leiste Dir erst dann etwas, wenn Du so viel verdient hast, daß Du es Dir als Belohnung schenken kannst (bar bezahlt und nur ein Teil dessen, was Du verdient hast).

Also, wie kann man Geld verdienen?

Mach andere erfolgreich, und sieh zu, daß Du selbst daran beteiligt bist!

Ich habe die ersten Jahrzehnte meines Lebens damit verbracht, andere in den Vordergrund zu stellen, und bin dadurch selbst zu kurz gekommen. Dann habe ich an der „göttlichen Gerechtigkeit“ gezweifelt, und es hat Jahre gedauert, bis ich begriffen habe, wie es funktioniert.

Da ich niemanden kenne (ich sage nicht, daß es keinen gibt), der es geschafft hat, finanziell unabhängig zu werden, ohne anderen einen Dienst zu erweisen oder Vorteil zu verschaffen, möchte ich darüber schreiben, wie man mit anderen umgeht und wie man Mitarbeiter gewinnt. Nachdem ich lausige Mitarbeiter gehabt hatte und seit 1989 ausgezeichnete Mitarbeiter habe, kannst Du mir glauben, daß ich hinzugelernt habe.

Gestern sprach mich der Maler an, der gerade unsere „vier Wände“ anstreicht, und wollte wissen, wie ich meine Mitarbeiter in Deutschland motiviere. Seine eigenen Mitarbeiter kamen nicht pünktlich, und vor allen Dingen waren sie nur „motiviert“, wenn er hinter ihnen stand.

Ohne zu überlegen, war meine Antwort: „Ich motiviere sie gar nicht!“ Natürlich war mir klar, daß diese Antwort nicht zufriedenstellend sein kann, und so will ich diese Woche damit verbringen, aufzuzeigen, was der Unterschied zwischen dem Maler und mir ist bzw. zwischen seinen und meinen Mitarbeitern.

An erster Stelle steht natürlich die Auswahl der Mitarbeiter. Es reicht nicht aus, froh zu sein, überhaupt Mitarbeiter zu bekommen.

Ich kann Dir auch keine Ratschläge geben, unter welchen Kriterien Du Dir Deine Mitarbeiter aussuchen sollst; denn jeder hat seinen eigenen Führungsstil und braucht somit seine eigenen Mitarbeiter. Aber ich kann meine Erfahrungen mit Dir teilen und hoffe, daß Du nur das für Dich herausnimmst, was für Dich zutrifft.

Als erstes klare Verhältnisse!

Mach Dir an erster Stelle klar, was Dir das Wichtigste ist, damit Du Dir Deine Mitarbeiter unter diesen Kriterien aussuchen kannst. In meinem Fall ist das nicht unbedingt fachliches Wissen; denn das kann sich jeder aneignen. Jeder wird bei uns Schritt für Schritt in die Thematik eingewiesen. Er (sie) bekommt gesagt, welche Bücher durchgearbeitet werden sollten, und bevor jemand das erste Mal eine Gruppe leiten darf, hat er zig mal selbst im Seminar gesessen, hat alle Fragen gehört, die gestellt werden können, und kennt die Antworten. Dann darf er assistieren und wird von seinem Seminarleiter korrigiert. Für mich ist das Wichtigste der Charakter. Unsere Mitarbeiter müssen daran interessiert sein, für die Kunden das Beste zu wollen. Sie müssen Freude daran haben, wenn unsere Kunden vom Seminar profitieren, und sie müssen in der Lage sein, andere zu begeistern, an sich selbst zu arbeiten. Und das funktioniert nur, wenn sie vorher selbst an sich gearbeitet haben und nach wie vor an sich arbeiten.

Ich glaube, daß unser Führungsstil „Management by Vorbild“ ist, aber wie gesagt, das ist bei jedem verschieden.

Mach Dir also klar, was Dir das Wichtigste ist, was Du von Deinen Mitarbeitern erwartest, und dann sag ihnen, was Du von ihnen an erster Stelle erwartest. Gib es ihnen schriftlich, und laß es Dir von ihnen erklären, wie sie es verstanden haben. Wenn Du nur fragst: „Haben Sie das verstanden?“ wirst Du in 90 % aller Fälle ein „Ja“ erhalten und in ebenso vielen Fällen davon ausgehen können, daß das „Ja“ nicht wirklich „ja“ heißt.

Wenn Du ihnen nur generell sagst, daß etwas für das Betriebsklima getan werden muß, dann kannst Du davon ausgehen, daß einigen nichts Besseres dazu einfällt, als die Klimaanlage höher zu drehen ...

Also klare Verhältnisse, und zwar möglichst vom ersten Einstellungsgespräch an. Solltest Du das versäumt haben, dann ist heute der beste Tag, dies in Ordnung zu bringen.

Du sagst mir: „Aber ich kann doch nicht gleich mit der Tür ins Haus fallen?!“

Willst Du lieber die Tür so lange festhalten, bis das ganze Haus umfällt?!

Sag Deinem „Ja, aber ...“ also:

„Mein liebes ‚Ja, aber ...‘, ich möchte ab heute klare Verhältnisse in allen meinen Beziehungen, mit meinen Kunden und Mitarbeitern, mit meiner Familie und vor allen Dingen mit mir selbst haben. Aus diesem Grund mache ich mir heute einmal schriftlich klar, was ich von mir und anderen erwarte, damit ich keine Ausrede mehr vor mir selbst habe.

Ich will niemandem mehr die Schuld geben, wenn etwas nicht so läuft, wie ich mir das vorgestellt habe; denn es muß etwas mit mir zu tun haben, wenn ich versäumte, von vornherein klare Verhältnisse zu schaffen.

Ich mache mir klar, daß jeder gern vorher wissen möchte, woran er ist und vor allen Dingen woran er bei mir ist. Menschen, die gern im dunkeln gelassen werden wollen, sind Menschen, die keine Verantwortung übernehmen können oder wollen. Darüber will ich mir im klaren sein.

Ich will also ab heute immer klarere Verhältnisse schaffen, damit jeder weiß, was von ihm erwartet wird und auch dann sein Bestes geben kann, wenn er nicht beaufsichtigt wird."

Würde es Dich mit Dankbarkeit erfüllen, wenn Du klare Verhältnisse geschaffen hättest?

Das Geheimnis der Dankbarkeit besteht darin, daß Du nun dafür sorgst, klarere Verhältnisse zu schaffen, bis Du dankbar dafür sein kannst.

Ich werde ab heute dafür sorgen,
daß ich schon bald von mir sagen kann:
„Meine Mitarbeiter wissen,
was ich von ihnen erwarte."

10. Woche, Dienstag

Der nächste wichtige Punkt ist Kommunikation. Wie soll ein anderer für mich Verständnis haben können, wenn er nicht weiß, was ich tue und warum ich etwas tue?

Mein Maler verschwindet zum Beispiel für ein paar Stunden, ohne ein Wort zu sagen, und wundert sich, wenn auch seine Mitarbeiter ab und zu verschwinden oder später kommen.

Ich meine, daß es in der Ehe, in der Kunden- und Mitarbeiterbeziehung wichtig ist, viel zu kommunizieren. Und ich finde, daß es einen schlechten Eindruck macht, wenn ein Ehepartner am Telefon sagt: „Ich habe keine Ahnung, wo mein Mann/meine Frau ist.“ Genauso, wenn ein Angestellter, der es eigentlich wissen sollte, sagt: „Ich weiß nicht, wo der Chef ist.“ Aus diesem Grund haben wir uns zum Führungs-Stil „Management by Vorbild“ entschlossen. In der Kindererziehung ist dies der einzige Führungsstil, der überhaupt funktioniert.

Kein Kind ist an Worten interessiert, wenn unsere Handlungsweisen unseren Worten widersprechen. Und kaum ein Mitarbeiter wird dem Chef etwas abkaufen, wenn er nicht bereit war oder ist, das auch selbst vorzuleben.

Ist es nicht unmöglich, wenn wir einerseits möchten, daß unsere Mitmenschen auf Anhieb wissen sollen, was wir meinen, und andererseits wollen wir auf keinen Fall, daß man unsere Gedanken lesen kann?

Könnte die Grundvoraussetzung dafür Ehrlichkeit sein? Ich komme später darauf zurück.

Also, wenn wir wollen, daß uns ein anderer versteht, dann müssen wir offen kommunizieren ohne Hintertür und Hoffnung, daß wenn der andere uns nicht richtig verstanden hat, wir die Möglichkeit haben, es im Nachhinein so auszulegen, daß wir es ganz anders gemeint haben.

An dieser Stelle müssen wir uns fragen: „Will ich recht haben oder Ergebnisse erzielen?“

Ich kann nicht erwarten, daß andere mich unmißverständlich verstehen, solange ich nicht offen kommuniziere. Und wenn ich spüre, daß andere nicht offen kommunizieren, dann ist es meine Aufgabe, so lange nachzufragen und eventuell eine schriftliche Erklärung abzugeben, bis ich das Gefühl habe, daß alle Hintertürchen geschlossen sind.

Warum **ich** diese Aufgabe habe? Weil ich **mein** Leben in Ordnung bringen und in Ordnung halten will!

Es ist meine Aufgabe nachzufragen, ob ich richtig verstanden habe.

Es ist meine Aufgabe, den anderen zu fragen, wie er mich verstanden hat, und

es ist meine Aufgabe, dies zu wiederholen, damit ich mir absolut sicher sein kann!

Nochmal: Es geht im Leben nicht darum, daß jeder fair sein **sollte**, sondern es geht darum, daß ich in **meinem** Leben dafür sorge, daß es in **meinem** Leben fair zugeht! Ich kann mich nicht um anderer Leute Leben kümmern; denn ich werde genug damit zu tun haben, mich um mein eigenes Leben zu kümmern.

Erst wenn mein Leben funktioniert, kann ich vorleben. Erst wenn mein Leben funktioniert, kann ich wirklich helfen.

Erst wenn mein Leben funktioniert, kann ich be-urteilen (nicht ver-urteilen).

Natürlich gibt es auch andere „funktionierende“ Führungsstile. Wenn ich mir den Mann anschaue, der derzeit unseren Garten anlegt, dann sehe ich, daß er seinen beiden Mitarbeitern nur sagt, was sie zu tun haben - keine Erklärung. „Ich mache nur, was ich gesagt bekomme“, ist die Einstellung der Mitarbeiter. Natürlich kann er von diesen Leuten nicht erwarten, daß sie mitdenken, geschweige denn irgendeine Verantwortung übernehmen. Und wenn die Arbeit getan ist, dann muß eine neue Anweisung her. Von allein wird dieser Mitarbeiter nicht auf die Idee kommen, irgend etwas zu tun.

Die Frage ist also immer wieder dieselbe: Will ich kurzfristige Erfolge oder langfristigen Erfolg?

Viele Verhaltensweisen und Führungsstile gehen kurzfristig gut, aber bringen langfristig Probleme.

Die Frage heißt also: „Was will ich?“

Viele Unternehmer haben Angst, daß sie ihre Mitarbeiter zu schlau machen und daß diese sich dann auf die eigenen Beine stellen. Aber auch hier muß ich mich fragen, was ich will; denn wenn ich meine Mitarbeiter absichtlich „dumm“ halte, darf ich mich nicht wundern, wenn ich letztendlich alles allein tun muß.

Was ist also die Lösung?

Nochmal zurück zur Einstellung. Ich mache meinen neuen Mitarbeitern schriftlich klar, daß ich nicht als Sprungbrett ausgenutzt werden möchte. Schließlich wollen sie auch nicht von mir ausgenutzt werden. Sobald ich spüre, daß sie es nicht ehrlich meinen, gibt es keine Zusammenarbeit.

Wenn es zur Zusammenarbeit kommt, dann haben sie mein volles Vertrauen und bekommen eine volle Ausbildung, ohne irgendetwas zurückzuhalten.

Also wieder klare Kommunikation! Und dazu gehört auch, daß sie wissen, was wir von ihnen erwarten, was auf sie zukommt, wohin es in Zukunft geht, was wir erreichen wollen, was unsere Ziele und Aufgaben sind und auch, was sie von mir erwarten können, welches meine Aufgaben und Pflichten sind.

Ich bin also für offene Kommunikation. Ich will wissen, was läuft, und ich gestehe jedem Mitarbeiter ein, daß er weiß, was auf ihn zukommt und wohin die Reise geht.

Dennoch gibt es Menschen, die keine Offenheit vertragen, die es ausnutzen, wenn man sie fair behandelt. Deshalb ist die Auswahl so entscheidend.

Sag Deinem „Ja, aber ..." also:

„Mein liebes ‚Ja, aber ...‘, *ich werde ab heute dafür sorgen, daß ich weiß, woran ich bin, und daß andere wissen, woran sie bei mir sind, und werde immer offener kommunizieren.*

Ich bin mir darüber im klaren, daß dies dazu führen kann, daß ich mit Leuten zu offen bin, die nicht die Reife haben, damit umzugehen. Aber auch wenn ich mir hier und da die Finger verbrennen werde, es wird dazu führen, daß ich hinzulerne und immer besser unterscheiden kann, wem ich was sagen oder auch nicht sagen kann.

Ich werde selbst dafür sorgen, daß andere mit mir offen

kommunizieren und so lange klärend fragen, bis kein Raum mehr für Hintertürchen ist.“

Wenn Du Dir vorstellst, daß Du in Zukunft immer klarer kommunizierst und somit mit immer weniger Fragezeichen zu leben brauchst, wäre das nicht ein Grund mehr, dankbar zu sein?

„Will ich recht haben
oder Ergebnisse erzielen?"

10. Woche, Mittwoch

Jeder Mensch braucht Anerkennung, und die meisten Menschen brauchen nach wie vor Angst und Druck, um „in die Gänge zu kommen“.

Kannst Du Dich an die drei Phasen erinnern -

ich muß - ich will - ich darf?

Nur sehr wenige Menschen halten sich in der „Ich-darf-Phase“ auf. Und es sind nicht viel mehr, die sich mit „ich-will“ ständig selbst motivieren können. Die meisten brauchen noch den Druck, die (zumindest leichte) Angst im Nacken, daß etwas nicht Wünschenswertes auf sie zukommt, wenn sie nicht handeln, nicht arbeiten oder sich nicht ethisch verhalten.

Aus dem Grund halte ich es auch für erforderlich, daß in Absprachen und Verträgen Nachteile eingebaut sind, wenn sich jemand nicht an die Vereinbarung halten sollte.

Wir wußten zum Beispiel, daß neuseeländische Bauunternehmer „nie“ fertig werden. Aus diesem Grund brachten wir eine Konventionalstrafe mit in den Vertrag für jede Woche, die es länger als geplant dauern würde. Mit unseren neuen Mitarbeitern, die sich noch in der Ausbildung befinden, haben wir dies natürlich auf der Basis der „Ich-will-Phase“ integriert. Und obwohl unsere Seminarleiter ihre Aufgabe mit der „Ich-darf-Einstellung“ erfüllen, ist es dennoch immer wieder erstaunlich, daß ein Wettbewerb zusätzliche Motivation freisetzt.

Ich sage nicht: „Mit knallharten Verträgen festnageln.“ Ich sage: „Dafür sorgen, daß sich beide Parteien an das halten, was abgesprochen wurde, damit das beste Ergebnis erreicht werden kann.“

Noch einmal: Ich kann Dir nur aus meiner Erfahrung sagen, was für mich funktioniert, und Du mußt herausfinden, was für Dich funktioniert; denn Du wirst ganz andere Mitarbeiter anziehen als ich.

Also, was funktioniert bei mir?

Da ich einige Monate des Jahres in Neuseeland und einige Monate in Kanada wohne und meine Mitarbeiter in Deutschland tätig sind, kann ich keinen Mitarbeiter gebrauchen, den ich ständig motivieren und dem ich dauernd auf die Finger schauen muß - also nochmal: Die Auswahl ist von Beginn an entscheidend.

Und wenn ich anfangs gesagt habe, daß ich meine Mitarbeiter nicht motiviere, dann bezieht sich das darauf, daß ich nichts bewußt unternehme, um sie zu motivieren, (abgesehen von gelegentlichen Wettbewerben, die aber keine Dauermotivation sind, sondern höchstens ab und zu eine Extra-Wirkung haben).

Wenn ich meine Seminarleiter frage, was sie motiviert hat, sich für eine Zusammenarbeit zu entscheiden, dann sagen sie mir, daß ihnen klar geworden ist, an einer großen und großartigen Aufgabe mitwirken zu können, und daß es Zeit für sie wurde, eine langfristige klare Entscheidung zu treffen.

Mit anderen Worten, sie sind ebenso begeistert von dem, was wir tun, wie ich selbst - es war und ist auch meine Motivation.

Nun sage ich nicht, daß man nur in unserem Bereich eine großartige Aufgabe findet. Es geht darum, eine großartige Aufgabe zu haben, etwas, wofür man sich gern einsetzt.

Ich könnte mir beispielsweise genausogut vorstellen, mit Begeisterung Hilfsgeräte für Behinderte zu entwerfen. Ich könnte mir auch vorstellen, genauso wie mein Sohn, grafische Designs oder Häuser am Computer zu entwerfen - was auch immer.

Dauermotivation kann nicht mit Geld, nicht mit Altersvorsorge-Plänen und auch nicht mit Wettbewerben bei Mitarbeitern erreicht werden, sondern nur mit einer großartigen Aufgabe, die größer ist als man selbst oder als das, was man allein erreichen könnte! Als ich Hermann Gmeiner, den Gründer der „SOS-Kinderdörfer" in Innsbruck besuchte und interviewte, wurde mir dies besonders klar. Keiner arbeitete für ihn, er war nicht der Boß. Jeder war Teil der großen Aufgabe. Dennoch lebte er ein traumhafteres Leben als jeder Top-Manager, den ich je kennenlernte. Er hatte nicht einmal ein eigenes Bürozimmer, keine Sekretärin und somit absolute Freiheit!

Es sagte zu mir: *„Meine Mitarbeiter sind alle Prinzen. Demnach muß ich der König sein!"*

Seine Aufgabe und seine Art haben bei mir einen sehr starken Eindruck hinterlassen. Ich glaube, daß die Zeit gekommen ist, in der immer mehr Menschen eine großartige Aufgabe erfüllen wollen, anstatt nur irgendwo „von 8 bis 16.00 Uhr" zu arbeiten.

Kein Chef kann erwarten, daß seine Mitarbeiter begeistert sind, wenn er nicht selbst begeistert ist.

Eltern können nicht erwarten, daß ihre Kinder eine positive Einstellung entwickeln, wenn sie sich selbst nicht auf die Zukunft freuen.

Frag Dich also, was ist Deine „große Aufgabe“, und dann vermittle diese große Aufgabe so an Deine Mitarbeiter, daß sie Deine Vision sehen können. Wir haben Teilnehmer aus allen Branchen, und ich kann mich in jeden hineindenken, daß er von seiner Aufgabe erfüllt und begeistert ist. Nachdem wir gerade unser neues Haus einrichten, kann ich mir vorstellen, wieviel Freude es bringt, wenn jemand Küchen aufstellt, Fliesen legt, Wände streicht, Lampen liefert und installiert, Gardinen aufhängt, Teppichboden verlegt oder auch eine Versicherung verkauft, damit man ein ruhiges Gefühl haben kann, daß die ganze Arbeit, die man in ein Haus gesteckt hat, zumindest finanziell abgesichert ist.

Wir sind nicht nur auf diesem Planeten, um unsere Persönlichkeitsentwicklung voranzubringen, sondern auch, um Freude zu haben und dankbar sein zu können.

Und alles, was mir Freude bereitet, was also Grund ist, dankbar zu sein, ist vielleicht der Teil einer großen Aufgabe desjenigen, der daran beteiligt ist, mir diese Freude zu bereiten.

Sag Deinem „Ja, aber ...“ also:

„Mein liebes ‚Ja, aber ...‘, ich möchte nicht nur selbst Teil einer großen Aufgabe sein, sondern ich möchte dies auch ausstrahlen. Ich möchte also meine Begeisterung von dem, was ich für andere tun will, ausstrahlen und auf alle übertragen, die daran beteiligt sind.

Aus diesem Grund will ich mir heute klarmachen, wie sich meine große Aufgabe auf andere auswirkt. Ich will mir klarmachen, daß ich allein mit meiner Begeisterung andere Menschen inspiriere, ebenfalls mehr Freude, Begeisterung und Dankbarkeit in ihr Leben zu bringen."

Angenommen, Du würdest Dir Deine große Aufgabe jeden Tag bewußtmachen, wäre das nicht ein Grund mehr, dankbar zu sein und diese Dankbarkeit auch auszustrahlen?

Ich sehe meine Aufgabe
als „große Aufgabe",
denn ich mache mir immer wieder klar,
welchen Beitrag ich damit leiste,
Freude, Begeisterung und Dankbarkeit
auszustrahlen.

10. Woche. Donnerstag

Als meine Frau und ich uns kennenlernten, schien sie die einzige zu sein, die meine Fähigkeiten sah. Genauso war es umgekehrt. Ich sah in ihr Qualitäten, die sie selbst noch nie entdeckt hatte. Dieses Phänomen wurde mir im Laufe der letzten 20 Jahre immer klarer. Wir haben alle nur einen kleinen Teil unserer Fähigkeiten entwickelt, und die meisten von uns sehen selbst auch nur einen Teil ihres Potentials. Natürlich gibt es auch Menschen, die sich selbst völlig unrealistisch überschätzen und deren hauptsächliche Fähigkeit darin besteht, eine „Show abzuziehen", aber das will ich nur als Ergänzung erwähnen.

Es scheint einen direkten Zusammenhang zu geben zwischen dem Grad der Verliebtheit und der Fähigkeit, die Qualität der Person zu sehen, die wir lieben.

Ich möchte wieder nur von mir sprechen: Wenn ich jemanden mag, dann habe ich das Bedürfnis, ihm etwas zukommen zu lassen, ihm etwas Gutes zu tun, zumindest aber, ihm etwas Gutes zu wünschen. Wenn mir also ein potentieller Mitarbeiter sympathisch ist, dann möchte ich ihn erfolgreich sehen - ich möchte das Beste für ihn.

Und wenn ich das Beste für ihn möchte, dann sehe ich ja bereits aus meiner Erfahrung, wie er sich entwickeln kann - ich sehe sein Potential.

Genauso ist es mit Kindern. Ich habe schon in sehr frühem Alter Alexanders Potential gesehen, mit dem Computer zu „arbeiten". Es war in der Schule auch das einzige Fach, was ihn wirklich begeisterte und in dem er zum Abschluß eine Auszeichnung und einen 1. Preis erhielt.

Genauso habe ich allerdings auch sein Potential gesehen, ein guter Schwimmer zu werden. Aber nachdem er im Alter von 12 der beste Schwimmer in der Schule war und nun zu Wettbewerben mit anderen Schulen geschickt wurde, (wovon er nicht begeistert war), verlor er die Lust daran, dieses Potential weiter zu entwickeln.

Es geht also nicht nur darum, wie wir das Potential des Partners, Kindes oder Mitarbeiters sehen, sondern auch und an erster Stelle darum, wie der andere selbst dazu eingestellt ist, worauf wir natürlich kaum Einfluß haben.

Aber ich sehe auch immer wieder, daß es Mitarbeiter gibt, die Leistung bringen, wenn der Chef sie links liegen läßt oder gar demotiviert. Die Antwort ist: Sie wollen es ihm zeigen - sie wollen ihm beweisen, daß er unrecht hat, oder sie wollen leiden und haben ihre „Freude" am Jammern.

Die Frage ist: Welcher Führungsstil paßt zu Dir und somit: Welche Mitarbeiter möchtest Du in Deinem Team haben?

Ich gehe also einmal davon aus, daß Du keine Mitarbeiter haben willst, die es Dir zeigen und beweisen wollen; denn sie werden Dir auch andere Dinge zeigen und beweisen wollen ...

Und um vorher zu wissen, welches Potential jemand entwickeln will, gibt es nur eine Möglichkeit.

Frag ihn und hör aufmerksam hin!

Ich war immer wieder erstaunt, wie gut sich unsere Mitarbeiter entwickelt haben, sobald sie das Gefühl annehmen konnten, daß wir an sie glauben.

Ich kann mich auch daran erinnern, welch enorme Energie es in mir freisetzte, nur weil meine Frau an mich glaubte. Gerade zu dem Zeitpunkt, an dem ich ganz unten war, konnte sie mir vermitteln, daß sie an eine große gemeinsame Zukunft glaubt und vor allen Dingen an erster Stelle daran, daß ich es überhaupt schaffen werde. Inzwischen hat sie mir gesagt, daß sie im Traum nicht daran gedacht hat, eines Tages den Lebensstil führen zu können, den wir heute haben. Ich dagegen hatte damals gedacht, daß sie das alles - ich möchte fast sagen - von mir erwartet hatte.

„Schön, wenn wir es erreichen, aber wenn nicht, ich war genauso glücklich, als wir noch arm waren“, ist ihre Einstellung, die mir einerseits genug Motivation und andererseits genug innere Ruhe gab. Ich konnte schon bald in der „Ich-darf-Phase“ mein Bestes geben.

Sag Deinem „Ja, aber ...“ also:

„Mein liebes ‚Ja, aber ...‘, ich will bei anderen und auch bei mir mehr das Potential sehen. Ich will mich nicht auf das beschränken, was gerade ist, sondern meinen Blick auf das richten, was sein wird.

Das heißt nicht, daß ich in ‚rosarotes Denken‘ verfallen will und Hoffnungen in andere setze, die diese nie erfüllen wollen. Aus diesem Grund will ich diejenigen, deren Potential ich visualisieren will, zuerst fragen, was sie selbst vorhaben und wie sie selbst über ihr Potential und ihre Zukunft denken.

Ich will deshalb nicht nur blind an etwas glauben, sondern gemeinsame Ziele stecken und die Teilerreichung dieser Ziele ständig überprüfen, damit die Motivation und der Glaube an diese Ziele realistisch bleiben.

Ich will mir klarmachen, daß ich selbst schon viel erreicht habe und noch viel mehr erreichen werde; denn ich lerne täglich hinzu und kann somit immer mehr erreichen - spirituell, persönlich, beruflich und finanziell.

Jeder kann wachsen, wenn er wachsen will. Ich will mich bei allen Menschen, die mir wert und wichtig sind, mehr auf deren Potential konzentrieren als auf deren Schwächen; denn es scheint eine universelle Gesetzmäßigkeit zu sein, daß ich allein mit meiner Aufmerksamkeit das fördere, worauf ich meine Aufmerksamkeit lenke."

Können wir nicht dankbar sein, daß unser Potential stets größer ist als das, was wir bisher daraus gemacht haben, stets größer sein wird, egal, wie weit wir es auch entwikkelt haben werden?

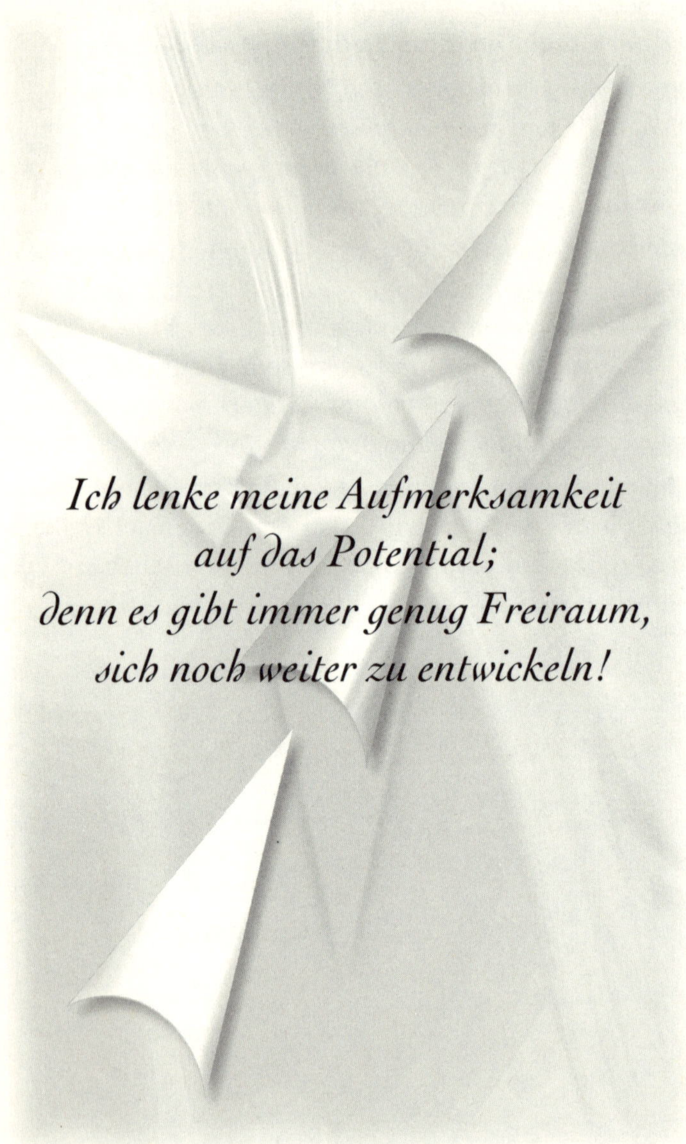

Ich lenke meine Aufmerksamkeit
auf das Potential;
denn es gibt immer genug Freiraum,
sich noch weiter zu entwickeln!

10. Woche, Freitag

Wenn man also nicht schon von Beginn an „perfekte" Mitarbeiter (und Kinder) hat, dann müssen wir ihnen die Gelegenheit geben zu lernen und zu wachsen. Das heißt allerdings auch, daß wir damit leben können müssen, wenn sie Fehler machen. Wenn wir ehrlich sind, dann unterlaufen uns selbst auch Fehler, aber das ist natürlich etwas anderes ...

Nachdem wir aber nach wie vor verantwortlich sind, sind wir auch dafür verantwortlich, wem wir welche Aufgaben übertragen und wie wir die Durchführung entsprechend kontrollieren; denn bezahlen müssen wir letztendlich für alle Fehler selbst - für unsere und für die der Menschen, die unter unserer Obhut stehen!

Der entscheidende Punkt ist der, daß wir für dieses Bezahlen auch etwas erhalten, nämlich Erfahrung!

Und noch wichtiger ist es, daß wir von dieser Erfahrung profitieren!

Selbst wenn wir „alles" (Haus, Geld, Beruf ...) im Leben verlieren sollten, es bleibt uns immer die Erfahrung! Und ich habe mehr als einmal erlebt, daß wir genau aus diesem Grund nie wieder ganz von vorn anfangen müssen. Von vorn muß immer nur derjenige beginnen, der nichts hinzulernt! Schlimmer sogar - er bekommt ein und denselben Lernprozeß immer und immer wieder aufgetischt, und zwar in immer unangenehmeren Situationen.

Nachdem einem jungen Angestellten in einer Firma ein großer Fehler unterlaufen war, der Tausende von Mark kostete, sagte der Angestellte, als er zum Chef kommen mußte: „Sie werden mich sicher feuern." Worauf der

Chef antwortete: „Nicht, nachdem wir gerade soviel Geld in Sie investiert haben!“

Ich habe die Erfahrung gemacht, daß unsere Kunden uns Fehler verzeihen, solange wir nach wie vor glaubwürdig bleiben. Glaubwürdigkeit ist die beste Versicherung überhaupt. Wir alle können in Situationen kommen, in denen alles davon abhängt, ob wir glaubwürdig sind oder nicht.

O.J. Simpson war allein schon deshalb nicht glaubwürdig, weil er vorher seine Frau mehrmals verprügelt hatte.

„Ich könnte ihr nie etwas antun!“ Wieviel war diese seine Aussage wert, als die Bilder von seiner verprügelten Frau gezeigt wurden?

Wie glaubwürdig ist jemand, der nicht ehrlich ist?

Wie glaubwürdig ist jemand, der ständig unpünktlich ist?

Wie glaubwürdig ist jemand, der seine Vereinbarungen nicht einhält?

Wie glaubwürdig ist jemand, der stets anderen die Schuld gibt?

Wenn wir uns selbst und andere zum Erfolg führen wollen, dann ist Glaubwürdigkeit eine der wichtigsten Voraussetzungen überhaupt.

Wir müssen uns also immer wieder fragen:

Halte ich meine Vereinbarungen ein?

Sind meine Vereinbarungen klar und eindeutig, oder lasse ich mir immer eine Hintertür für Ausreden offen?

Bin ich ehrlich (auch wieder ohne Raum für Ausreden)?

Kann man sich auf mich verlassen?

Ich erlebe immer wieder Menschen, die sich darüber aufregen, daß man ihnen kein Vertrauen entgegenbringt. Warum soll ich jemandem vertrauen, wenn er sich nicht glaubwürdig verhält!?

Glaubwürdigkeit und Vertrauen kann man sich nicht über Nacht „aneignen". Man muß es sich über Monate und Jahre verdienen. „Mercedes" hat ein ganzes Jahrhundert gebraucht, um den Firmennamen weltweit aufzubauen. Es hat nur ein A-Klasse-Fahrzeug gebraucht, um diese Glaubwürdigkeit zumindest in Frage zu stellen.

Sag Deinem „Ja, aber ..." also:

„Mein liebes ‚Ja, aber ...', ich will mir und anderen Freiraum zum Wachsen geben. Wer wachsen will, wird hinzulernen müssen, und wer hinzulernen will, wird Fehler begehen. Ich will ab heute mit meinen und den Fehlern meiner Mitarbeiter und Kinder leben. Aber ich werde aus allen Fehlern lernen und auch dafür sorgen, daß meine Mitarbeiter und Kinder aus ihren Fehlern lernen.

Nachdem mir klargeworden ist, daß meine Kunden mir meine Fehler verzeihen, wenn ich ansonsten glaubwürdig bin, werde ich immer stärker darauf achten, mir meine Glaubwürdigkeit jeden Tag neu zu verdienen.

Ich werde ehrlich und pünktlich sein, werde klare Vereinbarungen treffen und mich daran halten und meinen gesamten Lebens-Stil so einrichten, daß ich mich selbst respektieren und achten kann."

Inzwischen wirst Du das Geheimnis der Dankbarkeit begriffen haben: Du kannst Dir die schönsten Geschenke des Lebens nur selbst machen. Wenn Du Dir Glaubwürdigkeit selbst verdient hast, dann kannst Du es genießen, glaubwürdig zu sein, und das Gefühl tiefer Dankbarkeit durch Dich fließen lassen.

Am besten gleich jetzt einmal:

Atme tief aus - atme tief ein, und sage zu Dir: „Ich bin -“, und dann atme tief aus und sage Dir: „- dankbar.“

Auch heute will ich an erster Stelle
in meine Glaubwürdigkeit investieren.

Lieber Alfred,

am liebsten würde ich schreiben: „Wenn ich das doch bloß schon viel eher hätte lesen können ..."

Aber ich habe inzwischen begriffen, dankbar dafür zu sein, daß ich es wenigstens heute zu lesen bekomme und nicht noch weitere kostbare Lebensjahre im Dunkeln tappen muß. Außerdem wird es einen Grund gehabt haben und wenn ich ehrlich bin, dann den, daß ich dafür einfach noch nicht offen war.

Somit frage ich mich natürlich:

Warum wollte ich davon bisher noch nichts hören?

Warum habe ich mir das Leben so schwer gemacht?

Warum habe ich mir selbst im Weg gestanden?

Mein „Ja, aber ..." heißt also: Ich kapiere, daß das alles Hand und Fuß hat, aber warum habe ich das alles nicht schon viel früher erfahren?

Als Aufgabe für Sonntag nehme ich mir vor, mir einen schriftlichen Plan auszuarbeiten, wie und in welchen konkreten Situationen ich meine Beziehungen verbessern kann.

11. Woche, Montag

Wir haben alle ein und dasselbe Gewissen, aber nicht alle ein und denselben Zugang zu unserem Gewissen. Damit will ich eine Verbindung und Ergänzung zu dem vorher Gesagten schaffen, daß wir zwar alle über ein und dasselbe riesige Potential verfügen, aber nicht den gesamten Zugang dazu und somit dieses Potential nie ausschöpfen werden.

Jeder von uns wird in diesem Leben nur einen kleinen Teil dieses Potentials nutzen, und es wird vielleicht noch viele Leben dauern, bis wir auch den Rest völlig ausgeschöpft haben, genauso, wie es bereits „viele Leben“ gedauert hat, bis wir den Teil nutzen konnten, den wir heute nutzen.

Es hat mich immer wieder mit großer Ehrfurcht erfüllt, daß es Kinder gibt, die bereits mit unglaublichen Fähigkeiten auf die Welt kommen. Sei es, daß es Kinder gibt, die schon mit drei oder vier Jahren Instrumente spielen, komponieren oder unglaubliche mathematische oder andere Fähigkeiten „mitbringen“. Woher haben sie diese Fähigkeiten mitgebracht, wenn nicht aus einem anderen Leben oder aus einer anderen Dimension?!

Und wenn wir uns unsere eigenen Fähigkeiten anschauen und dann berücksichtigen, wie klein die Fortschritte sind, die wir innerhalb von 5, 10 oder gar 20 Jahren machen, dann wird doch klar, daß wir nicht erst bei der Geburt angefangen oder nur Zugang zu dieser Dimension haben können!

Und wenn wir dann auch noch die Unterschiede zwischen allen Kindern oder auch nur zwischen den Kindern von ein und demselben Elternpaar betrachten, dann wird doch noch klarer, daß wir alle völlig verschiedene Voraussetzungen „mitbringen". Und das ist auch die ganz normale Ausdrucksweise, die wir alle verwenden.

„Das hat sie/er von Beginn an mitgebracht."

Und mit unserem Gewissen ist es ebenso wie mit unserem Potential. Wir haben alle ein und dasselbe Gewissen, und wir haben alle ein und dasselbe Potential. Wenn wir uns unser Potential als Kreis vorstellen, dann hat jeder Einzelne von uns einen völlig anderenTeil des Kreises für sich erschlossen. Somit sind wir alle völlig verschiedene Persönlichkeiten. Genauso ist es mit dem Gewissen. Jeder hat den vollen Kreis als Gewissen, aber für jeden ist ein anderer Teil davon zugänglich. Wenn wir in ein Gefängnis gehen und uns mit den Häftlingen unterhalten, dann haben wir es zu 80 % mit völlig unschuldigen Leuten zu tun - natürlich nur aus deren Sicht.

Ich will an dieser Stelle keine Abhandlung über den Sinn oder Unsinn in Bezug auf den Strafvollzug beginnen, sondern nur aufzeigen, daß jeder sich seine eigene Welt schafft und daß jeder einen anderen Zugang zu seinem Gewissen hat, und zwar so viel, wie er für sich verkraften kann.

Wenn jemand eine (noch) ungeschliffene rohe Persönlichkeits-Struktur hat und bereits einen vollen Zugang zu seinem Gewissen hätte, dann würde er sofort von seinem „schlechten Gewissen" - ich sage ruhig einmal - „erschlagen" werden.

Stell Dir vor, wenn Du etwas angestellt hast, wenn Dir ein Fehler unterlaufen ist, wie sehr Dich das umgehend belastet. Unsere „normale“ Reaktion darauf ist meistens, daß wir damit beginnen, es uns in irgendeiner Weise so zu „verkaufen“ daß es uns selbst nicht zu tief trifft - wir rationalisieren es also, fertigen uns Rechte an. Wir rechtfertigen es.

Jemand, der im Gefängnis sitzt und etwas angestellt hat, weiß einerseits, daß es nicht in Ordnung war, wird aber andererseits daran „arbeiten“, eine Rationalisierung dafür zu finden, damit er überhaupt noch vor sich bestehen kann. Ansonsten würde er von seinem „schlechten Gewissen“ erschlagen werden. Mit anderen Worten, er würde seinem Leben selbst ein Ende bereiten wollen. Aber wenn wir unserem Leben selbst ein Ende bereiten, dann haben wir keinen Körper mehr zur Verfügung, um genau die Lernprozesse laufen zu können, für die wir eigentlich hier auf diese Erde gekommen sind.

Der Grund, warum wir also alle einen verschiedenartigen Zugang zu unserem Gewissen haben, ist der, weil wir alle auf verschiedenen Reifestufen stehen und die absolute Wahrheit, das absolute Licht und die absolute Liebe schlicht und einfach noch nicht ertragen können.

Ich kann mich an Teilnehmer in meinen Seminaren erinnern, die das erste Mal zur inneren Ruhe fanden und es innerlich zuließen, sich der universellen Liebe zu öffnen. Sie erfuhren dies mit einem völlig neuen Gefühl der tiefen inneren Harmonie und nahmen Licht und Wärme wahr.

Auch wenn dieses Gefühl nie wieder vergessen wird, so kehren sie dennoch bald wieder in die „Sicherheit“ der „Normalität“ zurück, bis sie ihre Persönlichkeits-Struktur so weit entwickelt haben, daß sie dieses Gefühl Schritt für Schritt auch in den normalen Alltag mitnehmen können.

Überrascht es Dich zu hören, daß sie dafür tiefe Dankbarkeit empfanden und auch mit Dankbarkeit am ehesten wieder an dieses Gefühl herankamen?

Der Grund also, warum wir noch keinen vollständigen Zugang zu unserem Gewissen haben, ist der, daß wir es noch nicht verkraften könnten.

Ist die Ursache aller Probleme vielleicht sogar die, daß wir Angst vor dieser Liebe haben?

Sag Deinem „Ja, aber ..." also:

„Mein liebes ‚Ja, aber ...', ich erkenne heute, daß ich dankbar sein kann, daß ich bisher noch keinen vollständigen Zugang zu meinem Gewissen hatte, denn ich weiß, daß ich mir meine eigenen Fehler immer zumindest so gut verkaufen konnte, daß ich nicht allzusehr darunter gelitten habe - aber nicht so sehr, daß es mich komplett gelähmt hätte.

Ich erkenne, daß ich damit behütet und beschützt wurde, mich selbst total anzuzweifeln und mich schuldig zu betrachten.

Wenn ich mir vorstelle, daß ich mich mit allen anderen Menschen dieser Welt auf einer Reise befinde, auf der noch keiner angekommen ist und auf der jeder seinen eigenen Weg geht, dann will ich dankbar für den Fortschritt sein, den ich offensichtlich schon gemacht haben muß; denn ansonsten würde ich mich nicht mit dieser Thematik beschäftigen.

Ich will also nicht traurig über das sein, was ich noch nicht erreicht habe, sondern dankbar für das, was ich bereits erreicht habe."

Ich gehe davon aus, daß Dich Dankbarkeit erfüllt, wenn Du Dir ansiehst, wie weit Du auf Deiner Reise schon gekommen bist.

Jeder Fehler trägt dazu bei,
mich auf meiner Lebensreise
weiterzubringen.
Deshalb bin ich dankbar,
daß ich nur so weit Zugang
zu meinem Gewissen habe,
daß mich meine Fehler nicht lähmen,
sondern motivieren,
weiter an mir zu arbeiten.

11. Woche, Dienstag

Wir haben also keinen Zugang zur absoluten Wahrheit, zum absoluten Licht und zur absoluten Liebe, weil wir noch nicht „reif“ dafür sind (und/oder weil wir sogar Angst davor haben). Wir könnten nicht damit leben, klar zu erkennen, wie weit wir noch davon entfernt sind.

Ebenso ist es mit der Selbstverantwortung beziehungsweise mit der Schuldvergabe. Solange wir uns noch nicht so verhalten, wie wir dies idealerweise von uns erwarten, ist es wesentlich einfacher für uns, anderen die Schuld zu geben.

Wenn wir beispielweise noch nicht in der Lage sind, klare Beziehungen zu schaffen, und die Sache geht schief, dann ist es wesentlich einfacher für uns, einen Schuldigen zu suchen, anstatt die Ursache dafür bei uns zu suchen. Nicht jeder reagiert so; denn es gibt auch viele, die dann in Selbstmitleid verfallen und sagen: „Ich mache halt alles falsch“, oder „Ich kann machen, was ich will, ich ziehe immer den kürzeren.“

Wir kommen in unserer Entwicklung nur dann weiter, wenn wir bereit sind (tieferer Zugang zum Gewissen), uns offen zu fragen, inwieweit wir uns die Sache selbst eingefädelt haben. Das ist es, was der Volksmund meint, wenn wir sagen: „Selbsterkenntnis ist der erste Schritt zur Besserung.“

Es geht aber nicht darum, sich ständig selbst die Schuld zu geben und sich in „Sack und Asche“ zu kleiden. Es geht darum, daß wir mit der Einstellung leben: „Wie und wo kann ich hinzulernen, damit mein Leben immer besser und einfacher funktioniert?“

Es geht darum, daß wir klarere Beziehungen schaffen, damit wir nicht länger in Situationen geraten, wo es nur noch darum geht, einen Schuldigen zu bestimmen.

Es geht darum, daß wir „nein“ sagen, wenn wir fühlen, daß die Sache nicht gutgehen kann.

Es geht darum, es zu keiner Beziehung kommen zu lassen, wenn wir spüren, daß wir es mit jemandem zu tun haben, der nicht aufrichtig ist oder dessen Gerissenheit wir nicht gewachsen sind.

Es geht darum, schriftliche Vereinbarungen zu treffen und mit regelmäßigen Kontrollen dafür zu sorgen, daß sich beide Parteien daran halten.

Solange wir anderen die Schuld für Situationen geben, die wir uns - zumindest zum Teil - selbst eingefädelt haben, wollen wir nicht wahrhaben, daß wir selbst daran beteiligt waren und werden diese Fehler immer wieder begehen.

Und nur, weil wir noch keinen Zugang zur vollen Tiefe unseres Gewissens haben, bedeutet nicht, daß wir deshalb von den Auswirkungen verschont bleiben! (Unwissenheit schützt vor Strafe nicht!)

Die Antwort wird also ein Kompromiß bleiben. Wir werden so lange der Wahrheit nicht in die Augen blicken, bis wir sie vertragen können. Und wir werden so lange anderen die Schuld zuschieben, solange wir nicht damit leben können (dies kann wörtlich gemeint sein), anzuerkennen, daß wir uns die Suppe selbst eingebrockt haben.

Sag Deinem „Ja, aber ...“ also:

„Mein liebes ‚Ja, aber ...‘, ich ahne, daß ich mein Leben eines Tages selbstverantwortlich führen werde. Aber solange mich der Druck der vollen Selbsterkenntnis lähmen würde, ziehe ich es vor, nach wie vor auch anderen die Schuld zu geben, damit ich den Mut am Leben nicht verliere.

Ich bin also dankbar für die Möglichkeit, einen Selbstschutz benutzen zu dürfen - den Selbstschutz der Schuldzuweisung. Allerdings bin ich mir darüber auch im klaren, daß ich für diesen Selbstschutz bezahlen muß. Aus diesem Grund will ich mir also vornehmen, immer seltener Schuld zu verteilen. Mein erster Schritt besteht also darin, mir dessen bewußt zu sein, daß ich Schuld als Selbstschutz einsetze und daß ich nur so tue, als hätte ein anderer schuld, damit mir die Lust am Leben nicht vergeht und damit ich nicht zu sehr unter Schuldgefühlen leide, wenn ich mir alles selbst vorwerfe. Ich will mir darüber hinaus gar nichts vorwerfen und auch selbst keine Schuldgefühle machen, wenn mich dies nur lähmen sollte. Wenn es in mir jedoch den Ansporn auslöst, mich zu ändern und zu meinem Vorteil zu verbessern, dann kann ich diese Schuldgefühle auch bei mir einsetzen. Schließlich ist es mein Ziel, eines Tages ohne diesen Selbstschutz auszukommen. Das heißt im Klartext, daß ich eines Tages in der Lage sein werde, volle Selbstverantwortung zu übernehmen. “

Kannst Du für dieses Ziel, für die Aussicht nicht schon heute tief in Deinem Inneren dankbar sein?

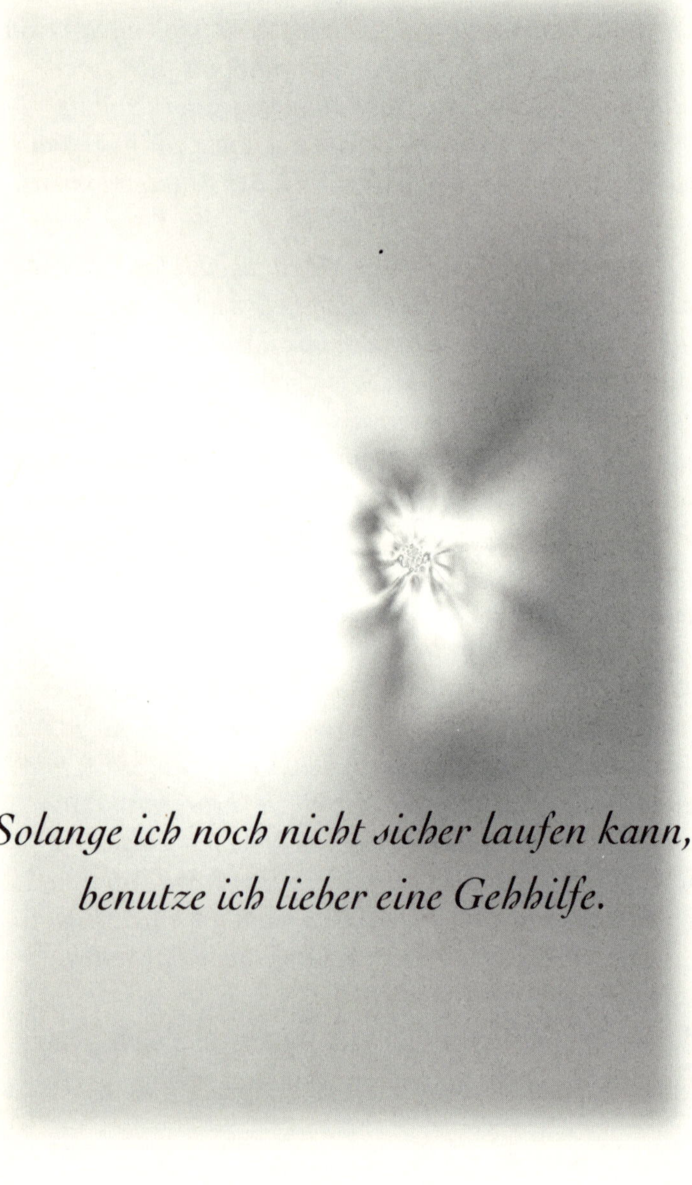

Solange ich noch nicht sicher laufen kann,
benutze ich lieber eine Gehhilfe.

11. Woche, Mittwoch

Ich gehe davon aus, daß Dir inzwischen klar wurde, warum es bisher noch nicht schneller in Deinem Leben voranging. Kein tiefer Zugang zum Gewissen, Schuldvergabe und auch Kritik an anderen sind zwar wunderbare Möglichkeiten, uns selbst zu schützen, aber für diese Schutzmauer müssen wir natürlich auch bezahlen. Wenn wir andere kritisieren oder ihnen die Schuld geben, anstatt Selbstverantwortung zu übernehmen, dann haben wir uns natürlich von der Wahrheit entfernt. Ja, wir haben sogar die Unwahrheit als Selbstschutz aufgebaut, und damit uns dies nicht so tief trifft, versperren wir uns gleichzeitig den Zugang zu unserem Gewissen und haben Ruhe - Ruhe vor dem Sturm.

Kannst Du Dich an die „Goldene Regel“ erinnern?

„Verhalte Dich so, wie Du möchtest,
daß sich andere Dir gegenüber verhalten sollen.“

Nur in dieser Verhaltensweise ruhend, brauchen wir keinen Sturm zu befürchten.

Der Sturm bricht dann aus, wenn andere uns ebenfalls Schuld aufdrücken, wenn andere ebenfalls ihr Gewissen „zumauern“ und sich „wie die Axt im Walde verhalten“, wenn andere es ebenfalls nicht ernst nehmen mit der Wahrheit und natürlich auch, wenn andere als Selbstschutz und Ablenkungsmanöver uns kritisieren, anstatt ihren ersten Schritt zur Selbsterkenntnis zu unternehmen. Dieser Sturm ist für die meisten Menschen der ganz normale Alltag!

Die Gefahr liegt darin, daß die meisten Menschen dies tatsächlich als ganz normalen Alltag betrachten, und alles, was normal ist, kann oder braucht natürlich auch nicht geändert zu werden.

Nochmal: Der erste Schritt besteht darin, für diese Schutzmauern dankbar zu sein, solange wir sie brauchen, um den Mut zum und die Freude am Leben nicht zu verlieren. Aber der nächste Schritt muß darin bestehen, diesen Selbstschutz Schritt für Schritt abzubauen und zu innerer Stärke zu gelangen, damit der Sturm abnimmt.

Natürlich merke ich auch bei mir selbst nach wie vor, daß ich hier und da geneigt bin, anderen die Schuld zu geben. Zum Glück merke ich es inzwischen, und somit habe ich auch die Chance, es sein zu lassen!

„Die Macht der Dankbarkeit" richtig einzusetzen, besteht darin, dankbar dafür zu sein, daß wir wenigstens bemerkt haben, daß wir uns nicht so verhalten haben, wie wir uns verhalten wollen!

Wir werden in unserer Reifeentwicklung nur weiterkommen, wenn wir Schritt für Schritt immer mehr Selbstverantwortung übernehmen. Und je mehr wir weiterkommen, umso tiefer wird auch unser Zugang zu unserem Gewissen. Aber ich habe auch im Laufe der Jahre bemerkt, daß mit zunehmender Reife immer weniger „erlaubt" wird. Mit anderen Worten, unsere innere Führung scheint dafür zu sorgen, daß wir uns immer ethischer verhalten sollen. Es ist ähnlich wie mit unserem Potential. Egal, wie weit wir uns auch entfalten, es bleibt immer noch genügend Potential übrig. Und egal, wie weit wir unseren Selbstschutz auch ablegen, es scheint immer wieder weitere Entwicklungsmöglichkeiten zu geben.

Sag Deinem „Ja, aber ..." also:

„Mein liebes ‚Ja, aber ...‘, ich bin dankbar für die Möglichkeit, mir einen Selbstschutz aufbauen zu können, wenn ich mich zu sehr angegriffen fühle und keinen anderen Weg sehe, mir mein Selbstwertgefühl zu erhalten.

Aber ich bin noch viel dankbarer dafür, daß ich nun konkret weiß, woran es liegt, daß so viel Sturm in meinem Leben war. Ich will von nun an Schritt für Schritt meinen Selbstschutz abbauen und stattdessen meine innere Stärke ausbauen, damit ich eines Tages kaum noch einen Selbstschutz brauche.

Anstatt Schuld zu suchen, werde ich von vornherein dafür sorgen, daß es keinen Schuldigen zu geben braucht. Mir wird somit die Notwendigkeit von eindeutigen, vorher abgesprochenen Vereinbarungen immer klarer. Mir wird immer bewußter, wie wichtig es ist, ‚nein‘ zu sagen, und ich nehme mir vor, mich an erster Stelle selbst an das zu halten, wozu ich mich verpflichtet habe.

Ich will es auch immer mehr aufgeben, andere zu kritisieren. Stattdessen will ich deren Potential erkennen und ihnen helfen, dort anzukommen, wo sie sich am liebsten selbst sehen. Natürlich setzt dies voraus, daß sie es auch wollen. Deshalb will ich keinen in irgendeine Richtung drängen, noch will ich andere überzeugen, überreden oder manipulieren.

Ich habe erkannt, daß ich mir selbst im Weg gestanden habe, aber auch, daß es notwendig war, mich selbst auszubremsen, denn sonst hätte es leicht sein können, daß ich den Mut zum Leben oder zumindest die Freude am Leben verloren hätte.

Ich will deshalb dankbar sein, daß meine Entwicklung im genau richtigen Tempo für mich vorangeschritten ist. Seitdem ich aber weiß, woran es gelegen hat, kann ich nun natürlich viel bewußter vorgehen und meine eigene Geschwindigkeit selbst bestimmen.“

Ist es nicht wunderbar, wie alles im Leben so eingerichtet ist, daß wir einerseits völlige Freiheit haben, aber dennoch immer wieder deutlich erinnert werden, sobald wir eine gewisse Grenze der eigenen Sicherheit überschreiten wollen?

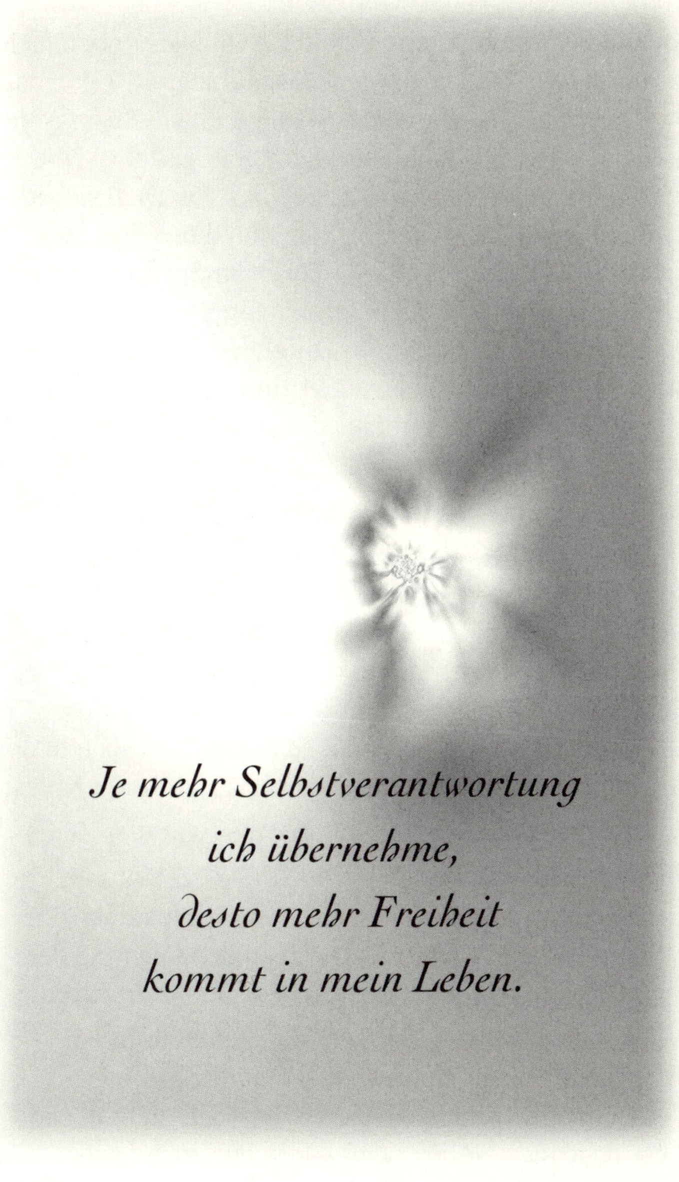

Je mehr Selbstverantwortung
ich übernehme,
desto mehr Freiheit
kommt in mein Leben.

11. Woche, Donnerstag

Ein anderer Grund, warum Dein Leben bisher noch nicht so verlief, wie Du Dir das gewünscht hättest, ist der, daß Du Dich mit Deinen eigenen Standpunkten selbst festgehalten hast (Stand-Punkt, auf den Punkt gestellt). Mit Deinen inneren „Glaubenssätzen" hast Du Dich selbst davon abgehalten, weiterzugehen und diese Welt zu erforschen. Denk zurück, wie Du es angestellt hast, Dich selbst von dieser Thematik fernzuhalten - so lange, bis Du offen dafür warst. Nimm Dir ein paar Minuten Zeit dafür, mit geschlossenen Augen zurückzudenken, wie Du es angestellt hast, bloß nichts davon wissen zu wollen. Ja, bitte jetzt gleich.

Na, warst Du offen genug, erkennen zu können, wie Du Dich selbst jahrelang gegen diese Erkenntnissc regelrecht „gewehrt" hattest?

Wenn Du Dir nicht jetzt die Zeit für diese Denkübung genommen hast oder zumindest gemerkt hast, daß Du Dir die Zeit nicht gleich nehmen wolltest, dann hast Du bereits einen Beweis gefunden, daß Du Dich auch in der Vergangenheit immer wieder selbst verschlossen hattest.

Ist es nicht schier unglaublich, für was wir alles Zeit haben - nicht aber für unsere Weiterentwicklung?

Ein Grund ist der, daß die meisten meinen, sie schaffen es auch „allein". Kannst Du Dich an den Dienstag der ersten Woche erinnern? Dort findest Du die Antwort.

Wir stehen uns also selbst im Weg, weil wir unsere Erfahrungen sammeln wollen, weil wir Spaß haben wollen, weil wir unserem Gewissen noch nicht in der Tiefe begegnen wollen, weil wir lieber noch andere kritisieren wollen, anstatt selbst die Verantwortung zu übernehmen.

Ich glaube, daß ich Deine Frage nach dem „Warum“ beantwortet habe. Laß uns noch betrachten, **wie** wir das anstellen.

Viele Menschen stehen sich allein damit selbst im Weg, daß sie sich mit anderen in einem Blickwinkel vergleichen, der nur zuläßt, zu meinen, daß sie schlechter abgeschnitten haben - das Resultat ist Neid. Auf diese Art und Weise gehen wir aber nicht der wirklichen Ursache auf die Spur, warum unser Leben nicht funktioniert; denn wir suchen den Grund nur in der Begründung: „Ich bin irgendwie zu kurz gekommen.“ Und damit ist alles erklärt. Wenn irgendetwas nicht funktioniert, gibt es immer wieder denselben Grund: „Ich komme immer zu kurz - andere haben es leichter als ich, können mehr als ich, hatten bessere Eltern als ich, werden bevorzugt usw.“ (Lies bitte noch einmal meinen Brief aus der 3. Woche, Montag, um einen ersten Schritt definieren zu können.)

Kannst Du erkennen, daß sich jemand mit dieser Einstellung selbst ausbremst, hinzuzulernen und endlich herauszufinden, wie es bergauf und weiter gehen könnte?

Ein anderer Standpunkt (eher bei Männern) ist zum Beispiel: „Alles, was nicht ausdrücklich verboten ist, ist (für mich) erlaubt.“ Mit dieser Einstellung kann man natürlich sehr viel bewegen, aber letzten Endes nicht viel erreichen; denn diese Menschen werden immer wieder jemandem begegnen, der sich nicht alles gefallen läßt, und ihnen einen entsprechenden Lernprozeß zukommen lassen will.

„Ich mache es richtig oder gar nicht“, ist eine andere Bremse, denn bevor wir uns aufraffen - tun wir lieber gar nichts. Die Antwort dafür heißt: „Lieber ein erster lausiger Schritt als gar keiner.“ Ich will damit natürlich keine „Wurschtigkeit“ (trifft den Kern der Sache besser als „Wurstigkeit“) promoten und bin absolut dafür, eine gute Arbeit zu leisten. Allein schon aus dem Grund, daß eine lausige Arbeit es nicht wert ist, verrichtet zu werden. Was ich hiermit sagen will, ist, daß wir uns mit dieser Einstellung oft davon abhalten, zumindest einmal zu beginnen, zumindest hinzuzulernen, zumindest einen ersten Schritt zu tun!

Eine weitere Einstellung (eher bei Frauen) ist: „Mir zuliebe wird er sich ändern.“ Wieviele Frauen benötigen bis zum 45. oder 50. Lebensjahr, bis sie feststellen, daß sie für ihren Mann „alles“ tun oder sein könnten, ohne auch nur die geringste Chance zu haben, ihn in seiner Einstellung und Verhaltensweise zu ändern? Sie opfern sich für ihn auf, schließen beide Augen, um die oft unethische, aber zumindest unmögliche Verhaltensweise ihres Ehepartners nicht zu sehen, und reden sich auch noch ein, daß sie ein „besserer“ Mensch sind, wenn sie als „gute“ Frau voll und ganz hinter ihrem Mann stehen.

Viele stehen sich damit im Weg, indem sie meinen, daß die Welt dann funktioniert, wenn sie alles und jeden glücklich machen, um eines Tages herauszufinden, daß viele Menschen gar nicht glücklich sein wollen oder unter „glücklich sein“ etwas ganz anderes verstehen! Andere meinen, daß ihr Leben dann am besten funktioniert, wenn sie überhaupt nicht auffallen oder wenn sie gar nichts unternehmen.

Wie kann man also diese „Standpunkte“ verlassen und sich endlich bewegen?

Die erste Frage heißt: „Was will ich erreichen?“

Und die zweite Frage heißt: „Welche Art von Meinung, Standpunkt oder Einstellung müßte ich einnehmen, um das innere Einverständnis zu bekommen, mich endlich in eine (zumindest etwas) andere Richtung zu bewegen?“

Ich erwarte nicht, daß Du alles über den Haufen wirfst, was Du bis heute für richtig gehalten hast. Es geht mir nur darum, Dir aufzuzeigen, wo die Antwort auf Deine Frage liegt. Hoffentlich spürst Du an Deiner inneren Reaktion, wie sehr Du Dich dagegen wehrst. Das ist die Bestätigung dafür, daß Du an den Kern der Sache gekommen bist.

Sag Deinem „Ja, aber ...“ also:

„Mein liebes ‚Ja, aber ...‘, ich bin bisher im Leben ganz gut mit meinen Einstellungen und Standpunkten klargekommen und will auch über Nacht nichts völlig auf den Kopf stellen, weil mich das viel zu sehr durcheinanderbringen würde. Aber ich sehe nun auch, daß ich einige Grenzen erreicht habe und vor allen Dingen immer wieder in ähnliche Situationen komme. Aus diesem Grund will ich meine Standpunkte nicht nur überprüfen, sondern endlich verlassen!

Es kann im Leben nicht darum gehen, einen einmal eingenommenen Standpunkt nie wieder zu verlassen, sondern darum, diese Welt und vor allen Dingen meine eigene innere Welt zu erforschen und zu erweitern.

Ich will mir deshalb jeden Tag ein paar Minuten Zeit dafür nehmen, in der Stille herauszufinden, womit ich mich bisher ausgebremst habe und mit welcher Einstellung ich in meiner Reifeentwicklung weiterkommen werde.“

Könnte es sein, daß alles seinen guten Grund hatte und daß deshalb nicht nur Dankbarkeit, sondern tiefe Ehrfurcht angebracht ist?

Welcher Standpunkt
hat mich bisher festgehalten?
Welche Einstellung würde mich fördern?

11. Woche, Freitag

Die Hauptgründe, warum wir unsere Standpunkte nur so schwer verlassen können, sind folgende:

Wir müßten zugeben, daß wir uns so lange geirrt haben.

Wir würden damit ein Stück unseres Sicherheitsgefühles aufgeben.

Es ist total gegen das, was wir seit „ewigen Zeiten" gewöhnt sind.

Wir können nicht daran glauben, daß es funktioniert.

Nachdem wir diejenigen mit einem gegensätzlichen Standpunkt kritisierten, fällt es uns besonders schwer, auch nur einen kleinen Schritt in diese Richtung zu unternehmen.

Zusammenfassend können wir also sagen, daß auch unsere Standpunkte ein Selbstschutz für uns sind.

Und die Frage bleibt offen, wie wir diesen Selbstschutz abbauen können.

Wäre es nicht unglaublich, wenn die Macht der Dankbarkeit auch hier eine Lösung bringen würde?

Da es sich ebenfalls um einen Selbstschutz handelt, wenn wir unsere Standpunkte nicht verlassen wollen, können wir auf jeden Fall dankbar dafür sein, daß dieser Selbstschutz offensichtlich für uns funktioniert hat. Der nächste Schritt besteht darin, uns an Mittwoch der 3. Woche zu erinnern.

„Ich bin dankbar, daß ich diesen Standpunkt hatte. Er war richtig und wichtig für mich, weil er mir weitergeholfen hat. Ab heute möchte ich diesen Standpunkt ändern, damit ich nicht länger auf der Stelle trete, sondern

mein Leben in völlig neue Dimensionen ausdehnen kann."

Auf diese Art und Weise wird die Energie neutralisiert, mit der wir diesen Standpunkt erzeugt haben. Ich möchte Dir dies umfassender erklären.

Wenn wir etwas haben wollen, dann sehen wir das, was wir haben oder erreichen wollen, in einem rosaroten Licht. Es sieht also absolut positiv aus. Und je positiver es aussieht, umso mehr Energie haben wir verwendet, es aufzuladen. Natürlich haben wir unsere Standpunkte enorm mit positiver Energie aufgeladen. Das erkennst Du daran, wie stark wir die Nachteile empfinden, die ich am Anfang dieses Briefes aufgeführt habe.

Nun ist es so, daß wir alles, was wir mit positiver Energie aufgeladen haben, natürlich auch bekommen und/oder behalten wollen. Und alles, was wir mit negativer Energie aufgeladen haben, wollen wir entweder loswerden oder gar nicht erst erhalten.

Unser Leben wird dann erst „ausgeglichen" sein, wenn wir unsere Energien neutral aufgeladen haben. Diesen Zustand empfinden wir dann als „innere Harmonie". Um also einen Standpunkt, der mit viel positiver Energie aufgeladen ist, dennoch loszuwerden, müssen wir ihn neutralisieren. Schau Dir bitte die eingangs erwähnten Gründe an, zu denen ich jetzt Satz für Satz eine Auflösung gebe.:

Sag Deinem Standpunkt also:

„Ich bin dankbar, daß du mein Standpunkt warst. Du warst bis heute richtig und wichtig für mich. Ab heute will ich offen dafür sein, wenn du dich entwickeln und

erweitern willst, damit ich nicht nach Jahren erkennen muß, daß ich an etwas festgehalten habe, was längst nicht mehr zeitgemäß war.

Ich bin dankbar, daß du mir stets ein Gefühl der Sicherheit gegeben hast. Da sich mein Leben und meine Umstände geändert haben, kannst du nur dann Sicherheit für mich bedeuten, wenn auch du dich änderst und den neuen Lebens-Umständen anpaßt.

Ich bin dankbar, daß ich mich an dich gewöhnt hatte. Nachdem Gewohnheit aber zur Trägheit wird, möchte ich ab heute wieder dynamischer werden.

Ich bin dankbar, daß du mir den Glauben vermittelt hast, daß mein Leben funktioniert. Damit es weiterhin funktionieren kann, ist es notwendig, daß du dich dem öffnest, was uns weiterbringt.

Ich bin dankbar, daß ich mit der Kritik an anderen ein Ventil und Selbstschutz hatte. Ich fühle mich nun aber stark genug, Schritt für Schritt darauf verzichten zu können."

Mit dieser Einstellung können wir die rein positiv aufgeladene Energie dieser Einstellung mehr und mehr neutralisieren, bis wir uns innerlich offener, harmonischer und ausgeglichener fühlen. Das ist der Zustand, der oft als „loslassen" bezeichnet wird.

Was ist, ist -
was nicht ist, ist nicht.

Um diesen Satz richtig zu verstehen, möchte ich Dich bitten, noch einmal den Freitag-Brief der zweiten Woche zu lesen.

Loslassen heißt also, daß wir weder mit total positiver Energie auf unsere Ziele zustürmen, noch mit negativ aufgeladener Energie gegen etwas wehren, was unaufhaltsam auf uns zukommt.

Mit neutral aufgeladener Energie können wir Dinge bewegen, als würden sie auf einem Magnet-Kissen schweben. Und das ist mit „loslassen“ gemeint.

Jedes „Recht-haben-wollen“ ist einseitig mit Energie aufgeladen. Wir sträuben uns damit, im Fluß der Zeit, im Fluß des Universums zu sein und müssen entsprechend dafür bezahlen. Mehr darüber in der letzten Woche; denn ich bin sicher, daß das Dein letztes „Ja, aber“ sein wird.

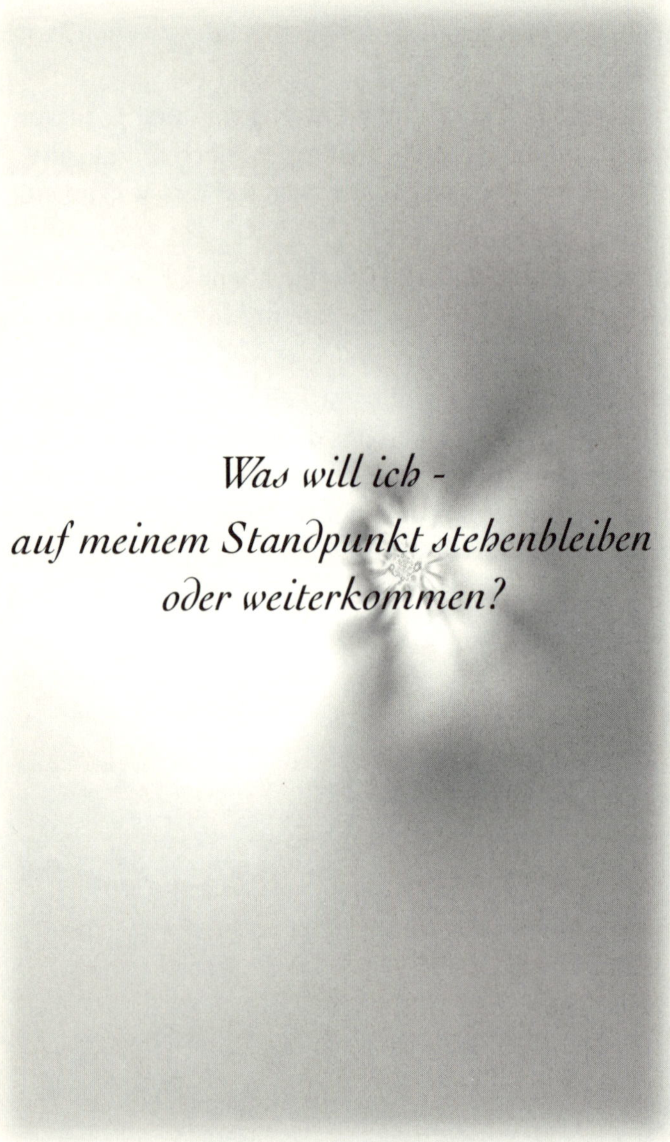
Was will ich -
auf meinem Standpunkt stehenbleiben
oder weiterkommen?

Lieber Alfred,

ich kann kaum glauben, daß ich Dir letzte Woche noch die Frage stellte, warum ich das alles noch nicht viel eher erfahren habe; denn nach dieser Woche ist mir alles klar.

Es ist sogar so logisch nachvollziehbar, daß ich mich frage, warum ich nicht schon viel eher selbst darauf gekommen bin, aber das hatten wir ja gerade ...

Der überraschendste Teil war für mich, daß wir uns sogar den Zugang zu unserem Gewissen selbst verschließen, nur damit wir nicht der vollen Wahrheit ins Gesicht sehen müssen.

Damit wurde mir auch klar, warum immer wieder von einem blendenden Licht gesprochen wird, sobald jemand nach seinem Tod seinem „Schutzengel“ oder welchem „Lichtwesen“ auch immer begegnet. Ich kann mir das jetzt richtig vorstellen, wie es sein muß, der vollen Wahrheit zu begegnen. Und es muß ein großer Unterschied sein, ob ich mein Leben stets lichtwärts oder im Dunklen verbracht habe. Ich fühle direkt, wie es einen Menschen treffen und schmerzen muß, wenn er ein dunkles Leben verbrachte und dann dem Licht ins Gesicht sehen muß und wieviel Freude es jemandem bereitet, wenn er erkennt, daß sich seine Ehrlichkeit und Aufrichtigkeit „gelohnt“ hat.

Diese Zusammenhänge so klar zu erkennen, war eine wirkliche Freude für mich. Ich werde mich also am Sonntag hinsetzen und mir folgende Fragen stellen:

Wem habe ich bisher Schuld gegeben, obwohl ich zumindest mitverantwortlich war?

Ich werde diese Person gedanklich in Licht und Liebe einhüllen und mir klarmachen, daß sie/er ebenfalls einen Selbstschutz brauchte und mir nicht schaden, sondern nur sich selbst schützen wollte.

Wen habe ich bisher kritisiert, nur um von mir selbst abzulenken?

Ich werde diese Person gedanklich in Licht und Liebe einhüllen und mir klarmachen, daß sie/er ebenfalls einen Selbstschutz brauchte und mir nicht schaden, sondern nur sich selbst schützen wollte.

Mit welchen Einstellungen und Standpunkten habe ich mich bisher selbst ausgebremst?

Ich werde mich fragen, was mir wirklich wichtig im Leben ist und wie ich meinen Standpunkt erweitern kann, damit ich mein Leben in einem viel breiteren Spektrum erleben kann.

Was hatte ich bisher mit ausschließlich negativer oder positiver Energie aufgeladen?

Mir wird an dieser Stelle klar, daß alles, was ich bisher mit negativer Energie auflud, eine „Ich-muß-Phase“ mit sich bringt. Alles, was ich mit positiver Energie auflud, eine „Ich-will-Phase“ und alle neutrale Energie eine „Ich-darf-Phase“ bedeutet. Aus diesem Grund leuchtet es mir auch ein, warum ich in der „Ich-darf-Phase“ keinerlei Anstrengung verspüre, auch wenn es genauso harte Arbeit ist.

Ich habe das Gefühl, daß ich mir diese Fragen von nun an einmal alle drei Monate stellen sollte, damit ich immer weiter vorankomme, denn ich bin sicher, daß es immer neue Erkenntnisse und somit immer weiteren Fortschritt geben wird.

Du hast mir aufgezeigt, daß das wichtigste Geheimnis der Macht der Dankbarkeit vor allen Dingen darin besteht, daß ich das, was ich ändern kann und will, auch ändern soll, und zwar dahingehend, daß ich anschließend dankbar dafür sein kann. Aber wie kann ich sicher sein, daß mein „Schicksal“ mir meine Anstrengungen nicht zunichte macht?

12. Woche, Montag

Ich werde Dir Deine Frage in dieser Woche auf verschiedene Art und Weise beantworten, aber ich muß natürlich vorweg sagen, daß auch ich noch nicht am Ende meines Lebens angekommen bin und somit selbst nicht weiß, was mir mein Leben noch alles bringen wird. Aber wie Du selbst richtig erkannt hast, geht es mir darum, daß wir zumindest selbst unser Bestes geben.

Also - wir verlieren die meiste Lebens(werte)-Zeit, indem wir unser Leben nach anderen richten. Andere bestimmen unser Leben, indem wir uns mehr über die Gedanken anderer Gedanken machen als über unsere eigenen. Dabei vergessen wir, daß unsere eigenen Gedanken - egal, ob über andere oder über uns - die Antworten sind, die wir unserem Unterbewußtsein auf seine Frage geben, wie unser Leben aussehen soll.

Jeder gefühlsgeladene Gedanke, verbunden mit einem Vorstellungsbild, ist eine Anweisung an unseren inneren Helfer, wie wir uns unser Leben wünschen. Auch dann, wenn dies keineswegs unserem Wunsch entspricht! Es funktioniert nicht, wenn wir auf der einen Seite etwas wünschen, und auf der anderen Seite bombardieren wir unser Unterbewußtsein mit genau gegenteiligen Gedanken, Gefühlen und Vorstellungsbildern.

Wenn wir uns unser Unterbewußtsein zum Helfer und nicht zum Gegenspieler machen wollen, dann haben wir keine andere Wahl als die, uns unseres Denkens bewußt zu werden und uns mit unserer Gedanken-Energie auf das auszurichten, was wir von unserem Leben erwarten, und nicht auf das, was wir befürchten.

Wir können also nicht anderen etwas Schlechtes wünschen und uns selbst etwas Gutes; denn unser Unterbewußtsein nimmt jedes emotionelle Gedankenbild als „Auftrag“ an. Und es wird nur überbelastet, wenn wir ständig gegenteilige Gedanken in uns tragen (dem wünsche ich etwas Schlechtes und mir etwas Gutes).

Das ist der Grund, warum die „Goldene Regel“ eine so wichtige und gerechte Rolle spielt. Das, was wir anderen wünschen, wirkt zuerst auf uns selbst. Das, was wir über andere denken, hat eine Auswirkung zuerst auf uns selbst. Und aus diesem Grund sollten wir uns nicht darüber den Kopf zerbrechen, was andere über uns denken oder gar über uns denken könnten.

Es geht in diesem Leben einzig und allein um **unser** Leben und wie wir uns anderen gegenüber verhalten. Aber es geht **nicht** darum, daß wir uns darüber Gedanken machen sollten, wie andere über uns denken oder wie andere ihr Leben leben sollten.

Wir können zu viel Geld kommen, und wir können auch alles verlieren. Wir können zu Macht und Ehre kommen und auch alles wieder verlieren. Was wir jedoch nie verlieren können, wenn wir es uns erst einmal angeeignet haben, ist der spirituelle Stil, in dem wir unser Leben verbringen.

Wenn wir unser Leben entsprechend der „Goldenen Regel“ so führen, daß wir vor uns selbst bestehen können, dann werden wir - egal, was kommt - unser Dasein meistern. Wenn wir Geld, Besitz oder Macht als Lebens-Ziel betrachten, dann wird unser Leben nur ein ständiges Auf und Ab sein. Wir werden stets von der Angst gejagt, daß wir verlieren könnten, was wir uns mühsamst aufgebaut haben. Aber sobald wir uns als Lebensziel stecken, daß wir als weisere und liebevollere Persönlichkeit diese Welt verlassen wollen, werden wir täglich hinzugewinnen - völlig gleich, was kommt. Dann verlieren wir auch die Angst.

Sobald wir genügend innere Kraft aufgebaut haben, werden wir darauf vertrauen, daß wir unser Leben auch aus einem materiellen Scherbenhaufen neu aufbauen können. Nur über Geld, Besitz und Einfluß zu verfügen, bringt weder ein ruhiges Gewissen, noch bringt es innere Harmonie oder tiefes Vertrauen in die Zukunft. Aber wenn wir in unserem Leben an Menschenkenntnis, Selbstvertrauen, Weisheit und Liebe hinzugewonnen haben, wenn wir also die Spielregeln für dieses Leben kennen, dann können wir - egal, was kommt - immer wieder beginnen, und zwar ohne wieder ganz von vorn beginnen zu müssen. Ganz von vorn anfangen muß nur der, der alles Materielle verlor und sich nichts Geistiges oder Spirituelles geschaffen hatte.

Aus diesem Grund ist es wichtig, daß wir uns nicht nach anderen richten, nicht nach dem, was andere für erstrebenswert halten, sondern nach dem, was **uns** erfüllt.

Die Masse ist die Masse, und sich nach der Masse zu richten, bedeutet, ein Leben in der Masse zu führen. Ich kann mich gut daran erinnern, als ich 1983/84 die ersten Seminargruppen nach Neuseeland brachte. Zu dieser Zeit waren der Film und das Buch „Die Möwe Jonathan" gerade populär. Als die Teilnehmer an den Strand kamen und einige Möwen sahen, sagten sie: „Oh, die Möwe Jonathan!"

Meine spontane Antwort darauf war: *„Das ist nicht Jonathan, das ist der Schwarm!"*

Wie groß ist die Chance, einen „Jonathan" zu treffen, wenn es doch Tausende sind, die einen Schwarm ausmachen?

Warum wollen wir uns nach anderen richten? Warum wollen wir unser Leben führen, um andere zu beeindrukken, wenn es sich doch nur um den Schwarm handelt, in dem jeder nur versucht, seinen Brocken zu erhaschen, und neidisch auf den ist, der einen größeren Brocken erhascht hat?

Wenn Du Dein Leben leben willst, dann bleib nicht im Schwarm, sondern geh zu dem, der Dir vorleben kann, wie er ein Leben lebt, das ihn zu sich und seiner inneren Harmonie geführt hat.

Sag Deinem „Ja, aber" also:

„Mein liebes ‚Ja, aber ...', ich möchte mein Leben ***leben****, ich möchte* ***mein*** *Leben leben.* ***Ich*** *möchte mein Leben leben! Ich bin mir klar darüber, daß ich es nicht allen rechtmachen kann, und möchte deshalb mein eigenes Leben leben. Ich weiß, daß ich Geld und Macht auch wieder verlieren kann, und möchte deshalb nicht andere beeindrucken, sondern mein eigenes Leben leben. Ich will selbst herausfinden, was für mich richtig und falsch ist; denn nur ich werde auch die Verantwortung für mein Handeln übernehmen können.*

Ich bin auf diesem Planeten, um mein eigenes Leben zu leben, und genau das will ich heute auch tun."

Können wir nicht unglaublich dankbar dafür sein, daß wir unser eigenes Leben leben dürfen?

Ich lebe mein eigenes Leben!

12. Woche, Dienstag

Ich erinnere mich, daß es beim Hausbau darum ging, eine fertige halbrunde Glasblockwand, bestehend aus 130 Glasblocksteinen, zu versetzen. Diese Wand sieht sehr schwer und unbeweglich aus, wiegt aber „nur“ 260 Kilogramm. Für mich war klar, daß wir zusammen mit etwa acht Männern diese Wand „leicht“ fortbewegen können. Interessanterweise konnte keiner der Bauarbeiter daran glauben, daß dies möglich sei, und wollte nicht einmal einen Versuch starten. Ich fragte jeden Einzelnen, ob er sich zutrauen würde, 35 Kilo tragen zu können - jeder bejahte. Ich zog vier Tragegurte unter die Wand und ließ an jeder Seite vier Leute anfassen. Auf ein gemeinsames Kommando „schwebte“ die Wand auf den Platz, auf den sie sich bewegen sollte - jeder war überrascht.

Robert Hamill hatte sich gemeinsam mit seinem Freund vorgenommen, einen neuen Weltrekord aufzustellen. Sie wollten beide in einem Ruderboot über den Atlantik rudern. Der bestehende Rekord betrug 72 Tage, und die beiden wollten es in 40 Tagen schaffen. Ein unglaubliches, ja fast unmögliches Ziel. Er kam zu mir, um sich Rat zu holen, mit welchem Satz, Wort oder „Mantra“ er sich aufbauen könne, wenn er nach Wochen auf dem Meer das Durchstehvermögen verlieren sollte. Nachdem ich mir sein Vorhaben erklären ließ, empfahl ich ihm das Wort „Zusammen“ - nach 41 Tagen kamen sie am Ziel an.

Solange wir meinen, daß wir im Leben alles allein schaffen können, werden wir immer wieder darauf hingewiesen, daß das nicht so ist. Ich habe in den 80er Jahren den Satz geprägt:

„Die kommenden Jahre werden die individuelle Persönlichkeit des Einzelnen und das Zusammenwirken der gesamten Menschheit in den Vordergrund stellen."

Anders ausgedrückt heißt das, daß derjenige im Fluß der Zeit sein wird, der in der Lage ist, Selbstverantwortung zu übernehmen,

planetarisch zu denken und zu handeln, und

einen Beitrag zu leisten, anstatt andere auszunutzen.

Es geht also um das „Zusammen". Und „zusammen" kann nur funktionieren, wenn erst einmal jeder Einzelne für sich etwas zu geben hat. Wenn ich an Robert denke, dann sagte er mir, daß beide ihr Bestes geben müßten, damit sie zusammen mit einem neuen Rekord ins Ziel kommen. Sie haben abwechselnd gerudert - für jeweils zwei Stunden. Keiner hatte also jemals mehr als knapp zwei Stunden Schlaf an einem Stück - für 41 Tage! Sie gönnten sich keine einzige Minute gemeinsame Pause - einer von beiden hat stets gerudert oder sogar beide zusammen - 24 Stunden pro Tag. Ihnen war ihr Ziel wichtig; denn sie wußten, daß sie als „neue Menschen" auf der anderen Seite des Atlantischen Ozeans an Land gehen würden. Sie wußten, daß sie stürmisch begrüßt und in Neuseeland über Nacht berühmt werden würden, und sie wußten, daß viele andere Menschen von ihren Erfahrungen und Geschichten profitieren würden.

Mit „Zusammen" meine ich nicht, klein beizugeben und auch nicht, sich anzuhängen. Mit „Zusammen" meine ich an erster Stelle, uns an unsere innere Kraft, an unsere innere Führung zu wenden, damit wir zuerst herausfinden, was zu uns paßt. Herauszufinden, was **heute** zu uns paßt, um mit einem **inneren** Zusammen unserer Gedanken, Gefühle und Vorstellungsbilder unser Bestes zu geben und dann im äußeren „Zusammen“ den oder das zu finden, was uns Kräfte verleiht und Möglichkeiten finden läßt, die wir allein nie freigesetzt oder gefunden hätten.

Ich habe in vielen Lebenssituationen, die für mich mehr aussichtslos als hoffnungsvoll waren, die Kraft des „Zusammen“ erfahren. In allen Fällen produzierte das Zusammenwirken meiner inneren Kräfte zwei Gefühle: Demut und Dankbarkeit.

Ich „mußte“ stets demütig anerkennen, daß ich es allein nie geschafft hätte, diese Situationen zu lösen, und es erfüllte mich stets mit Dankbarkeit, zu erfahren, daß die Macht, die dieses Universum durchdringt, stets in mir und für mich da ist, sobald ich mich für sie öffne.

Sag Deinem „Ja, aber“ also:

„Mein liebes ‚Ja, aber ...‘, ich brauche nicht alles allein zu schaffen, denn tief in mir bin ich mit der Macht, die das Universum durchdringt, direkt verbunden. Ich bin nicht nur der, für den ich mich bisher gehalten habe - der sich allein auf dieser Erde durchs Leben Kämpfende. Ich kann allerdings immer nur derjenige sein, für den ich mich halte. Deshalb werde ich ab heute in liebevoller, demütiger Dankbarkeit annehmen, was ich schon immer hätte annehmen können, nämlich daß auch ich von der Energie dieses Universums durchdrungen bin.

Ich habe mich dieser Energie lange genug verschlossen und mich damit zum großen Teil von meiner wahren Lebensenergie abgeschnitten. Ab heute will ich für diese

Energie offen sein. Ich will mit ihr zusammen einen Beitrag für die planetarische Gemeinschaft leisten.

Ich will nicht abwarten, was das Schicksal mit mir vorhaben könnte, denn das Schicksal ist nicht an Wartenden interessiert.

Ich will heute mein Bestes geben. Das heißt an erster Stelle, daß ich heute wieder ein Stück mehr Selbstverantwortung übernehmen will, damit ich meinen Beitrag leiste und aus dem Kreis des Zufalles herauskomme .“

Welche Situation in Deinem Leben fällt Dir ein, in der Du es „zusammen“ geschafft hast und von tiefer Dankbarkeit erfüllt warst?

Was will ich wirklich?
Muß das sein?

12. Woche, Mittwoch

Deine Frage bezieht sich in dieser letzten Woche darauf, wie Du die Macht der Dankbarkeit nutzen kannst, selbst wenn Du die Dinge und Situationen nicht in der Hand hast oder beeinflussen kannst.

Ich möchte noch ein letztes Beispiel von unserem Hausbau bringen; denn wenn man völlig auf andere angewiesen ist (und ich hatte nicht vor, auch nur einmal den Hammer selbst in die Hand zu nehmen), dann kommen Dinge vor, die nicht geplant waren.

Kannst Du Dich an Freitag der zweiten Woche erinnern:

Ich will ändern, was ich ändern kann,

annehmen, was ich nicht ändern kann, und immer besser das eine vom anderen unterscheiden können.

Das Haus war schon innen gestrichen und somit fast fertig. Jeder Handwerker schien von nun an weiter nichts anderes vorzuhaben, als seinen „Fingerabdruck“ zu hinterlassen. Die Teppichleute schabten die schwere Teppichrolle an einer Wand lang und hinterließen ihre Spuren. Der Klempner klappte seinen Werkzeugkasten gegen eine Wand auf und hinterließ eine Markierung. Ein anderer trug ein Möbelstück durch die Halle und hinterließ eine Delle in der Decke.

Ich merkte, daß das Haus kurz vor dem Ende nicht zur Perfektion, sondern bereits in einen „Gebraucht“-Zustand gebracht wurde.

Meine Frau und ich waren den Tränen nahe. Aber meine Frau sagte, daß wir uns nun nach all‘ dem Aufwand nicht an Kleinigkeiten stoßen sollten, sondern uns stattdessen an allem freuen sollten, was uns das neue Haus bringen würde. Wir spürten beide, daß wir dennoch ein großes „Ja, aber“ in uns spürten; denn wir meinten, daß es nicht nötig sei, daß andere unser Haus so behandeln sollten.

Ich setzte mich zur Meditation und fragte meine innere Führung, wie ich es mit Dankbarkeit schaffen könnte, eine andere Einstellung zu der Situation zu bekommen.

Ich sah mich daraufhin als Kind in unserer 16 Quadratmeter großen Wohnung, die meine Eltern mit uns drei Kindern kurz nach dem Krieg zur Verfügung hatten. Ich sah mich dann, wie wir 1955 nach Braunschweig in eine Mietswohnung zogen, die sogar WC und Badewanne hatte. Um uns herum alles Mietswohnungen. Und ich sah das Haus eines Klassenkameraden, dessen Eltern Architekten waren und eines der schönsten Häuser in Braunschweig besaßen.

Dann sagte meine innere Stimme zu mir: „Stell Dir vor, ich hätte Dir damals gesagt, daß ich Dir eines Tages ein traumhaft schönes Haus zukommen lassen werde - ein Haus, das Du selbst nach Deinen Wünschen und Vorstellungen entwerfen kannst. Allerdings darfst Du Dich nicht daran stören, daß dieses Haus ein paar kleine Kratzer und Stellen hat. Würdest Du es haben wollen?“

Ich sah mich freudestrahlend antworten: „Na klar!“

Natürlich wäre ich nicht Alfred Stielau-Pallas, wenn ich nichts unternehmen würde, zumindest zu verhindern, was zu verhindern ist, und so schrieb ich also sofort einen Handzettel, den jeder in die Hand gedrückt bekam, der ins Haus kam. Auf diesem Zettel führte ich den Aufwand jedes Handwerkers auf und drückte aus, daß jeder auf sein Ergebnis stolz sein möchte und nicht begeistert ist, wenn ein anderer den gesamten Einsatz mit einer kleinen Unaufmerksamkeit zunichte machen würde.

Erstaunlicherweise war die Resonanz positiv. Es brauchte nur eine zerkratzte Kachel ausgewechselt und die anderen Stellen konnten ebenfalls „unsichtbar" gemacht werden.

Ich habe für jeden volles Verständnis, der sich ein neues Auto kauft, es in der ersten Woche zerkratzt bekommt und am liebsten unter die Decke gehen könnte.

Die Frage bleibt: „Gelingt es mir, die Kratzer allein damit wieder zum Verschwinden zu bekommen, indem ich mich bis zum Herzinfarkt ärgere?"

Und die Antwort bleibt:

Ich will ändern, was ich ändern kann,

akzeptieren, was ich nicht ändern kann,

und lernen, das eine vom anderen immer besser und früher unterscheiden zu können.

Sag Deinem „Ja, aber" also:

„Mein liebes ‚Ja, aber ...', ich habe in den letzten zwölf Wochen viel darüber erfahren, wie ich mein Leben in eine wünschenswerte Richtung bringen, wie ich es also ändern kann. Ich habe zusätzlich vor allen Dingen erfahren, was ich schon vorher beitragen kann, um erst gar nicht in nicht wünschenswerte Situationen zu kommen.

Und ich erkenne immer besser, was ich ändern kann und was ich nicht ändern kann oder auch nicht ändern sollte.

Ich bin also auf dem besten Weg, mein Leben immer mehr selbst in die Hand zu nehmen und immer selbstverantwortlicher zu führen.

Vor allen Dingen will ich dankbar für das sein, was mir wirklich wichtig ist, anstatt mich über das zu ärgern, was ich ändern oder womit ich mich auch leicht abfinden kann.

Ich weiß, daß ich für Perfektion einen sehr hohen Preis bezahlen muß, und will mich deshalb in Zukunft fragen, ob ich bereit dazu bin. Ich will mich nicht mit etwas abfinden, was ich ändern kann und auch ändern möchte, aber ich will mich mit dem abfinden, was einen zu hohen Preis kosten würde. Ich will ab heute rechtzeitig entscheiden, was mir was wert ist und wo meine wirklichen Prioritäten in diesem Leben für mich liegen.“

Wenn Du nun an Deine Kindheit zurückdenkst und Dir ansiehst, welchen Lebensstil Du Dir bis heute ermöglichen konntest - haben sich dann nicht schon viele Deiner Träume verwirklicht?

Wofür kannst Du dankbar sein?

Das, was manche als Mißerfolg bezeichnen,
ist für mich die Generalprobe für meinen großen Auftritt.

12. Woche, Donnerstag

Wieder auf den Kernpunkt Deiner Frage kommend, habe ich in den letzten Jahrzehnten den Eindruck gewonnen, daß die meisten Menschen ihrem befürchteten Schicksalsschlag meist zuvorkommen.

Wieviele Millionen von Rauchern gibt es, die in den letzten 30 Jahren Angst vor der Atombombe hatten und ihr Leben selbst vorschnell ruinierten.

Wieviele gibt es, die ihr Leben ruinieren, weil sie sich zu ungesund ernähren?

Und wieviele Menschen gibt es, die ihren täglichen Frust „brauchen“, obwohl Dankbarkeit angebracht wäre?

Ich habe den Eindruck (neueste Erkenntnisse der Gehirnforschung bestätigen dies), daß wir nach wie vor von unserem Stammhirn stark beeinflußt werden, ohne daß wir das mit unserem Großhirn überhaupt bemerken! Impulse aus der Außenwelt kommen oft vom Großhirn unbemerkt direkt in unser Stammhirn und lassen uns in einer Art und Weise handeln, die alles andere als logisch ist.

Wäre es nicht logisch, daß wir uns ein traumhaft schönes Leben, das uns auch Sinn und Gehalt gibt, in den Mittelpunkt unseres Denkens stellen?

Stattdessen beschäftigen wir uns im Laufe des Tages mit Tausenden von Gedanken, die mit allem anderen zu tun haben als mit dem, was in unser Leben eintreten soll.

Es scheint so zu sein, daß die meisten von uns genau wie vor 50.000 Jahren ihre tägliche Portion Frust brauchen, um genügend Adrenalin zu produzieren, damit sie in der

Lage sind, mit den (steinzeitlichen) Anforderungen klarzukommen.

Aber genau damit handeln wir uns auch all‘ die Lernprozesse ein, die die meisten Menschen als unabdingbares Schicksal betrachten. Sind die meisten Unfälle nicht auf Müdigkeit, Überarbeitung, ungenügendes Training, Leichtsinnigkeit, „Egodrive“ und Frustration zurückzuführen?

Basiert Krankheit in den meisten Fällen nicht auf falscher Ernährung, mangelnder Bewegung und einer selbstzerstörerischen Einstellung?

Sind finanzielle Probleme nicht hauptsächlich darauf zurückzuführen, daß jemand über seine Verhältnisse lebt, kaufmännische Fehler macht, zuviel und blind riskiert?

Ich behaupte nicht, daß jeder selbst schuld hat. Aber ich meine, daß das „Schicksal“ weitaus weniger auf nicht wünschenswerte Art und Weise in unser Leben eingreift, wenn wir unser Bestes geben und unser Leben selbstverantwortlich führen.

Interessanterweise konnte ich immer wieder beobachten, daß sich Menschen mit Weltuntergangsstimmung beschäftigen, sobald sie Probleme haben, die sie meinen, nicht lösen zu können. Und sobald wir meinen, daß wir ein Problem nicht lösen können, verlieren wir Mut, Hoffnung und Zuversicht und hören auf, an unsere Zukunft zu glauben.

Wir können also unser Schicksal herausfordern, indem wir an erster Stelle aus den Augen verlieren, was uns wirklich in diesem Leben wichtig ist und unserem Ego freien Lauf lassen.

Unser Ego will immer alles und jetzt sofort haben. Unsere innere Führung jedoch will es zu seiner Zeit und nur das, was zu uns paßt und uns erfüllt.

Wir können also im Einklang mit unserem „Schicksal“ leben oder ständig dagegen kämpfen und somit neue „Schicksalsschläge“ herausfordern.

Ich behaupte nicht, daß wir alles in der Hand haben. Ich sehe aber immer wieder, daß sich die meisten Menschen ihr Leben selbst schwermachen.

Kannst Du Dich an den Anfang unserer zwölf Wochen erinnern? Du wolltest damals von Dir selbst ablenken, indem Du mich gefragt hast, was mit all‘ den anderen Menschen ist. Kannst Du heute erkennen, daß Du genug mit Dir selbst zu tun hast?

Und kannst Du heute erkennen, daß jeder Einzelne mehr als genug Möglichkeiten hat, sein „Schicksal“ etwas mehr selbst in die Hand zu nehmen?

Es gibt Tausende kleiner Möglichkeiten, jeden Tag -

lieber ein erster lausiger Schritt, als mit „entweder ich mache es richtig ...“ wieder aufzuschieben, was heute leicht getan werden könnte.

Natürlich passieren auch mir jeden Tag viele Dinge, die weder geplant noch gewünscht sind. Aber ich habe die Erfahrung gemacht, daß all‘ die Situationen, deren Sinn ich verstanden und deren Lektion ich gelernt habe, zumindest weniger werden und irgendwann auch ganz ausbleiben.

Für mich hat es sich gelohnt, seit Beginn der 70er Jahre an mir zu arbeiten - in jeder Beziehung.

Heute ist unser Hochzeitstag, und wenn ich über 20 Jahre zurückschaue, dann war es eine traumhaft schöne Zeit. Wir haben alle Ziele erreicht, wir haben uns eine wie von selbst funktionierende Firma aufgebaut, und unser Lebensstil entspricht genau unseren Vorstellungen. Natürlich weiß auch ich nicht, ob dies immer so bleiben wird, und die Welt stellt sich mir auch nicht so dar, als hätte jeder Mensch dieselbe Chance. Ich kann Dir also ehrlicherweise nicht sagen, wie groß der Einfluß des „Schicksales“ im Leben des einzelnen ist. Was ich Dir aber sagen kann, ist, daß Tausende von Menschen, die mir seit Mitte der 70er Jahre geschrieben haben, immer wieder betonen, daß sie durch diese Thematik ihr Leben viel mehr selbst in die Hand nehmen konnten und daß sie viel stärker das Gefühl haben, einen Einfluß auf ihr Leben ausüben zu können.

Ich möchte Dir sagen, daß es sich lohnen wird, diese zwölf Wochen zu wiederholen - nicht gleich - mach erst einmal eine Woche Pause. Zwölf Wochen und eine Woche Pause passen viermal in ein Jahr. Und ich verspreche Dir, daß sich jedes Jahr, in dem Du Dir Zeit für Dich und Deine Weiterentwicklung nimmst, ein Jahr gewesen sein wird, das sich gelohnt hat zu leben.

Mach Dir eines klar: Wer seine tägliche Frustration nicht für Probleme verwendet, die ihn weiterbringen, wird seinen Frust mit Nichtigkeiten verplempern.

Sag Deinem „Ja, aber“ also:

„Mein liebes ‚Ja, aber ...‘, ich konzentriere mich immer mehr auf das, was wirklich in mein Leben eintreten soll. Ich weiß, daß ich nicht alles in meinem Leben selbst

kontrollieren kann, aber ich beeinflusse soviel wie möglich das, was ich beeinflussen kann. Ich mache es meinem Körper so leicht wie möglich, sich gesund zu erhalten. Ich bemühe mich, es mir und anderen leicht zu machen, eine klare Verständnisebene voneinander zu haben. Ich behalte meine Ziele klar und bildlich vor Augen, damit ich meine Energie zielgerichtet einsetze und mich nicht in Unwichtigkeiten verliere. Ich erledige möglichst alles sofort, was mich weiterbringt, und sortiere meine Aufgabe nicht erst nach angenehm und unangenehm. Ich stöhne nicht über meine Probleme, sondern spreche darüber, wofür ich dankbar bin; denn das verstärkt meine Erfolgsausstrahlung und erhöht meine positive Schwingung. Ich lasse mir täglich ein paar Minuten Zeit, Licht und Liebe auf die Erde auszustrahlen."

Ist es nicht wunderbar, wie einfach es ist, jeden Tag und in jedem Moment die Macht der Dankbarkeit zu nutzen?

Zusammen!

12. Woche, Freitag

Nachdem ich selbst nie vorher wußte, was ich Dir schreiben werde, war ich ganz besonders gespannt darauf, was mir am letzten Tag einfallen würde. Ich habe bei mir und mit allen meinen Teilnehmern immer wieder herausgefunden, daß das „Schicksal“ nur die Aufgabe übernimmt, uns in unser Bestes zu lenken. Wobei mit unser „Bestes“ unsere geistige, spirituelle Reifeentwicklung gemeint ist. Ich habe mir von Teilnehmern mit allen möglichen Problemen berichten lassen, ob sie jemals im Rückblick das Gefühl hatten, daß ihnen ihr Schicksal etwas zunichte gemacht hätte. Sie konnten alle erkennen, daß ihr „Schicksal“ sie in eine Richtung gelenkt hat - manchmal auch mit „harten Schicksals-Schlägen“. Dies brachte ihnen anschließend ein viel erfüllenderes Leben.

Ich erhalte derzeit fast jeden Tag einen Brief von einem Seminar-Teilnehmer, der mir seine „Dankbarkeits-Geschichte“ schreibt. Es sind oft unglaubliche Geschichten, die mir bestätigen, daß unser „Schicksal“ weiter nichts will, als uns in unsere Höherführung, ins Licht und in die Wahrheit zu führen, wo wir immer tieferes Verständnis erhalten, warum unser Leben so verlief, wie es verlaufen ist.

Neueste Erkenntnisse in der Aura-Forschung zeigen auf, daß in unserer Aura alle unsere Anlagen, Fähigkeiten und Aufgaben für dieses Leben vorhanden sind. Wir werden also mit unserer Aura nur bestimmte Menschen auf uns aufmerksam machen, genauso wie wir nur auf bestimmte Menschen aufmerksam werden. Ist Dir schon einmal aufgefallen, daß Du bei einer Party oder einem anderen

Treffen einige Leute absolut nicht wahrgenommen hast und auf andere wie magnetisch angezogen direkt zugegangen bist?

Wenn das so ist, kann es nicht sein, daß wir von dem, was wir universelle Energie, Gott oder was auch immer nennen, stets zu den Menschen geführt werden, die uns genau das geben, was uns höherführen kann?

Könnte es nicht sein, daß unsere Aura im Zusammenspiel mit der Aura anderer Wesen lichter wird?

Könnte es nicht sein, daß wir alle nur hier sind, um in unserer Persönlichkeit so weit zu wachsen, bis wir selbst im Licht sind - im Licht unserer eigenen Aura?

Und könnte es nicht sein, daß das, was wir bisher als Schicksalsschläge angesehen haben, dazu führt oder führte, daß wir zu immer weiseren und liebevolleren Wesen werden können?

Natürlich nimmt nicht jeder sein „Schicksal" dankbar an, und auch ich habe oft dagegen gekämpft und hätte mir so manches Mal etwas anderes gewünscht. Doch sobald wir die innere Reifestufe erreicht haben, dankbar für das zu sein, was ist, haben wir die wahre Macht der Dankbarkeit erkannt.

Es ist einfach, für etwas dankbar zu sein, was offenbar als wünschenswert auf der Hand liegt, aber es ist eine gewisse geistige Reife erforderlich, wenn wir auch das dankbar annehmen können, was nicht gerade wünschenswert erscheint.

Also noch einmal:

Ich ändere, was ich ändern kann und will -
ich nehme dankbar an, was ich nicht ändern kann -
ich kann das eine vom anderen
immer klarer unterscheiden.

Ich schreibe dies alles nur Dir; denn ich würde es nicht für angebracht halten, dies jemandem zu schreiben, der gerade einen unabwendbaren „Schicksals-Schlag“ hinter sich hat, der zum Beispiel miterleben muß, wie sein Kind an einer unheilbaren Krankheit stirbt oder in einer anderen Situation steckt, in der diese Worte nicht auf Verständnis stoßen.

Aber ich habe von vielen Teilnehmern (und ich meine damit natürlich auch stets Teilnehmerinnen) bestätigt bekommen, daß sie nach jedem „Schicksals-Schubs“ irgendwann einen Sinn erkannt haben und in liebevoller, demütiger Dankbarkeit erkennen durften, daß alles SEINEN guten Grund gehabt hat.

Das „Schicksal“ will uns also nichts kaputtmachen, sondern uns zeigen, daß wir hier sind, um zu begreifen, daß nicht Anerkennung, Macht, Ansehen das Wichtigste im Leben sind, sondern unsere Reifeentwicklung zu einer wahren großartigen Persönlichkeit.

Und diese Schule wird nicht zu Ende sein, bevor jeder sein „Lebens-Abitur“ abgeschlossen hat. Können wir nicht dankbar sein, daß es inzwischen viele große Seelen auf diesem Planeten gab und gibt, die uns aufzeigen konnten, was wirklich wichtig für uns ist und was uns wirklich zu einem sinn- und gehaltvollen Leben führt?

Sag Deinem „Ja, aber" also:

„Mein liebes ‚Ja, aber...', ich möchte von heute an ‚ja' zu meinem ‚Schicksal' sagen.

Ich möchte dankbar ‚ja' sagen,

wenn ich einmal nicht gut aufgelegt bin -

wenn mir ein Mißgeschick widerfährt -

wenn man mir unfreundlich begegnet -

wenn mich jemand kritisiert -

wenn mir einmal etwas nicht gelingt -

wenn ich meine, daß jemand gegen mich ist -

wenn ich meine Ziele aus den Augen verloren habe -

wenn ich keine Anerkennung bekomme -

wenn ich aufgeben will -

wenn ...

Selbstverständlich sage ich ab heute voller Dankbarkeit ‚ja',

wenn ich morgens wach werde und den Tag voller Dankbarkeit begrüße -

wenn ich mir klarmache, was ich mit meinem Körper alles unternehmen kann -

wenn ich mir vorstelle, was mir dieses Leben noch alles bringen kann -

wenn ich mir vorstelle, was ich in diesem Leben noch alles geben kann ..."

Ich überlasse es Dir, diese Liste am kommenden Sonntag zu Ende zu führen und bin sicher, daß Du nach diesen zwölf Wochen das dringende Bedürfnis in Dir entwickelt hast, es in diesem Leben zur Meisterschaft zu bringen, was die Macht der Dankbarkeit angeht.

Es hat mir sehr viel Freude bereitet, Deine ganzen „Ja, aber ...“ zu beantworten; denn dadurch ist mir selbst auch wieder vieles noch klarer, bewußter und gegenwärtiger geworden.

Ich bin in liebevoller, demütiger Dankbarkeit, daß ich diese Seiten schreiben durfte.

Wer seine tägliche Frustration
nicht für Probleme verwendet,
die ihn weiterbringen,
wird seinen Frust mit Nichtigkeiten
verplempern.

Lieber Alfred,

es ist einfach unglaublich, wie Du es geschafft hast, mich immer wieder zu mir selbst zu führen. Natürlich habe ich inzwischen gemerkt, wie oft ich seit unserem Gespräch während des Ärzte-Treffens versucht habe, nur von mir abzulenken, um eine Ausrede zu haben.

Ich habe begriffen, wie stark die Macht des Egos ist und wie oft es uns (jetzt sollte ich aber endlich einmal den Mut haben, nur von mir zusprechen), wie oft es **mir** wichtiger war, recht zu haben und vor allen Dingen recht zu behalten, anstatt an mir zu arbeiten und meine eigene Einstellung zu ändern.

Ich verstehe nun auch, warum niemand diese einfache Lösung haben will; denn sie erfordert, daß wir nicht auf andere ablenken, sondern endlich damit beginnen, an uns selbst zu arbeiten.

Für mich heißt die Kernfrage nicht:

sein oder nicht sein,

sondern:

dankbar oder undankbar sein?

Auch wenn die Antwort klar auf der Hand liegt, so werde ich sicher noch einige Jahre brauchen, bis ich es zur Meisterschaft gebracht habe. Ich danke Dir vor allen Dingen, daß Du mir nie den Eindruck vermittelt hast, diese Meisterschaft bereits erreicht zu haben, sondern daß Du nach wie vor auch ein Lernender bist und immer wieder herausgefordert wirst, das zu leben, was Du leben möchtest.

Es war eine schöne Zeit mit Dir, und da ich weiß, wieviel Zeit es Dich gekostet hat, mich diese zwölf Wochen zu begleiten und wieviel mehr Zeit es Dich gekostet hat, Dir dieses Wissen anzueignen, werde ich diese zwölf Wochen nach einer Woche Pause noch einmal durcharbeiten und noch einmal durcharbeiten und noch einmal durcharbeiten, sodaß ich nach einem Jahr einen großen Fortschritt erkennen kann.

Inzwischen sehe ich es auch so: Wenn jeder einzelne Bürger auf dieser Erde ein wenig mehr Dankbarkeit empfinden und ausstrahlen würde, dann hätten wir eine gute Chance, die Lösung der wirklichen Probleme in den Mittelpunkt zu stellen und somit auch eine echte Verbesserung der Lebensbedingungen aller Menschen zu erreichen.

Ich wünsche uns beiden, daß ich mit meinem Vorbild noch viele Menschen auf die „Macht der Dankbarkeit“ aufmerksam machen und somit meinen Beitrag leisten kann, damit Deine Investition für Dich und die gesamte Menschheit Früchte trägt.

Nachwort

Unsere PALLAS-Treffen (wir führen diese Treffen für unsere derzeitigen und ehemaligen Teilnehmer in regelmäßigen Abständen durch) haben wir unter das Motto gestellt: „Ein Festival der Dankbarkeit“. Die Ergebnisse sind umwerfend.
Die Teilnehmer berichteten von unglaublichen Erlebnissen und Erfahrungen mit der Dankbarkeit. Eine Teilnehmerin wurde als Kind mißhandelt und konnte über 20 positive Punkte finden, die sie in ihre Dankbarkeitsliste eintragen konnte. Eine andere hatte eine versuchte Vergewaltigung hinter sich und konnte über 40 positive Blickpunkte finden, die sie dieser Situation zu verdanken hatte. Am nächsten Tag lief ihr genau dieser Mann über den Weg. Sie konnte ihm ohne Groll in die Augen schauen. Einen Tag zuvor war sie noch der Meinung, daß ihr das Leben nichts mehr zu bieten hätte! Ein Mann wurde als Junge im Alter von 4 - 12 Jahren von seinem Vater mißbraucht. Es gelang ihm, mit der neuen Sichtweise der Dankbarkeit jegliche negativen Gefühlen abzubauen. Ein Ehepaar hatte über 1,2 Millionen DM Schulden, und nach einem Jahr war die Hälfte abbezahlt. Sie blieben sogar im selben Dorf wohnen und konnten sich wieder das Gefühl von Wertschätzung und Würde aneignen. Ein Weltrekordler konnte seinen eigenen Rekord überbieten und ist zum wiederholten Mal im Guinessbuch der Rekorde. Er erzählte uns im Detail, wie er sich mental darauf vorbereitet hatte. Die Berichte gingen fast endlos weiter, was uns selbst natürlich auch mit großer Dankbarkeit erfüllt ...

Erfolg und Erfüllung

ALFRED R. STIELAU-PALLAS

Erfolg zu haben, ist heute kein Thema mehr, besonders dann nicht, wenn man Erfolg nur mit finanziellem Gewinn gleichsetzt.

Aber wird finanzieller Erfolg nicht meistens mit Erfüllung bezahlt? Bleibt nicht vieles bei dem Rennen nach Geld und Anerkennung auf der Strecke?

Aber wieso gibt es Menschen, die **alles** haben?

- Eine Ehe, die nicht Energie kostet, sondern Energie bringt,
- Kinder, die nicht Probleme bereiten, sondern Freude,
- kein Beruf, der nervt, sondern eine Aufgabe, die erfüllt,
- innere Ruhe und Gelassenheit und dennoch Begeisterung und Motivation.

der deutsche Erfolgs-
Klassiker seit 1989

Glück und Erfolg

ALFRED R. STIELAU-PALLAS

„Wenn Ihr Auto mehr als 5000 Mark gekostet haben sollte, dann gehören diese Cassetten genauso zur Grundausstattung wie die 4 Räder und die Bremsen. Ich kapiere nicht, daß manche Leute zwar Geld für irgendein Zubehör ausgeben, aber daran sparen wollen, während des Autofahrens etwas für ihren Erfolg zu tun! Ich habe mit diesem Programm mehr Geld verdient als mit irgendeinem anderen Training! Stielau-Pallas ist einfach Spitze!“

Dieses Programm hat sich seit 1979 (!) bewährt und vielen geholfen, sich auf den (kommenden) Tag einzustellen.

1 Video-, 3 Audio-Cassetten, 1 kleines Buch
und viele Motivationskarten

Die Spielregeln des Erfolgs

ALFRED R. STIELAU-PALLAS

Schon 1982 entschloß sich A. R. Stielau-Pallas im Seminarbereich völlig neue Wege zu gehen. Seine Erfahrungen seit 1973 zeigten ihm, daß 3- oder 4-tägige Seminare zwar kurzfristig motivieren, aber keine langfristigen Veränderungen bringen.

Aus diesem Grund entschloß er sich, „Nägel mit Köpfen zu machen" und ein Seminarprogramm zu konzipieren, in dem die Teilnehmer über einen Zeitraum von 8 - 12 Monaten betreut werden.

Im monatlichen Abstand werden genau die Eigenschaften und Fähigkeiten trainiert, die alle erfolgreichen Persönlichkeiten übereinstimmend als die wichtigsten Erfolgsfaktoren ansehen.

Bevor Sie sich zu diesem Seminar anmelden, sollten Sie am besten ein eintägiges „Einführungs-Seminar" besuchen, in dem Sie alles Nähere erfahren. Diese Seminare finden in verschiedenen Bundesgebieten statt.

Wenn Sie dieses Buch weiterempfehlen möchten:

www.DieMachtDerDankbarkeit.de